그래도 봄입니다

2022. 3

손 석 희

손석희의
앵커브리핑

손석희의 앵커브리핑 **2.** 바람은 언제나 당신의 등 뒤에서 불고

초판 1쇄 인쇄 2022년 3월 21일
초판 1쇄 발행 2022년 3월 30일

지은이 손석희, 김현정
펴낸이 정순구
책임편집 조수정
기획편집 정윤경 조원식
마케팅 황주영
법률자문 채다은 변호사(법무법인 시우)

출력 블루엔
용지 한서지업사
인쇄 한영문화사
제본 한영제책사

펴낸곳 (주) 역사비평사
등록 제300-2007-139호 (2007.9.20)
주소 10497 : 경기도 고양시 덕양구 화중로 100(비젼타워21) 506호
전화 02-741-6123~5
팩스 02-741-6126
홈페이지 www.yukbi.com
이메일 yukbi88@naver.com

ISBN 978-89-7696-568-4 03300
978-89-7696-566-0 03300 (세트)

손석희의
앵커브리핑

2. 바람은 언제나 당신의 등 뒤에서 불고

손석희, 김현정 지음

역사비평사

이 맛을 못 본 이요! 상상이 어떻소! | 개나리 소굴, 진달래 소굴 그리고 천막들 | I shall go to Korea. 내가 한국에 갈 것이다 | 잠시 숨을 고르고 있을 당신께 | 포레스트 달려! | One sweet dream | 집으로 돌아갑니다 | "멀다고 하면 안 되갔구나"

시작하는 글

'앵커브리핑'은 내가 '앵커'이게 한 코너다.

30년 이상을 앵커석에 앉았지만, 앵커브리핑을 위해 뉴스 스튜디오의 비디오월(Video Wall) 앞에 서는 순간부터 나는 진정한 앵커가 될 수 있었다. 이 세상 어느 앵커가 자신의 생각을 자신의 언어로 그렇게 말할 수 있겠는가. 그것은 제작진과의 교감, 시청자와의 공감 속에서만 가능한 일이었다. 이후 다른 방송에서도 비슷한 코너를 만들어냈다지만 앵커브리핑이 갖는 의미는 한국 방송사에서 각별하다고 생각한다.

950번의 앵커브리핑을 하는 동안 한 번도 허투루 임한 적이 없었다. 썼던 원고를 모두 방송했다면 아마 그보다 백 번쯤은 더 할 수도 있었을 것이다. 그러나 양에 차지 않으면 미련 없이 버렸다. 매일매일이 전투였다. 3분여의 원고를 만들기 위해 작가 김현정과 나는 수없이 부딪치고 풀고를 거듭했다. 뉴스라는 사회학에 때로는 문학과 미술, 역사, 자연과학 등을 접목하고, 그 모든 것이 어색하지 않게 어우러지는 방법을 찾는 데 공을 들였다. 초기의 키워드 중심 글쓰기에서 벗어나 시간이 지날수록 수미상관식의 기법을 정착시키기도 했다. 앵커브리핑만의 독특한 문체는 그렇게 해서 완성될 수 있었다. 그러고 나면 프로듀서 김홍준과 이정회, 신하림 등의 그래픽 디자이너들이 영상으로 엮어내기를 천 번 가까이 해낸 것이다.

내가 30여 년 동안 뉴스만 다뤄온 기자였다면 아마도 앵커브리핑을 해낼 수 없었으리라고 생각한다. 나는 뉴스 앵커이기도 했지만, 그 세월 동안 교양 프로그램의 진행자, 음악 프로그램의 DJ이기도 했으며, 토론 프로그램의 사회자이자 시사 프로그램의 인터뷰어이기도 했다. 앵커브리핑에 논리 못지않게 담아내려 했던 감성은 그런 경험들 덕분에 가능했으리라고 믿는다. 그날의 주제에 맞춰 들숨 날숨 하나까지 계산해 넣을 수 있었던 것도 그 모든 경험들 덕분이었다.

세월호 참사 이후 수백 일 동안 보도를 이어갔을 때, JTBC가 최순실의 태블릿 PC를 찾아내 보도한 이후 촛불집회의 정국에서, 미투(Me Too)의 고백이 〈뉴스룸〉에서 계속되던 아픈 시기에 앵커브리핑은 칼날 위에 선 것 같은 시간들을 견뎌내고 담아냈다. 그런가 하면 세상을 떠난 이들을 위한 진혼사와 같았던 앵커브리핑도 소중하다. 어느 때인가는 하루 종일 매달려도 몇 줄의 글을 완성하기가 힘들었고, 어느 때인가는 새벽 1시 넘어 불현듯 생각이 떠올라 불과 20여 분 만에 가장 긴 앵커브리핑을 완성하기도 했다. 아무리 고민해도 조각조각의 단상만이 머릿속을 지배할 때는 이내 좌절하기도 했고, 용케도 전체 글의 구조가 먼저 완성되면 나머지는 그저 자판 위에서 달려가곤 했다.

그렇게 만들어낸 950편 중에 284편(1권 140편, 2권 144편)을 골랐다. 아마도 이 책을 준비하면서 가장 힘들었던 일이 바로 그 284편을 골라내는 작업이었을 것이다. 앞서 말했듯이 차라리 버렸으면 버렸지, 양에 차지 않는 앵커브리핑을 방송한 적은 없었기 때문이다. 물론 그럼에도 미흡한 원고가 없을 수 없으나, 하나하나 '허투루 임한 적이 없다'고 한 글들 가운데 3분의 2를 더 버렸으니 아깝고 아쉽다. 그러나 여기에 실리지 못한 앵커브리핑들도 이미 방송을 통해 시청자들의 것이 되었으므로 그것만으로도 세상에 의해 기억될 거처를 찾은 셈이다.

책은 두 권으로 나누어 주제별로 담아냈다. 아예 시간순으로 배치하면 어떨까 하는 제안도 있었지만, 나나 김현정은 주제별로 구성할 것을 택했다. 그렇게 함으로써 앵커브리핑 이전이나 이후의 시간 동안에 우리 사회가 맞닥뜨려야 했던, 혹은 앞으로도 여전히 겪어내야 할 문제들이 무엇이며, 그에 대한 문제의식들을 어떻게 벼려내야 할 것인가를 알 수 있다고 생각했다. 또한 그것이야말로 앵커브리핑이 방송을 멈춘 지 한참이나 지난 지금 시점에서도 책으로 엮을 이유가 된다고 믿는다.

각 주제로 들어가는 첫머리에는 약간의 소견을 앞세웠고, 각각의 앵커브리핑에는 필요할 경우 당시의 맥락 등을 적어 넣었다. 다만, 원문의 소중함이 더 커서 덧붙이는 내용은 최소화했으면 좋겠다는 출판사의 의견을 존중하기로 했다.

역사비평사와는 『풀종다리의 노래』를 낸 이후 29년 만의 작업이다. 이 책을 제안해준 정순구 대표와 조수정 편집자는 나보다 '역비'와의 역사가 짧은 셈이다. 지금도 그 옛날 필동 길에 있던 출판사 사무실을 찾아갔을 때의 설렘이 바래지 않았다. 작가 김현정에게 감사한다. 천 번 가까운 글을 만들어내는 과정에서 함께 작업했고, 나에게는 정말 많은 영감을 주었다. 그럼에도 때로는 잔소리를 늘어놓은 것에 대해선 책의 출간과 함께 용서를 구한다. 물론 이 책의 구석구석에도 그의 손길이 닿아 있다. 다른 스태프들에게도 깊이 감사한다. 배노필, 강인식, 조익신, 이승필 등 기자들과 손하늘, 오선영, 박시은, 차소현, 안송이 등 보조작가들이 잠깐씩 혹은 좀 더 길게 거쳐가면서 앵커브리핑을 도왔다. 그들이 없었다면 앵커브리핑은 아직 눈이 그려지지 않은 미완성의 용이었을 것이다.

책을 준비하면서 950편의 글을 다시 읽어본 후, 한 번쯤의 자화자찬이 허락된다면 이렇게 말하고 싶다. "아니, 우리가 어떻게 이 일을 다 해냈지!"

【사족】 마지막 방송에서 "앵커브리핑을 947회로 마무리한다"고 이야기한 것은 제작진의 실수였다. 다시 세어보니 3회가 빠져, 총 950회였다. 그러나 그 정도는 눈감아주시길… 그들은 적어도 횟수 계산만 빼고는 나무랄 데가 없었다.

2022년 3월

손석희

일러두기

1 이 책은 2014년 9월 22일부터 2019년 12월 31일까지 방송된 JTBC 〈뉴스룸〉 '앵커브리핑' (총 950편) 중에서 284편을 뽑아 1권에 140편, 2권에 144편으로 엮은 선집이다. 2권의 장章 번호 는 1권에 이어서 8장부터 시작한다.

2 방송 언어를 지면으로 옮기는 과정에서 독자의 편안한 읽기를 최우선에 두었다. 어법에는 일 부 맞지 않으나 가독성을 고려하여 문장부호를 적절히 사용했다.

3 원문을 최대한 살리되 약간의 윤문을 거쳤으며, 방송을 시작하거나 끝낼 때의 멘트(예컨대 "앵커브리핑을 시작하겠습니다" 등)는 생략했다.

4 보충 설명이 필요한 경우에는 각주를 달았고, 현재 시점에서 돌이켜 생각하며 덧붙이는 코멘 트는 본문 말미에 '추고追考'로 붙였다. 이는 모두 저자들이 새롭게 집필한 글이다.

5 단행본의 제목이나 잡지, 신문은 『 』로, 책 안의 단편, 시 제목, 잡지·신문의 기사는 「 」로, 그 림·노래·영화 등 예술 작품은 〈 〉로 표기했다.

8. 다시 한 번 헤드록!

내가 사는 동네는 단독주택이 대부분이다. 한겨울이 지나면 여기저기 보수공사
도 이어지며, 헌 집을 부수고 새집이 들어선다. 그래서 농담으로 '이 동네는 계절
이 둘밖에 없다. 겨울철과 공사철'이라고 말하곤 한다. 그런데 새로 들어선 집은
금방 알겠는데 수십 년을 그 자리에 있다가도 허물어진 집들의 빈터를 지날 때면
'여기 무슨 집이 있었더라?' 한참을 생각해도 잘 떠오르지 않는 것이다.

인간사도 그런 것이 아닐까? 떠오르는 사람들은 환호를 받지만 떠나는 사람들은
잠시의 서운함을 뒤로하고 잊혀간다. 그래서 그가 떠난 자리는 다른 사람으로 채
워지는 것이다. 말하자면 그것이 안타까웠다고나 할까. 여기에 나오는 앵커브리
핑은 두 편을 제외하고는 이를테면 진혼곡이다. 그 두 편도 따지고 보면 사라져
간 것에 대한 회한을 담았으니…

'퀘스천(Questions)'

오늘 한 줌 흙으로 돌아간 신해철 씨가 지난 1995년 발표한 노래 제목
이기도 합니다. 길지 않은 마흔여섯 해 동안 그가 우리 사회에 던진 질문들
은 참으로 많았습니다. 그리고 마왕의 죽음으로 인해 우리 사회에는 또 다
른 질문 하나가 던져졌습니다.

"매년 죽지 않아도 될 환자 1만 7,000명이 사망하는 것으로 추정된다."

몇 년 전 이상일 울산대 의대 교수가 이런 주장을 내놨습니다. 그는 불
가항력적 사고를 제외하고 예방이 가능했던 사망자의 수치가 이 정도라고
말합니다. 좀 과장된 것 아니냐 하는 분도 있을 텐데요, 실제 통계에 잡힌
수치를 지금부터 보여드리겠습니다.

지난 2010년 이후 의료사고로 인한 소송은 매년 1,000건에 육박하고
있습니다.

의료소송	2010년 : 782건	2011년 : 881건
	2012년 : 922건	2013년 : 945건

—대법원 1심 판결

법정으로 가기 바로 전 단계인 한국의료분쟁조정중재원에 접수된 의료분쟁 역시 작년 한 해만 3만 6,099건에 달합니다. 여기서 환자가 승소하는 비율은 얼마나 될 것 같으십니까? 대법원에 따르면 환자가 병원을 상대로 승소한 경우는 1심 판결을 기준으로 전체의 1%에도 미치지 못합니다. 말 그대로 '하늘의 별 따기' 정도 되겠지요.

환자 승소   2010년 : 7건(0.89%)   2011년 : 8건(0.91%)

                 2012년 : 8건(0.86%)   2013년 : 6건(0.63%)

—대법원 1심 판결

민사소송법에 따르면 병원 측의 과실을 환자가 직접 입증해야 하는데, 고도의 전문성을 요구하는 의료 분야에서 환자가 의사를 상대로 한 소송에 이기기란 결코 쉽지 않습니다. 긴 설명 없이도 누구나 짐작할 수 있는 사실입니다.

미국의 외과 의사인 아툴 가완디(Atul Gawand)는 "의학은 불완전한 과학이며 오류에 빠지기 쉬운 인간의 모험이다"라고 말했습니다. 그는 의학을 '목숨을 건 외줄 타기'에 비유하기도 했는데, 그만큼 현대 의학이 아직은 수많은 오류의 가능성을 갖고 있다는 이야기가 될 겁니다.

물론 의학적으로 불가항력인 경우가 생길 수 있습니다. 믿고 싶지 않은 죽음의 원인을 의료진의 과실에서 찾고 싶은 마음도 있을 겁니다. 그러나 환자의 승소율이 불과 1%도 안 되는 의료소송의 가혹한 현실은 무엇을 말하고 있는 것일까요? 법은 환자보다 의사를 더 보호하고 있는 것은 아닐까요?

이제 그 첫걸음을 겨우 뗍니다. 신해철 씨의 죽음으로 인해서 떼게 되는 셈이겠지요.

내게 다가올 끝날이 오면
나는 무엇을 찾았다 말해야 하는가

신해철 씨가 있었던 밴드 N.EX.T의 노래 〈퀘스천〉의 한 구절입니다. 오늘 마지막으로 우리 곁을 떠난 신해철(1968~2014) 씨는 자신이 아닌 우리에게 '무엇을 찾았느냐'고 묻고 있습니다.

이별은 마음 한편에 미뤄뒀던 오래된 추억들을 되살리곤 합니다.

지난 주말, 아주 오래전에 읽었던 신영복 선생의 수필『청구회 추억』을 문득 떠올렸습니다. 『청구회 추억』은 감옥에 들어가기 2년 전인 1966년, 스물다섯의 청년 신영복과 당시는 국민학생이라 불리었던 초등학생 또래 꼬마 여섯 명의 이야기입니다.

1966년 봄. 서오릉으로 문학회 소풍을 갔던 젊은 신영복은 허름한 옷차림의 꼬마들을 만나게 됩니다. 꼬마들 역시 왕복 버스회수권 두 장, 일금 10원, 그리고 점심밥 해 먹을 쌀과 찬을 보자기에 싸서 소풍을 가는 길이었지요. 아이들과 친해진 선생은 사진을 찍고 주소를 적어주고, 한 묶음의 진달래꽃을 선물받은 뒤 헤어집니다.

> 나의 기억 속 가장 밝은 진달래 꽃빛은 … 이때에 받았던 진달래 꽃빛
>
> ─신영복,『청구회 추억』

이 짧은 한나절의 사귐은 보름 뒤 배달된 편지 한 통으로 인해 계속 이어지게 되지요. "요즈음 선생님은 안녕하십니까? 우리가 말하던 클럽 이름 좀 지어주었으면 감사하겠습니다. … 그럼 답장 바람." 신영복 선생과 청구 국민학생 여섯 명, 청구회의 만남은 이렇게 시작됩니다.

매월 마지막 토요일 오후 장충체육관 앞이 만남의 장소가 되었습니다. 매달 자신의 힘으로 번 10원씩을 함께 모아 저금했고,『거지왕자』『플루타크 영웅전』같은 책도 함께 읽었던 청구회의 추억. 그러나 만남은 선생이 영어의 몸이 되면서 중단되어야만 했습니다. 사형선고를 받고 남한산성 육군교도소에 수감되었을 때 쓴 이 글은 이제는 이름조차 가물거리는 어느 헌병의 도움으로 세상 밖으로 전해졌다고 합니다.

아이들이 혹시나 아직도 자신을 기다리고 있지나 않을까 염려하던 사형수는 하루 두 장씩 지급되는 재생종이로 만들어진 휴지 위에 한 장 한 장 그 시절을 회상했습니다. 그에게 약속은 반드시 지켜야 할 당연한 무엇이었고, 나이와 가진 것의 많고 적음, 배움의 차이 같은 세상의 기준은 중요하지 않았던 것이겠지요. 약속이 버려지는 시대. 사람의 선의가 정치적 필요성에 따라 왜곡되고, 각자도생이 운위되는 비정한 시대를 사는 많은 이들은… 어쩌면 그래서 그의 죽음을 슬퍼하고 또 그리워하는 것일지도 모르겠습니다.

> 언젠가 먼 훗날 나는 서오릉으로 봄철의 외로운 산책을 하고 싶다. 맑은 진달래 한 송이 가슴에 붙이고 천천히 걸어갔다가 천천히 걸어오고 싶다.
> ―『청구회 추억』

머잖아 봄이 다시 찾아오면, 서오릉에는 맑은 진달래꽃이 필 겁니다. 우리 역시 매월 마지막 토요일 장충체육관 앞, 눈앞에 선한 그 처마 밑과 충충대 아래에 서서 그와의 약속을 기다릴 것만 같습니다. (신영복, 1941~2016)

오늘은 두 여배우와의 추억으로 시작하겠습니다.

대략 45년 전인 1970년대 초반에 제가 다니던 고등학교와 지금 JTBC의 전신인 TBC의 드라마 스튜디오는 길 하나를 사이에 두고 있었습니다. 덕분에 저나 동기들은 심심찮게 당시 잘나가던 연예인들과 마주치곤 했습니다.

고 여운계(1940~2009) 씨. 그를 우연히 마주친 건 학교 앞 탁구장에서였습니다. 아마도 녹화 중 망중한이었겠지요. 다른 탤런트들과 와서 탁구를 치다가 복식조에 숫자가 모자라서인지 옆 테이블에서 탁구를 치고 있던 저를 불러들였습니다. 그래서 저는 졸지에 그 유명한 여운계 씨와 같은 조가 돼서 탁구를 쳤지요. 그는 에너지로 넘쳤고 또한 다정다감했습니다.

그로부터 수십 년 후 그가 타계하기 얼마 전 방송사 식당에서 우연히 마주쳤을 때, 저는 저도 모르게 그때의 기억을 얘기했습니다. 당시의 그 엉터리 탁구 복식조를 전혀 기억하진 못했지만, 그는 아이처럼 웃으면서 반가워했습니다.

그리고 또 한 사람, 고 김영애(1951~2017) 씨. 역시 비슷했던 시기에 저는 그와 같은 아파트에 살았습니다. 아주 가끔씩 자그마한 상점에서 마주쳤던 그는 20대 초·중반의 빛나는 시절을 보내고 있었습니다. 어린 고등학생의 마음을 뒤흔들어놓을 만했지요.

훗날 같은 방송에서 일하면서도 그를 볼 기회는 한 번도 없었습니다. 그의 병환 소식을 들었을 때. 우연히라도 만나면 당신의 그 찬란했던 시절을 나는 잘 기억하고 있다고 위로의 말이라도 건네고 싶었지만 말입니다. 그리고 우리는 오늘 그를 영원히 떠나보냈습니다.

그런데, 아니 그러나. 오늘 김영애 씨의 영결 소식을 들으면서 저의 생각을 좀 바꾸기로 했습니다. 두 배우의 찬란하게 빛났던 시기는 저의 가슴을 두근거리게 했던 그들의 젊은 시절이 아니라, 바로 삶과의 이별을 앞두고도 치열했던 그들의 노년이었기 때문입니다.

"연기는 내게 산소이자 숨구멍 같은 존재다."
"배우가 아닌 나를 생각할 수 없다."

그 옛날 20대 초·중반의 김영애였다면 이런 얘기를 할 수 있었을까. 삶의 마지막 순간까지 자신의 업業에 전력을 다했던 사람만이 부끄럼 없이 내놓을 수 있는 말이 바로 그 말이 아니었을까…

여운계와 김영애. 그들은 세상의 많은 이들이 업이 아닌 업보의 길을 갔을 때 고통스러워도 당당하게 업의 길을 간 사람들이었습니다. 떠나간 그들의 자리가 유난히도 크고 허전하게 느껴지는 오늘…

강렬한 색채와 열정으로 꿈틀대는 그림들.

해바라기의 화가 빈센트 반 고흐(Vincent van Gogh)는 평생 가난한 무명의 삶을 살았습니다. 화가로 활동한 10년이라는 짧은 기간에 남긴 작품은 모두 2,000여 점이나 됐지만, 생전에 판매되었던 작품은 단 한 점이었습니다. 고흐는 화단의 외톨이였고, 심지어 그가 1890년 브뤼셀의 한 전시회에 참가했을 때 극렬히 반대한 화가도 있었습니다.

시인 윤동주의 진면모를 세상에 널리 알려낸 사람. 그는 지난 1983년 윤동주의 작품 전편을 분석하면서 그의 시 저변에 가라앉은 '부끄러움'의 정서를 세상에 내놓았습니다.

그의 작품들은 일제 말 암흑기, 우리 문학의 공백을 밤하늘의 별빛처럼 찬연히 채워주었다.

— 마광수, 『윤동주 연구』

마치 시처럼 느껴지는 아름다운 분석으로 윤동주 시론을 펴낸 문학가의 이름은 바로 마광수였습니다. 한때 외설스럽다 하여 법정에까지 갔던 논란의 주인공입니다. 그러나 그는 사람들 마음 밑바닥에 가라앉아 있는 무언가를 끄집어내고 싶었을 뿐…

높으신 분들, 하느님 찾는 분들. 엘리트님들이 낮에는 근엄한 목소리로 마광
수 죽여라 해놓고 밤에는 룸살롱 간다.

—마광수, 『한겨레』 2011. 04. 04.

엄숙주의와 도덕주의가 지배하는 사회에서. 오랜 시간 비난과 편견에
시달려온 그는 결국 세상을 견디지 못한 채 떠나갔고… 우리는 뒤늦게 시
대와 불화했던 문학인을 추모합니다.

"마광수의 죽음은 '사회적 타살'"

   —장석주(시인)

빈센트 반 고흐가 마지막 시절에 그린 프랑스 오베르의 넓고 푸른 들
녘… 외톨이였던 화가가 화폭에 담아낸 그 아름다운 풍경 속에는 감출 수
없는 슬픔과 외로움이 담겨 있습니다.

그리고 고 마광수 교수(1951~2017)가 세상에 남긴 시집의 제목은 『모
든 것은 슬프게 간다』였습니다.

> **追考** 지난 1992년 마광수 교수는 자신의 소설 『즐거운 사라』가 형법상 음란물
> 에 해당한다는 이유로 강의 도중 경찰에게 체포됐고, 법정에서 유죄가 확정되
> 어 징역을 선고받음으로써 표현의 자유와 관련한 수많은 논쟁을 낳았다. 그것은
> 1954년 전쟁 직후 나왔던 정비석의 『자유부인』 논쟁 이후 표현의 자유 논쟁에서
> 또 한 번의 획을 긋는 사건이라 할 만했다. 마광수 교수는 이후로도 많은 논쟁의
> 한가운데에 있었으며 2017년 9월 5일 숨진 채 발견되었다.

안타까운 죽음… 그의 가슴은 따뜻했다

2017. 10. 30.

30년쯤 전. 11월의 쌀쌀해진 날씨 속에 저는 야근 중이었습니다. 대개 방송사의 야근은 일이 있건 없건 눈 붙이기가 쉽지 않아서 거의 밤을 새우다시피 하고 새벽녘이 되었을 때, 갑작스러운 제보 하나가 들어왔지요. 올림픽대로 동작대교 부근에 봉고차가 하나 뒤집어져 있다는 것이었습니다.

급히 달려 나가 보니 차량의 앞쪽은 거의 완파되어 있었고, 운전자는 현장에서 그만 사망한 뒤였습니다. 때가 김장철이어서 그런지 봉고차와 부딪친 1톤 트럭에 실려 있던 배추가 사방으로 흩어져, 더욱 정신이 산란했던 그 새벽…

문제는 사망한 운전자의 신원을 알아내야 기사를 쓸 터인데, 아무리 뒤져봐도 그 상황에서 그를 알아낼 단서는 찾기 어려웠습니다. 그래서 망설임 끝에 그의 안주머니에 손을 넣어 면허증을 찾던 순간… 저는 놀라지 않을 수 없었습니다. 그의 가슴은 아직도 따뜻했기 때문입니다.

주소지가 은평구 수색동으로 돼 있던 그는 불과 몇 분 전까지만 해도 가슴이 따뜻하게 뛰던 누군가의 가족… 삶과 죽음의 경계는 그렇게 찰나인 것이어서 허망하기도 하고 또한 두렵기도 한 것… 저는 다른 이의 그 엄숙한 경계선에 서서 단지 기껏 그의 신원을 알아내려고만 온갖 방도를 찾고 있었던 것이지요.

그리고 오늘 한 사람의 배우가 세상을 떠났습니다.(김주혁, 1972~2017)※ 그는 마침 얼마 전 저널리즘을 다룬 드라마에 출연하여 그 나름의 철학이 있는 연기를 보여줬습니다. 비록 그것이 드라마이고 또 연기였다고는 해도 저희 같은 사람들에게는 일종의 연대감도 생겼던 터…

그의 안타까운 죽음을 놓고 겨우 몇 번째 순서에 얼마큼 보도할 것인가를 고민해야 하는 착잡한 오늘… 굳이 그의 신원을 알기 위해 안주머니에 손을 넣을 필요는 없지만, 그래도 그의 가슴이 따뜻하리라는 것은 우리 모두가 알 수 있는 오늘…

※ 김주혁이 교통사고로 인해 향년 45세로 사망했다. 그의 마지막 드라마는 기자를 그려낸 〈아르곤〉이었다.

"오늘은 땡이 아니라 딩동댕을 쳐드리고 싶습니다" 2018. 06. 25.

〈3김 퀴즈〉. 최양락-배칠수 콤비가 진행한 라디오 시사 콩트였습니다. 땡~ 소리가 나면 역정마저 내면서 아쉬워하던 3김●과 당황하는 사회자의 말투는 모두를 유쾌하게 만들었습니다. 자신들을 희화화한 코너였지만 당사자들도 싫지만은 않았던 것 같습니다.

> **진행자** 문제를 맨날 틀리시던데요?
> **김대중** 시청자가 좋아하는 대로 하라고 하세요.
> — 김대중 전 대통령 인터뷰, MBC 라디오 〈손석희의 시선집중〉 2007. 02. 05.

이게 벌써 2007년 2월의 일이었으니, 당시만 해도 뭐랄까 기분 좋은 낭만이 존재하던 시대였다고나 할까…

DJ, YS 그리고 JP. 이름의 약자만으로도 통칭되는 3김의 시대는 그렇게 오랜 시간 그 권위를 강고하게 하기도 하고, 조금씩 허물어가기도 하면서 한국의 정치사 속에서 생명력을 유지했습니다. 두 사람은 차례로 대통령이 되었고, 한 사람은 5·16쿠데타로 시작해 유신의 시대를 거쳐 일선에서 물러날 때까지 2인자의 역할을 담당했지요. 마지막 한 사람이 떠나감

● 김대중(DJ), 김영삼(YS), 김종필(JP).

으로써(김종필, 1926~2018)* 이미 오래전 정치적으로 막을 내렸던 3김의 시대는 존재의 관점에서도 비로소 역사에 종언을 고하게 되었습니다.

이미 세상은 변해서 지역주의와 보스 파벌 정치는 물론 반공과 분단의 이데올로기마저 조금씩 삭아가고 있는 시기. 세상은 우리가 지나온 3김의 시대를 부정하려는 것이 아니라, 이제는 소수의 정치지도자에게 의존했던 3김의 시대에서 벗어나 시민이 권력을 만들고 감시하는, 시민의 시대를 꿈꾸고자 하는 것은 아닐까.

다시 추억의 〈3김 퀴즈〉로 돌아가보겠습니다. 목청을 높여 "어이, 사회자. 정답!"을 외치던 정치 9단들. 그러나 모두를 유쾌하게 때론 통쾌하게 만들어주었던 그 퀴즈를 시원하게 맞춘 3김은 없었습니다. 다만 딱 하루, 김대중 전 대통령 서거 다음 날에 사회자 최양락 씨는 이렇게 말했습니다.

"오늘은 땡이 아니라 딩동댕을 쳐드리고 싶습니다."

그리고 아마도 그 딩동댕은 그보다 몇 해 전에 저와 가진 인터뷰에서 DJ가 했던, 바로 그 대답에 대한 정답 처리가 아니었을까.

"문제를 맨날 틀리시던데요?"
"시청자가 좋아하는 대로 하라고 하세요."

* 3김 중 가장 마지막까지 생존했던 김종필이 2018년 6월 23일 향년 92세로 세상을 떠났다. 3김 시대는 명실공히 역사 속으로 사라져갔다.

비통한 자들의 민주주의

그것은 참으로 미련해 보였습니다. 작은 충격에도 그만 깨져버리고 마는 계란… 반면 단단한 망치질에도 끄떡없는 바위는 애초에 상대가 되지 않는 적수였지요. 그러나 세상의 어딘가에서는 계란으로 바위를 치는 시도가 끊임없이 이어졌고, 그들 중에 누군가는 기어이 거대한 바위에 균열을 내기도 했습니다.

"아빠가 끝까지 싸울게." ― 황상기(고 황유미 씨 아버지)
"다 안 된다고 했는데, 결국 이런 날이 왔네요." ● ― 오미선(KTX 해고 승무원)

길고 긴 시간을 지나 기적 같은 오늘을 만들었던 사람들…
겨울의 광장을 넘어 오늘을 만들어낸 시민들 역시, 한없이 약한 존재들이 모여서… 궁극에는 거대한 권력에 균열을 낸 마치 기적과도 같은 존재들이기도 합니다.

비통한 자들, 즉 마음이 부서진 자들에 의해서 민주주의는 진보한다.

● 삼성 백혈병 분쟁이 11년 만에 마침표를 찍었고, KTX 해고 승무원들이 13년 투쟁 끝에 한국철도공사와 합의하고 전원 복직했다.

미국의 사회운동가 파커 J. 파머(Parker J. Pamer)는 자신의 책 『비통한 자들을 위한 정치학』에서 그렇게 말했습니다. "진보는 현상 유지에 안주하지 않으려는 평범한 사람들, 마음이 무너진 사람들의 동요에서 비롯되는 경우가 많았다"는 통찰이었습니다.

현실과 열망 사이의 간극을 좁히기 위해서 애쓰는 사람들…
필경 그 시도들은 패배로 점철되고는 했기에… 마음은 부서지고 무너져서 그들은 언제나 비통하다는 것.

"반올림, 그리고 KTX 노동자들에게 축하의 인사를 전합니다."
—노회찬(정의당 원내대표) 서면 발언, 7월 23일

그가 정치인으로서 마지막 전하려 했던 메시지 또한 계란을 쥐고 바위와 싸웠던 무모한 이들을 향하고 있었습니다. 오랜 시간 이어온 그의 소망 또한 허황되거나 혹은 미련해 보였을 것이며, 결국 그는 스스로 견딜 수 없었던 불명예로 인해서 걸음을 멈추게 되었습니다.(노회찬, 1956~2018)
또다시 뒤에 남게 된, 마음이 부서진 사람들…

그러나 사회학자 파커 J. 파머는 부서져 흩어지는 마음(Broken apart)이 아닌 부서져 열리는 마음(Broken open)을 이야기했습니다.

"나는 여기서 멈추지만… 앞으로 나아가길" 바란다던 그의 말처럼. 비록 마음은 부서졌지만 부서진 마음의 절실함이 만들어낸 진보의 역사.

그렇게 미련하고 또한 비통한 사람들은… 다시 계란을 손에 쥐고, 견고한 바위 앞에 서게 될 것인가.

민주주의는 우리가 가지고 있는 무엇이 아니라 우리가 하고 있는 무엇이다.

—파커 J. 파머, 『비통한 자들을 위한 정치학』

追考 노회찬이 세상을 등진 날은 7월 23일이었다. 당일 나는 그에 대한 앵커브리핑을 만들 수 없었다. 하루를 더 고민한 끝에 이 앵커브리핑을 완성했다. 그것은 그에 대한 얘기가 아니라 그가 바라보던 방향에 대한 얘기였다. 노회찬을 위한 앵커브리핑은 그보다 이틀 뒤인 7월 26일의 「솔베이지의 노래」였으며, 시간이 훨씬 더 흐른 2019년 4월 4일의 앵커브리핑 「노회찬에게 작별을 고합니다」에서 비로소 그와 작별했다.

2002년. 한국의 정치사에 기록될 만한 해이지요. 노무현 후보는 극적인 역전 끝에 대선 후보가 됐고 후보 단일화 과정의 부침을 거치면서 대통령에 당선됩니다. 2002년 한 해는 그야말로 정치적으로 드라마틱하기 이를 데 없는 시간으로 기록될 것입니다.

숨 가쁘게 돌아가던 그 격동의 시간 속에서 한국 정치는 또 다른 씨앗을 키워냅니다. 바로 진보정당인 민주노동당이 본격적으로 대중 속에 존재감을 심기 시작했던 것입니다.

"살림살이 좀 나아지셨습니까?" 2002년 대선에서 민주노동당의 권영길 후보가 사용해 크게 화제가 됐던 말입니다. 이 말 한마디는 너무나 울림이 커서였는지 민주노동당의 존재감을 높이는 데 혁혁한 공을 세운 말이 되기도 했습니다.

그리고 그 선거에서 권영길 후보 옆에 있던 또 다른 한 사람. 이 사람을 이야기하기 위해서 좀 멀리 돌아왔지요? 2002년은 노무현 대통령을 탄생시켰고 권영길 후보를 필두로 한 진보정당을 각인시켰지만, 또 한 사람의 이 진보정치인을 대중 앞에 내놓았습니다.

제가 진행했던 대선 직전의 〈100분 토론〉에서 그는 처음으로 대중 앞에 토론자(민주노동당 선거대책본부장)로 나섰습니다. 그날 이후에 때로는 폐

부를 찌르고 때로는 해학으로 치유하는 토론의 새로운 세계를 연 사람…

이 폭염의 더위 속에서 끝없는 인파가 그의 빈소를 찾는 이유 역시 마찬가지 아니었을까. 누군가에게 한 번쯤 듣고 싶었던 그런 위로의 언어들… 그동안 우리가 보아온 것은 정치권 안에서 벌어지는 치밀한 모함과 놓으려 하지 않는 특권뿐이었기에… 사람들은 그의 언어 안에 담긴 온기와 위로와 응원의 말을 되살려 기억하고 그리워하고 있는지도 모르겠습니다.

그 겨울이 지나 또 봄은 가고 또 봄은 가고
그 여름날이 가면 더 세월이 간다.

노르웨이의 작곡가 그리그(Grieg)의 곡 〈솔베이지의 노래〉. 서글픈 멜로디와 애잔한 가사로 시대를 넘어선 사랑을 받고 있는 작품입니다. 그도 이 곡을 좋아했던 것 같습니다. 첼로를 연주하던 정치인. 지난 2005년 그가 대중 앞에서 처음이자 마지막으로 연주한 곡도 바로 이것이었으니까요.

"지금도 첼로를 하십니까?"라는 누군가의 질문에 그는 이렇게 답했습니다. "지금은 거의 안 하죠. 그러나 악기라는 것이 운전처럼 몸에 배어 있기 때문에…"

이 여름날이 가고 더 세월이 가서 누군가 지금도 그를 기억하느냐고 물으면… 사람들의 대답도 그럴 것입니다.

좁은 사각의 링. 그 안에는 마치 '동물의 왕국'과도 같은 세상사가 모두 담겨 있었습니다. 둘 중의 한 사람이 나가떨어지는 순간까지 뒤엉켜 싸우는 사각의 링은 종종 반칙이 난무하기도 했지만⋯ 그들은 맨몸과 맨주먹으로 서로를 상대했기에 사람들은 손에 땀을 쥐고 경기를 지켜봤습니다.

송강호 주연의 영화 〈반칙왕〉에서도 나약한 은행원인 주인공은 사각의 링 위에서 세상사에 억눌렸던 일상을 판타지로 극복해갑니다. '헤드록'. 어슴푸레 잊혀가던 프로레슬링 용어는 영화 덕에 다시 살아나 일상에 유행하기도 했었죠.

실제로 지난 1960년대와 70년대를 풍미한 프로레슬링은 단순한 스포츠 이상의 의미로 한국 사회에 존재했습니다. 역도산이 일제강점기 이후에 우리의 민족적 자긍심을 회복시켜주었다면, 프로레슬링 1세대인 김일, 장영철, 천규덕은 좁은 사각의 링 안에서 몸을 던지고 또 던져 식민지와 전쟁을 겪어낸 한국인들의 상실감을 채워주고는 했으니까요. 거구의 미국 선수들은 물론이고 단골 적수인 일본 선수들을 상대로 김일의 박치기, 장영철의 두발당수, 천규덕의 태권도는 그렇게 스포츠의 사회학을 완성해냈습니다.

동네에 한 대뿐인 텔레비전 앞에 모여서 저 같은 꼬마들조차 끝 모를 애국심에 불타오르던 시절…

"프로레슬링은 쇼다." ―장영철(전 프로레슬링 선수)

논란의 그 발언으로 프로레슬링은 사양길을 걸었다지만, 쇼이건 아니건 이미 그것은 중요하지 않았습니다. 사람들은 그로 인해 행복했고 의기충천했던 가상현실의 세계…

이제는 찌든 가난과 상실감에서 벗어난 시대라고는 하지만 현실은 여전히 녹록지 않고 삶은 고달프기에… 우리는 그로부터 훨씬 훗날까지도 바로 이 사람, 이왕표를 가질 수 있었을지도 모릅니다.

프로레슬링의 끝자락에 서 있던 그가 오늘 세상과 작별했습니다.(이왕표, 1954~2018) '플라잉 드롭킥'. 전매특허와도 같았던 발차기의 주인공은 그의 선배들이 이룩해놓은 로망과도 같았던, 그러나 치열했던 가상현실의 거의 마지막 주인공이었습니다.

"저도 헤드록 해드릴 수 있습니다."
―이왕표, JTBC〈뉴스룸〉 2015. 05. 25.

지난 2015년 은퇴를 선언한 날 〈뉴스룸〉에 출연했던 그는, 4년 전 노지심 선수와 함께 저를 만났을 때를 기억하고는 그렇게 말했었지요.

2011년 2월 4일 MBC 라디오 〈손석희의 시선집중〉에 출연한 이왕표(맨 왼쪽), 노지심 선수

오늘은 좀 참아달라면서 다음을 기약했었는데… 조금은 민망하더라도 그때 그냥 해보시라고 할 걸 그랬습니다.

다시 한번 헤드록!

追考 향년 64세에 이왕표 선수가 담도암으로 세상을 떠났다. 그는 이제는 사라져버린 프로레슬링의 끝자락에 매달려 있었다. 그게 너무 힘들었나 보다. 불과 예순네 살에…

1960년대 초반 충무로. 여기서 충무로라 함은 퇴계로와 을지로 사이 물리적 존재로서의 길 이름인 동시에, 한국 영화의 메카로서 그 충무로.

제가 어린 시절 가끔씩 지나다녔던 그 길은 말 그대로 영화의 본산지였고, 길거리 사진관 쇼윈도에도 온통 한국 영화의 스틸 사진으로 넘쳐났던 낭만의 시대였다고나 할까… 결혼하기 전의 신성일, 엄앵란 두 배우의 촬영 모습을 처음으로 보았던 곳도 바로 그 충무로의 어느 비 오는 날 밤거리였으니까요.

신성일(1937~2018). 그는 1960년대 청춘의 심벌이었고, 그보다 더 놀라운 것은 여든 언저리의 나이가 되어서도 여전히 그 청춘이란 단어를 빼고 말하기가 어려웠다는 것입니다. 60년대 말 그는 짙은 빨간색의 머스탱 스포츠카를 몰았는데… 이름 그대로 야생마와 같았던 그 빨간 자동차는 그 주인과 함께 더욱 청춘의 상징인 양 각인되기도 했습니다. 저는 까까머리 중학생 때 우연히 그와 그의 자동차를 보고는 그 모든 것이 현실 같지 않았던 느낌을 지금도 기억으로 간직하고 있지요.

그렇습니다. 그는 참으로 우리에겐 현실 같지 않은 존재였습니다. 아마도 엄혹하고 가난했던 시대를 관통하면서 누군가 하나쯤은 그 모든 것으로부터 해제되어 다른 모든 이들에게 판타지를 심어줘야 하는 존재로서 허락받을 수 있다면… 그것은 두말할 나위도 없이 그여야 한다는 생각마저 들게 하는 그런 사람이었습니다.

아주 먼 훗날. 제가 〈100분 토론〉을 진행하던 당시에 그가 국회의원 신분으로 참관을 왔을 때… 저는 그 옛날 비 오는 날 충무로 밤거리의 기억과 저를 환상에 빠뜨렸던 빨간색 머스탱 차에 대해서 얘기했지요. 그는 "아, 그래요…" 하면서 긴말을 이어가진 않았지만. 그저 제 생각으로는, 판타지에서 나와 정치라는 지극한 현실에 몸담았던 그가 그 순간 어떤 회한에 잠시나마 빠졌던 것은 아닌가. 그렇게 제 맘대로 생각했더랬습니다.

저는 앞으로도 그를 얘기할 때 그 충무로의 비 오는 밤거리와 빨간색 스포츠카를 떠올리겠지만… 그럴수록, 신성일로 상징되던 청춘과 낭만의 시대는 또한 가버렸다는 것을…

追考 배우 신성일은 2018년 11월 4일 향년 82세로 세상을 등졌다. 그가 떠난 후 어느 방송에선가 생전에 미리 찍어둔 그에 대한 다큐멘터리를 방송했다. 그 마지막 장면은 그가 칩거하던 시골집의 눈 내리는 길을 뒤돌아보지 않고 손 흔들며 걸어가는 모습이었다. 내게는 그의 그 마지막 길도 판타지였다.

"저의 마지막 챕터일지도 모르는데 잘 여미게 해주셔서 감사할 뿐입니다."70대 후반의 노배우는 그렇게 말하고 있었습니다.

기억하실지 모르겠지만. 1976년 무하마드 알리(Muhammad Ali)가 서울에 와서 방송사를 방문했을 때, 모두가 그를 반겼으나 혼자 시큰둥해서 오히려 찬사를 받았던 사람…

"저 사람이 알리구나 … 그냥 툇마루에 앉아 있었죠 뭐…"
— 김혜자(배우), JTBC 〈뉴스룸〉 2014. 12. 18.

그 일화에 대해 훗날 '그이가 누군지 잘 몰랐을 뿐이었다'라는 시크한 대답을 돌려줬던 사람. 오래된 농촌드라마를 통해 요즘은 흔하게 붙는 '국민 엄마'라는 애칭을 아마도 가장 처음으로 들었던 사람. 그리고 어느 날 시계를 잘못 돌려 70대 노인이 되어버린 스물다섯 살의 그…
사람들은 나이 든 혜자가 자글자글한 주름과 삐걱대는 관절 대신 반짝이는 청춘의 일상을 되찾게 되기를 기대하고 기다렸지요. 그러나…

"긴 꿈을 꾼 것 같습니다. … 저는 알츠하이머를 앓고 있습니다."
—JTBC 드라마 〈눈이 부시게〉

그 모든 베일이 벗겨지면서 사람들은 늙음에 대해, 주어진 시간에 대해, 알츠하이머라는 질병에 대해 새삼 생각하게 됐습니다. 물론 그보다 전에 자신이 알츠하이머에 걸렸다고 주장하는 또 다른 사람●으로 인해 그 병은 회자되기도 했지만 말입니다.

"내 늙음도 내 잘못으로 받은 벌이 아니다."

— 영화 〈은교〉

나의 늙음이 죄가 아니라고 했던 영화 속 대사처럼, 늙음을 마치 형벌과도 같이 여기며 뒤로 내쳐버리고자 했던 세상… 그러나 모두에게는 언젠가 눈부신 젊음이 존재했으며, 설사 그 반짝임을 잃어버렸다 하더라도 오늘의 삶은 늘 눈부신 시간이라는 잠언적인 메시지는, 주름진 배우의 아름다운 연기를 통해 스미듯 먹먹하게 다가왔습니다. 그 모든 고민과 함께 절망하던 이들에게 주어진 아름다운 배우의 마지막 위안을 다시 한번 전해드립니다.

내 삶은 때론 불행했고 때론 행복했습니다. …

새벽에 쨍한 차가운 공기,

꽃이 피기 전 부는 달큰한 바람,

해 질 무렵 우러나는 노을의 냄새.

●전두환 씨는 2018년 8월 27일 광주에서 진행된 5·18 관련 재판에 '알츠하이머' 투병을 이유로 출석하지 않았다.

어느 하루 눈부시지 않은 날이 없었습니다.

지금 삶이 힘든 당신…

오늘을 살아가세요. 눈이 부시게…

누군가의 엄마였고, 누이였고, 딸이었고,

그리고 '나'였을 그대들에게…

　　　—JTBC 드라마 〈눈이 부시게〉

배우 한지민 씨가 했던 표현을 빌리자면… 때로는 드라마 한 편이 백
번 천 번의 뉴스보다 사람들을 더 많이, 깊이 생각하게 해주고, 그것이 세
상을 더 좋은 방향으로 가게 한다는 말에 동의하며…

오늘의 앵커브리핑은 배우 김혜자 씨에 대한 헌사로 드립니다.

노회찬. 한 사람에 대해, 그것도 그의 사후에. 세 번의 앵커브리핑을 하게 될 줄은 몰랐습니다.

사실 오늘의 앵커브리핑은 이보다 며칠 전 그의 죽음에 대한 누군가의 발언이 논란이 되었을 때 했어야 하지만… 당시는 선거전이 한창이었고, 저의 앵커브리핑이 선거전에 연루되는 것을 피해야 했으므로… 선거가 끝난 오늘에야 내놓게 되었음을 먼저 말씀드립니다.

제가 학교에서 몇 푼 거리 안 되는 지식을 팔고 있던 시절에 저는 그를 두어 번 저의 수업 시간에 초대했습니다. 솔직히 말씀드리자면 처음에는 저도 요령을 부리느라… 그를 불러 저의 하루치 수업 준비에 들어가는 노동을 줄여보겠다는 심산도 없지 않았지요. 저의 얕은 생각을 몰랐을 리 없었겠지만 그는 바쁜 와중에도 아주 흔쾌히 응해주었습니다. 다음 해, 또 그 다음 해까지. 그는 저의 강의실을 찾아주었지요. 그때마다 제가 그를 학생들에게 소개할 때 했던 말이 있습니다.

"노 의원은 앞과 뒤가 같은 사람이고, 처음과 끝이 같은 사람이다."

그것은 진심이었습니다. 제가 그를 속속들이 알 수는 없는 일이었지만 정치인 노회찬은 노동운동가 노회찬과 같은 사람이었고, 또한 정치인 노회찬은 휴머니스트로서의, 자연인 노회찬과도 같은 사람이었습니다.

그가 세상을 등진 직후에 전해드렸던 앵커브리핑에서 저는 그와의 몇 가지 인연을 말씀드렸습니다. 가령 그의 첫 텔레비전 토론과 마지막 인터뷰의 진행자가 저였다는 것 등등… 그러나 그것은 어찌 보면 인연이라기보다는 그저 우연에 가까운 일이었을 터이고, 그런 몇 가지의 일화들을 엮어내는 것만으로 그가 가졌던 현실정치의 고민마저 다 알아채고 있었다할 수는 없을 것입니다.

그래서 그의 놀라운 죽음 직후에 제가 알고 있던 노회찬이란 사람을 어떻게 규정할 수 있는가를 한동안 고심했고, 그 답을 희미하게 찾아내가다가… 결국은 또 다른 세파에 떠밀려 그만 잊어버리고 있던 차에, 논란이 된 그 발언은 나왔습니다.

"돈 받고 스스로 목숨을 끊은 분의 정신을 이어받아서야…"
— 오세훈(전 서울시장)

거리낌 없이 던져놓은 그 말은 파문에 파문을 낳았지만, 역설적이게도 바로 그 순간… 그 덕분에 한동안 잊고 지냈던 노회찬에 대한 규정 혹은 재인식을 생각해냈던 것입니다.

즉, 노회찬은… '돈 받고 스스로 목숨을 끊은 사람'이 아니라 적어도 '돈 받은 사실이 끝내 부끄러워 목숨마저 버린 사람'이라는 것. 그보다 비교할 수 없이 더 큰 비리를 지닌 사람들의 행태를 떠올린다면, 우리는 세상을 등진 그의 행위를 미화할 수는 없지만… 그가 가졌던 부끄러움은 존중해줄 수 있다는 것.

이것이 그에 대한 평가에서 가장 중요한 것을 빼버린 그 차디찬 일갈을 듣고 난 뒤, 마침내 도달하게 된 저의 결론이었습니다. 그렇게 해서 저의 동갑내기 노회찬에게…

이제야 비로소 작별을 고하려 합니다.

追考 나와 노회찬, 박원순은 동갑내기였고, 같은 시대를 각자의 영역에서 살아왔다. 내가 〈100분 토론〉을 떠나는 날 우리 셋이 동갑이라는 사실에 모두가 파안대소했던 장면은 아직도 인터넷을 떠돈다. 이날의 앵커브리핑은 비로소 그와 작별하는 브리핑이었고, 나는 그만 '동갑내기'라는 단어를 말해놓고 한동안 목이 메었다. 그것도 이를테면 방송 사고일까.
2021년 10월에 개봉한 다큐멘터리 영화 〈노회찬 6411〉을 보았다. 그 마지막 장면이 이 앵커브리핑이었다. 보면서 나의 마음이 그래도 좀 평안해졌다. 그도 평안하길 바란다.

이게 다 노무현 때문

　대구광역시 동서를 가로지르며 달리는 시내버스의 번호는 518번.
1998년부터 운행을 시작한 이 버스는 대구전자공고와 2·28중앙공원 앞
을 돌아 나갑니다.

　우연히 붙여진 번호였지만 '518번' 그 번호는 묘한 여운을 남깁니다.
이른바 '보수의 심장'이라 하는 대구 한복판을 달리는 '518' 버스라니…
　그러나 생각해보면 대구는 2·28민주운동*으로 기억되는 지역이지요.
1960년 독재에 항거하는 시민이 행진하던 거리에 '518' 버스가 달리는 것
은 어찌 보면 '운명' 같아 보이기도 합니다.

　그런가 하면 며칠 전부터 광주광역시 시내에는 무등경기장과 옛 전남
도청 자리를 지나가는 228번 버스가 달리기 시작했습니다. 10년 전부터
대구와 광주가 시도하고 있는 '달빛동맹'입니다.

달빛동맹　2009년부터 시작된 '달구벌' 대구와 '빛고을' 광주의 도시 교류

　달구벌과 빛고을은 5·18 버스의 짝꿍으로 2·28 버스를 만들어서 함께

---

* 1960년 대구 지역 고등학생들이 이승만 정권의 부정부패에 항거하여 일으킨 민주화운동.

달리고 있는 것입니다. 입맛도 말씨도 서로 다르지만 이들은 민주화를 열망하던 역사를 공유한 사람들이지요.

"당 소속 일부 국회의원들이 저지른 상식 이하의 망언 … 충심으로 사과드립니다. … 대구 시민들 다수도 저와 같은 마음일 것입니다."
　　─권영진(대구시장)

정치인들이 만들어놓은 뿌리 깊은 분열과 왜곡에 반대하는 그들은 서로 공존하고자 애쓰고 있는 중입니다.

시간을 거슬러 지난 2000년 부산의 거리 한복판.

"동과 서를 하나로 합쳐서 광주에서 '콩'이면 부산에서도 '콩'이고 대구에서도 '콩'인, 옳고 그름을 중심으로 해서…"
　　─영화 〈노무현과 바보들〉, 노무현, 2007년 4월 1일 제16대 총선 부산 거리유세 연설

그는 정치 1번지 종로를 두고 모두가 말리는 지역으로 내려갔습니다. '바보' 소리를 들어가며 그가 무너뜨리고자 했던 것은 작은 나라를 조각내듯 지배하는 견고한 지역 장벽이었습니다.

물론 그의 정치 역정이 모두 성공한 것은 아니어서 대통령이 된 이후에는 "이게 다 노무현 때문"이라는 유행어까지 등장했지요. 축구 대표팀이 져도, 비가 와도, 연예인이 실수를 해도… 사람들은 그 유행어를 입에 달고

살았습니다. 그렇게 해서 얻은 카타르시스는 과연 온당한 것이었을까.

어리석어 보였던 그의 시도들은 하나둘 조금씩 뿌리를 내려서 견고한 장벽은 조금씩 허물어지고 있으니… 달구벌을 달리는 '518'번 버스와 빛고을을 달리는 '228'번 버스. 오늘날 지역을 넘어 함께 가고자 하는 끊임없는 시도들… 따지고 보면 이것도 다는 아니지만, 적어도 어느 정도는 '노무현 때문'이 아닐까.

10여 년 전 저는 이미 퇴임한 대통령을 두 번이나 인터뷰했습니다.

마지막이 된 두 번째 인터뷰는 그의 동교동 자택 거실에서 있었지요. "이 거실에서 이렇게 긴 시간 동안 인터뷰한 사람은 당신뿐"이라고 그는 저를 추켜세우기도 했습니다. 이 인터뷰 얘기는 과거에 앵커브리핑에서 잠깐 쓰긴 했습니다만, 오늘은 그때 그 장면에서 숨겨져 있던 1인치랄까… 그 속에 있던 사람에 대한 얘기입니다.

그날 인터뷰가 끝나고 물러가려는 저를 그는 돌려세웠습니다. 아니 정확하게는, 저를 돌려세운 사람은 그가 아닌 다른 사람이었습니다.

이희호 여사. 그렇게 해서 제가 김대중 전 대통령에게서 "고향이 호남도 아니면서 무슨 삼합을 그리 좋아하느냐"는 핀잔 아닌 핀잔을 들었던 점심을 먹고 오게 된 것이지요.

아래위 흰 정장을 차려입은 이희호 여사는 식사를 시작할 때 했던 한마디 "많이 드세요"를 빼고는 식사가 끝날 때까지 거의 한마디도 하지 않았습니다. 그러나 그가 조용한 가운데 발하고 있던 존재감이란… 지금까지도 저의 기억에는 삼합을 두고 DJ로부터 들었던 핀잔보다 그의 조용한 존재감이 더 선명하니까요.

"대체로 역사 속 이름 없는 이들은 여성이었다"고 한 버지니아 울프 (Virginia Woolf)의 말처럼. 조명이 켜진 세상의 뒤편에는 감춰진 누군가의 알 수 없는 희생이 있었던 것인지도 모른다는 생각을 그때 했더랬습니다.

김대중, 이희호. 두 사람의 이름을 따로 떼어놓고 생각하는 것이 가능할까… 이희호(1922~2019)는 그렇게 김대중의 버팀목이 됐습니다.

더 강한 투쟁을 하시고 … 서두르지 마세요. ─1972년 12월 19일 편지, 『옥중서신 2』
좁고 험한 길, 참의 길을 걸어가는 사람의 수가 늘어나는 것에 더 희망이 보입니다. ─1977년 5월 21일 편지, 『옥중서신 2』

결혼식 열흘 뒤 감옥에 끌려가 갇혀버린 젊은 정치인 김대중. 그러나 "당신을 사랑하는 희호"라고 마무리된 아내의 편지는 그보다 강인했습니다.

그러기에 실망하지 않습니다. … 우리의 뜻도 반드시 이루어질 것입니다.
─1977년 6월 17일 편지, 『옥중서신 2』

"나는 늘 아내에게 버림받을까 봐 나 자신의 정치적 지조를 바꿀 수 없었다"고 했던 그의 말이 그것을 증명합니다.

그날 삼합으로 허기를 채운 점심 후에 동교동 자택을 나설 때도… 이미 오래전 동교동 집 대문 앞에 걸어둔 '김대중' '이희호'. 나란한 부부의 문패는 그렇게 걸려 있었습니다.

풍선을 잡다

1970년의 어느 날 그는 검은색 크라운 자동차를 타고 교정으로 들어왔습니다. 같은 울타리 안에 있던 예술대의 행사에 배우 윤정희는 그렇게 홀연히 나타났다가 시야에서 사라져갔지요. 우리 중학생들의 마음을 온통 흔들어놓고 말입니다.

시간이 지나 꼭 40년 후에 저는 그를 인터뷰했습니다.

"오죽하면 어느 날 제가 잠을 자는데요, 쿨쿨 자고 있는데 제 남편이 옆에서 '여보, 여보, 여보 좀 일어날래? 저 달이 기가 막히다' 그런 적도 있거든요."
— 윤정희, 〈손석희의 시선집중〉 2010. 04. 10.

가장 화려했던 시기에 대중의 곁을 훌쩍 떠나 지극히 소박한 삶을 살아가고자 했던 배우. 그는 그 흔한 자동차 한 대 없이 파리의 작은 아파트에서 반세기를 살았다고 했습니다.

배우 윤정희를 다시 만난 것은 바로 엊그제 같은 3년 전 가을이었습니다.

앵커 "고무풍선 같다. 내가 손을 뻗어서 현실이라는 땅으로 끌어내려도 다시 둥실 떠오른다"… 윤 선생님에 대해 누군가 한 말입니다.

윤정희 제 남편이요. … 나는 좋아요. 저는 고무풍선같이 그렇게 하늘로 올라
가고 싶은데 그래도 이해를 해주고, 또 긍정적으로 우리가 살고 있으
니까.

—JTBC〈뉴스룸〉 2016. 09. 22.

그때 어렴풋이 짐작은 하고 있었지만, 그가 인터뷰에 최선을 다했기에
감히 입에 올리고 싶지 않았습니다. 기억을 잃어버리고 가족을 잃어버리
고, 마지막으로는 나를 잃어버린다는… 그러나 이미 그 병을 한참 앓고 있
었던 배우는 여전히 고운 꿈을 간직하고 있었던 것이지요.

투병 소식이 세상에 알려지면서 사람들은 놀랐지만, 그를 향해 보내는
위로의 온기는 따뜻했습니다.

"가장 슬픈 병. 너무 가슴 아픕니다. 세월이…"
"아버지 생각이 많이 납니다. 그 마음 알 것 같습니다."
"가장 좋았던 기억에서 머무시기를"
"당신에게 기적의 선물을 보냅니다."
"좋은 것, 아름다운 것만 간직하고 사시길"

세상은 아주 오랜 시간 동안, 그의 연기와 아름다운 삶으로 인해 울고
웃고 위안받았기에… 이제는 돌려주고자 했던 웃음과 위로.

"저는 이제 아흔 살 돼도 멋쟁이 역할이 있을 것 같아요. 하얀 머리에 쭈글쭈
글한 얼굴로 어떤 여자의 인생을 얘기하고 싶은 영화를 저는 지금도 꿈꾸고
있어요."

— 〈손석희의 시선집중〉 2010. 04. 10.

그는 꿈꾸고 있었고 어쩌면 지금도 꿈을 꾸고 있는지도 모릅니다.

"그럼요, 저는 영화를 하늘에 갈 때까지 할 거예요. 영화는 인간을 그리는 건
데 인간이 젊음만 있나요. … 노인들 모습 그리는 것도 기가 막히잖아요. 그
래서 저는 아마 백 살까지 살 수 있을까? 그때까지 할 거예요."

—JTBC〈뉴스룸〉 2016. 09. 22.

깊은 밤 잠을 자다 깨어나 올려다본 눈부신 달처럼, 대중의 꿈과 함께
기억될 배우. 그가 우리를, 심지어는 자신을 잊어간다 해도… 우리가 그를
기억할 것입니다.

오늘의 앵커브리핑은 저의 우상이었던 배우 윤정희 님께 드립니다.

9. 당신이 편안하다면, 저도 잘 있습니다

지금 내가 머물고 있는 곳에서 가까운 고베神戶는 1995년 1월 17일에 대지진이 일어났다. 6,400여 명이 목숨을 잃고, 도시의 대부분이 파괴되었다. 고베의 자긍심은 지진 이후의 대처에서 생겨났다. 시민사회가 나서서 서로 도왔고 도시를 재건했다. 그때 일본 시민사회의 역할은 세계적으로 모범 사례였다. 정부도 기민하게 대응했다. 후쿠시마 원전 사고나 코로나 바이러스 대응을 보면 일본 정부의 역할에 회의감을 갖게 되긴 하지만, 적어도 고베 대지진 때의 일본 정부는 시민사회와 함께 국가의 존재 이유를 알게 해주었다.

지난 10년 안짝의 시간 동안 우리도 메르스, 세월호, 가축전염병, 지진, 미세먼지, 코로나 바이러스 등을 겪었거나 겪고 있다. 이런 경우 어쩔 수 없이 국가와 시민사회의 관계를 생각하게 되고, 그 귀결은 늘 '국가는 왜 존재하는가?'이다. 다만, 그 질문은 진영 논리에 의해서가 아니라 말 그대로 시민사회의 입장에서 물어야 한다. 고베를 들를 때마다 그런 생각이 떠오른다.

"개미 한 마리 못 지나가게 하겠다." ─문형표(보건복지부 장관)

메르스에 대한 정부의 호언장담이 참으로 무색해졌습니다. 감염자가 날로 불어나, 오늘 안타깝게도 메르스 의심 환자의 사망 소식마저 전해졌습니다. 현재 우리나라 메르스 환자 수는 세계 4위입니다.

1위 : 사우디아라비아 1,012명
2위 : 아랍에미리트 76명
3위 : 요르단 19명
4위 : 한국 18명
5위 : 카타르 14명   ─ECDC, WHO, 질병관리본부

낙타가 매개체로 추정된다는데 낙타의 나라인 중동 카타르마저 제쳤습니다. 심지어 메르스 접촉자가 홍콩을 거쳐 중국으로 출국해, 이러다간 '메르스 수출국'이라는 얘기가 나오지 않을까 염려될 지경입니다. 불안감이 높을 수밖에 없습니다. 번지고 있는 이른바 괴담들 접해보셨는지요?

우리나라가 긴급재난 1호 상황 / 양치 밖에서 하지 마세요
○○병원 근처에 가지 마세요 / 에볼라나 사스보다 더 심각

정부 여당이 이에 대한 대책을 내놨습니다.

"독버섯처럼 자라는 인터넷 괴담 뿌리 뽑아야"

—박대출(새누리당 대변인)

가장 실감 나는 정부 대책이 다른 것도 아니고 "괴담 유포자를 잡아들인다"는 것이었습니다. 이쯤 되면 괴담에 겁을 내는 것이 시민인지 아니면 당국인지 헛갈리기 시작할 정도입니다. 국가를 믿지 못하는 시민들을 오히려 국가가 더 못 견뎌 하는, 주객이 전도된 상황이 된 것이지요. 여당의 유승민 원내대표까지 "모든 걸 괴담이나 루머로 치부할 수는 없다"고 지적하고 나섰을 정도입니다.

이른바 '괴담'이라는 프레임으로 정부의 실책을 가리려 했던 것은 아마도 광우병 관련 촛불시위 때부터가 아닌가 합니다. 그 이후 우리나라에서 광우병이 발생하지 않았다는 사실만 가지고 정부는 그것이 괴담이었다는 근거로 삼으려 했습니다. 그러나 소위 괴담이 아닌 시민들의 성찰과 요구에 의해 미국산 쇠고기 수입의 조건이 강화되었다는 점은 아무도 말하려 하지 않습니다. 그 이후 천안함, 세월호 등 시민들이 문제를 제기하는 사건들에는 예외 없이 이른바 '괴담' 프레임이 작동됐습니다. 이들 사건에는 공통점이 있었습니다. 바로 시민들이 정부를 흔쾌히 믿지 못한다는 것입니다.

미국 질병관리센터가 밝힌 공중 보건을 위한 '투명한 소통'의 조건을 말씀드리겠습니다.

- 불확실성을 인정하라
- 신속하게 정보를 제공하라
- 실수를 인정하고 개선하라

풀이하자면 '개미 한 마리 못 지나간다'는 립서비스보다는 쌓인 신뢰가 더 중요하다는 것이겠지요.

며칠 전 일본 작은 섬에서는 화산이 폭발했습니다. 단 21분 만에 섬 주민 137명 전원의 안전이 확인됐고, 5시간 만에 12km 떨어진 인근 섬으로 모두 대피했다는군요. 이웃 나라 정부의 신속한 대응이 오히려 '괴담'처럼 들립니다.

追考 중동호흡기증후군(메르스)은 2012년부터 중동 지역을 중심으로 감염자가 발생한 급성 호흡기 감염병이다. 우리나라에서는 2015년 첫 감염자가 발생하여 총 186명 환자가 발생했고, 이 중 38명이 사망했다.

보건 당국은 첫 번째 메르스 환자가 발생한 지 217일 만인 2015년 12월 23일 자정을 기해 메르스 종식을 공식 선언했다. 명확한 감염원이 확인되지 않았으나 박쥐나 낙타 등 동물에게 있던 바이러스가 사람에게 이종 감염되었을 가능성이 제기되고 있다.

메르스 초기, 보건 당국은 메르스의 감염률이 높지 않다고 밝혔으나 한 달도 되지 않아 감염자가 100명을 넘어섰다. 감염자 동선과 병원명 비공개 방침을 고수해오던 정부는 여론의 비판이 거세지자 뒤늦게 병원 명단을 공개하여 비난을 샀다. 세계보건기구 합동평가단은 한국 정부가 정보 공개를 늦춘 탓에 초기 방역 정책의 실패를 불러왔다고 평가했다.

'컨트롤타워' 지난해 봄, 참으로 절실했던 말이었습니다.

최근 그 컨트롤타워라는 말이 다시금 운위되고 있습니다. 무정부 상태와 다름없다는 비판마저 나오고 있는 메르스 방역 때문입니다.

3차 감염자까지 발생해 모두가 크게 걱정했던 어제, 박근혜 대통령은 전남 여수를 방문했습니다. 창조경제혁신센터 개소식 축사를 위해서였습니다. 재난 컨트롤타워의 중심에 있어야 할 국무총리 자리가 비어 있는 와중이었습니다. 총리 직무대행이 있긴 하지요. 그러나 최경환 경제부총리는 사건 발생 13일 만인 어제 처음으로 범정부 대책 회의를 주재하곤 바로 해외 출장을 떠났습니다. 그리고 오늘에서야 대통령이 직접 주재한 대책 회의가 진행됐습니다.

만기친람萬機親覽. 모든 일을 손수 일일이 챙긴다는 대통령이 '국회법'을 놓고 여당과 실랑이하는 사이에 방역 당국은 신뢰를 잃었고 시민들의 불안감은 더욱 커져만 갔습니다.

'방역후진국'이라는 오명과 떨어진 '국격'. 과거에도 이랬던 것인지 잠간 되짚어봅니다. 지난 2003년 사스가 발생했을 당시엔 고건 국무총리가 전면에서 대응 체계를 지휘했습니다. 감염 추정 환자 발생 당일에 담화문을 발표해 방역 대책을 상세히 밝혔고 시민 불안을 진정시켰습니다. 당시 사스가 몇 달 만에 세계로 퍼졌지만 우리나라는 한 명도 발생하지 않아 세계보건기구로부터 사스 예방 모범국으로 평가받은 바도 있습니다.

2009년 신종플루 유행 때도 마찬가지였습니다. 추정 환자 발생 당일 중앙인플루엔자대책본부가 설치됐습니다. 총리 교체 시기였지만 한승수, 정운찬 총리가 일일이 상황을 점검하는 체계가 즉시 구축됐습니다. 비록 다수의 사망자는 나왔지만 방역 당국이 크게 비난을 받지는 않았습니다.

물론 과거의 일이니 지나치게 긍정적으로 포장되는 것 아니냐는 문제 제기가 나올 수도 있겠지요. 그러나 부정할 수 없는 사실은 지금보다는 훨씬 신속한 대책이 마련됐었다는 것. 특히나 정부가 최선을 다해도 결과를 장담할 수 없는 신종 질병에 대한 대응이라는 측면에서 본다면 더욱 그렇습니다.

"살아남기 위해선 과거에 대한 더 나은 이해로 무장하라."

『뉴욕타임스』 의학 전문 기자인 지나 콜라타(Gina Kolata)의 말입니다. 그러나 지금의 사태는 과거에 대한 더 나은 이해는커녕 오히려 과거보다 더 퇴화되고 있는 것만 같아 보입니다.

"낙타고기와 우유를 먹지 말라. 낙타와의 접촉을 피하라."

사실 낙타라고는 동물원 빼고 구경조차 힘든 나라에서 내놓은 방역 대책입니다. 이런 상황에서 시민이 국가에 대해 믿음을 갖는다는 것이 낙타가 바늘귀를 통과하는 것보다 더 어려운 지경이 되어버린 건 아닐까요.

무슨 뜻인지 아시지요? 웃는 얼굴입니다.

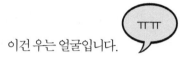

이건 우는 얼굴입니다.

전화보다 더 익숙해진 문자메시지의 이모티콘들입니다. 요즘은 휴대전화 통화보다 문자를 주고받는 비율이 훨씬 더 높다고 하지요. IT 기술이 발달하면서 커뮤니케이션, 즉 소통의 방법도 이렇게 바뀌었습니다.

그런데 문제가 생겼습니다. 문자로만 하는 대화는 섬세한 감정을 전달하기 쉽지 않은 데다 가끔은 오해도 불러옵니다. 그래서 생긴 것이 이런 웃음 표시, 또 눈물 표시 같은 이모티콘들이고, 그 종류가 점점 필요에 따라 굉장히 많아졌습니다.

하지만 그래도 뭔가 아쉬운 것은 많습니다. 그래서 사람들은 서로 만나서 울고 웃고 하는 것이겠지요. 기업들의 경우도 그렇습니다. 휴가 신청 같은 소소한 결재는 온라인으로 가능하고 또 요즘은 스마트폰 결재 방식도 등장했습니다.

그러나 매우 중요한 결재일 경우에는 상황이 달라지죠. '대면보고', 즉 얼굴을 마주하고 다시 한번 점검한다는 겁니다. 미국의 한 대학 연구팀 조사에 따르면 직접 대면해서 소통하는 방식이 거짓말하려는 욕구를 줄여준다는 결과도 있더군요.

다시금 정부 내 보고 체계가 입길에 올랐습니다. 문형표 보건복지부 장관이 메르스 발생 6일이 지나서야 대통령에게 대면보고를 했다는 겁니다. 그것도 단독 보고가 아니라 국무회의 자리에서였습니다. 보고가 너무 늦었다는 추궁에 장관은 "유선상으로 보고했다" 이렇게 답했다고 하죠. 또 이게 논란이 되니까 청와대에서는 곧바로 이런 해명들을 내놨습니다.

"참모들과 거의 30통 넘게 전화"
— 현정택(정책조정 수석)

"하루 25시간이란 각오로 뛰어달라고 전화로 당부"
— 민경욱(청와대 대변인)

대통령 역시 유선상의 지시를 바쁘게 내리고 있다는 전언이었습니다. 사실 국가라는 큰 조직에서 대면보고만 강조할 수는 없을 겁니다. 정부 청사도 뚝 떨어져 분리되어 있으니까 이해 못할 바는 아닙니다. 어찌 보면 서면보고나 전화보고가 더 효율적일 수도 있습니다.

그러나 왜 우리 정부는 무슨 일만 생기면 '소통'의 문제가 불거지는 걸까요? 모두가 메르스를 잡겠다고 혹은 피하겠다고 황망한 사이, 왜 또 대면보고니 소통이니 하는 말이 나와야 하는 것인가. 어찌 보면 한가해 보인다는 생각마저 듭니다. 이제 이런 뉴스는 정말 보지 말았으면… 아마 많은 분들의 생각일 겁니다.

다산 정약용 선생이 이런 말을 남겼습니다.

얼굴을 맞대고 직접 아뢰게 하는 것이 공직자를 평가하는 가장 좋은 방법이다.

자, 그래서 여기서 생각나는 풍경이 한 가지 있습니다.

박근혜   대면보고를 좀 더 늘려나가는 방향으로 하겠습니다마는,

            그게 필요하다고 생각하세요?

각료들   (일제히 웃음)

            —박근혜 대통령 신년 기자회견, 2015년 1월 12일

이제 장관님들은 그렇게 웃지만 말고… 명확하게 자기 의견을 좀 대답해주시길 바랍니다.

　　언어학자 조지 레이코프(George Lakoff)는 『코끼리는 생각하지 마』라는 책을 냈습니다. 간단히 정리하자면 '코끼리는 생각하지 마' 이렇게 말할수록 사람들은 코끼리를 더욱 생각하게 된다는 이야기입니다.

　　그는 이 책을 통해 언어를 통한 정치권의 프레임 전쟁을 설명했습니다. 그의 가설에 따르면 완벽한 중간층은 없어 보입니다. 보수나 진보가 아닌 중도층이라고 하더라도 특정 이슈에 대한 극단적 논쟁이 벌어지면, 왼편이나 오른편 중 한편으로 입장을 정하게 된다는 겁니다.

　　이러한 속성을 누구보다 잘 파악하고 있는 정치인들에게 편가르기는 끊을 수 없는 유혹인지도 모르겠습니다. 복잡하게 얽힌 이슈라 해도 편을 갈라 단순화할 수 있고, 때론 불리한 국면을 단번에 뒤집을 수도 있기 때문입니다. 세월호 유가족들의 단식 농성장 앞에서 벌어진 일부 보수단체의 이른바 '폭식 투쟁' 장면을 떠올려보면, 또한 당시 정부의 무기력한 구조 작업의 한편에서 끈질기게 이어졌던 다이빙벨에 대한 논란을 떠올려보면… 이 편가르기가 얼마나 사회를 갈라지게 했는지 알 수 있을 것입니다. 레이코프 교수의 표현을 빌리자면 이 모두가 코끼리들입니다.

　　구멍 난 방역 대책에 대한 비판이 쏟아지고 있는 이번 메르스 사태에도, 역시 어쩌면 이 코끼리가 등장할지도 모르겠다는 우려들이 나옵니다.

지난 4일 자체적인 방역 대책을 내놓은 서울시를 향해 '정치적 욕심 채우기다'라는 일부의 비난이 쏟아졌지요. 방역을 우선시하기보다 정치적 셈법을 앞세워 풀이하는 이들이 더 많았던 겁니다. 요 며칠 인터넷을 살펴보면 "광우병처럼 메르스로 선동한다" "메르스 공포는 친노·종북·좌익 세력의 거짓말" 이런 댓글이 슬슬 눈에 띄기 시작합니다.

지난번에도 말씀드렸지만 광우병에 대한 우려는 시민사회의 성찰에 의한 문제 제기였지, 괴담이 아니었습니다. 실제로 이명박 정부는 시민들의 요구에 따라 불리함투성이였던 쇠고기 협상을 일부나마 다시 했으니까요.

물론 과장된 공포나 말도 안 되는 유언비어는 차단하고 정화하는 것이 자연스러운 사회 기능 중 하나겠지요. 그러나 초기 방역이 방심으로 뚫렸고, 그로 인해 안 나와도 됐을 사망자가 나오고, 대형 병원 방역이 줄지어 뚫리는 상황에서 그 상투적 편가르기용 명칭이 또다시 등장하는 것을 보면… 우리 사회의 체질과 우리 사회가 호흡하고 있는 사회적 공기는 무엇인가 새삼 되돌아보게 됩니다. 부부싸움을 하다가도 집에 불이 나면 같이 불을 끄듯, 지금은 네 편 내 편 편가르기를 해가며 손가락질할 타이밍은 아니라는 이야기입니다.

서울대공원과 광주 우치동물원의 그 낙타. 중동의 메르스와 아무런 관련도 없던 그 낙타… 그런데도 불안하다 하여 가둬두었던 죄 없는 낙타가 얼마 전 다시 밖으로 나왔다지요? 반대로 풀어놓으려는 그 코끼리는 다시 넣어주시길 바랍니다.

남겨진 9명의 이야기… "기다리겠습니다"

2014. 11. 11.

"이 시간 이후 수중 수색을 멈추어주시기 바랍니다. 저희는 수색 중단 결정으로 인해 정부의 고뇌도, 잠수사분들의 말 못할 고통스러운 심정도, 저희를 위한 공무원분들과 자원봉사자님들의 고생도, 피해 지역으로 힘들어하는 진도 군민의 아픔도… 모두 눈 녹듯 사라졌으면 하는 마음 간절합니다."

— 실종자 고창석 선생님 부인

세월호 참사 210일. 결국 아홉 명의 생명이 차가운 바닷속에 남게 됐습니다. 지금부터 아홉 명의 이야기를 다시 시작합니다.●

박영인(단원고 2학년)
팽목항 주인 잃은 축구화
그렇게 갖고 싶어 했는데…

허다윤(단원고 2학년)
'비스트' 오빠들 좋아하고,
가난했지만 애교 많은 딸

남현철(단원고 2학년)
"사랑하는 그대, 오늘도…"
노래 가사 남기고 간 아들

● 이 앵커브리핑 이후 세월호 미수습자 9명 중 4명을 더 찾았다. 그러나 단원고 남현철·박영인 군, 양승진 선생님, 권재근·권혁규 부자 등 5명은 끝내 못 찾았다. 2018년 10월 19일 해양수산부 세월호 후속대책추진단 현장수습본부는 수색을 종료했다.

조은화(단원고 2학년)

"너 계속 결석할 거니…"
친구들의 간절한 기다림

고창석(단원고 선생님)

"어서 피하라" 외쳤던…
고슴도치 머리 '또치샘'

양승진(단원고 선생님)

끝까지 구명조끼 없이…
하늘나라에서도 선생님

이영숙(51)

16년 떨어져 산 아들과 함께 살 집
이사 가다가…

권재근·혁규 부자

여동생에게 구명조끼 입히고 아빠와 함께 사라진 오빠

ⓒ이동수

"당신이 무언가를 간절히 원할 때, 온 우주가 그 소망을 도울 것이다."

작가 파울로 코엘료(Paulo Coelho)의 『연금술사』 중 한 구절입니다.
기다리겠습니다. 잊지 않겠습니다.

> **追考** 애끊는 실종자 가족들의 말에 무어라 말을 덧붙이기 어려웠던 날. 이승열의
> 〈기다림〉이라는 노래를 배경으로 세월호 미수습자 아홉 명의 이야기를 담았다.

지겨움, 그 익숙한 지겨움에 대하여   2015. 12. 17.

"사람도 배도 못 꺼내면 그들의 범죄와 잘못도 영영 잠기리라 믿었을지 모른다."

오늘 아침에 읽은 강주안 『중앙일보』 기자의 칼럼입니다.
1년 8개월 전 그는 JTBC 보도국의 사회부장이었습니다. 팽목항의 그 눈물, 참혹했던 순간들을 뉴스로 전하는 최일선에 있었지요. 이를테면 오늘의 앵커브리핑은 그때 세월호, 그 배의 비극을 함께 전했던 강주안 기자와의 공동브리핑입니다.

그렇습니다. 그날로부터 1년 8개월. 아직 세월호는 잠겨 있습니다. 그리고 언제부턴가 우리 마음속에서도 '익숙한 지겨움' 같은 무언가로 인해 그날은 잠겨 있는지도 모르겠습니다.

사흘간의 세월호 청문회가 마무리되었습니다. 여당 추천 몫인 5명의 위원들은 출석을 거부했고 주요 언론들은 하나같이 외면했습니다. 장소 역시 국회가 아닌 다른 곳. 청문회는 초라했습니다. 답변은 더욱 빈궁함을 감추지 못했습니다. "기억이 나지 않는다" "모르겠다" 모두가 입을 모았고, 심지어 어떤 사람의 입에서는 "아이들이 철이 없어서" 구조가 어려웠다는 말마저 나왔습니다. 그들은 강주안 기자가 칼럼에서 말한 대로 "사람도 배도 못 꺼내면 범죄도 잘못도 영영 잠기리라 믿었을지"도 모르겠습니다.

그러나 그들이 잊고 있는 사실들이 있습니다. 참사 당시 저희 JTBC가 고민 끝에 내보냈던 그 영상들. "소금물을 흠뻑 먹은 아이들의 휴대전화에 는 … 선장이 도망가고 해경이 주변을 도는 사이 배 안에서 벌어진 일들이 고스란히" 담겨 있었습니다. 그리고 몇 번이고 차가운 바다에 몸을 던졌던 민간잠수사들의 기억…

"아이들이 두꺼운 판을 뚫고 올라갔어요. … 살려고…"
　　─강유성(민간잠수사), JTBC 〈스포트라이트〉

아이들은 마지막 순간까지 삶의 희망을 놓지 않았습니다.

많은 이들이 이제는 지겹다 말하고 잊어야 한다 말하고 보내야 한다 말하지만… 2014년의 봄, 익숙한 지겨움으로 남은 그날은. 여전히 우리가 길어 올려야 할, 결코 지겨워서는 안 될 그런 지겨움이 아닐지요.

잊지 말자 하면서도 잊어버리는 세상의 마음을
행여 그대가 잊을까 두렵다
…
나는 오늘도 그대를 잊은 적 없다
봄이 가도 그대를 잊은 적 없고
별이 져도 그대를 잊은 적 없다
　　─정호승, 「꽃이 진다고 그대를 잊은 적 없다」

시인은 세월의 더께가 앉아 닳아 없어질 미안함을 걱정합니다.

"사람도 배도 못 꺼내면 그들의 범죄와 잘못도 영영 잠기리라" 믿는 사람들이 있다면 우리는 그들의 믿음에 어떻게 대답해야 할까요? 강주안 기자의 칼럼 제목은 이렇습니다.

아이들은 너희가 지난해 봄에 한 일을 알고 있다.

단원고 기억교실.[●] 고등학교 2학년에서 멈춰야 했던 그 교실이 안산
교육청 건물로 임시 이전해 문을 열었습니다. 교실엔 오늘도 수업이 진행
되는 양 온기가 느껴지고, 책상 위엔 소소한 낙서의 흔적이 남아 있군요.
또래 친구들은 작년에 수능을 보았을 테고 재수를 한 친구들은 며칠 전 수
능을 마쳤을 테지요.

그리고 김관홍 잠수사. 세월호의 민간잠수사였다가 몸과 마음을 다쳤
고 지금은 저세상으로 가버린 사람. 차가운 바지선 위에서 담요 한 장에 의
지해 잠을 잤고 바닷속 깊은 곳에서 아이들을 두 팔로 끌어안고 나왔던 사
람. 잠수사가 마지막으로 세상에 남긴 말은 "뒷일을 부탁합니다"였습니다.

대통령이 7시간 동안 어디서 무엇을 했는가가 우리에게 왜 중요한
가… 변호인이 이야기한 '여성의 사생활', 우리는 그것이 궁금하지 않습니
다. 대통령은 사사로운 모든 관계를 끊고 가족을 만나지 않고, 1분 1초도
쉬지 않고 일한다 했지만… 오히려 개인의 사생활과 사사로운 친분 관계,
이것은 대통령이라고 해도 결코 예외가 아닌, 누구나 마땅히 누려야 할 것

● 단원고 학생들의 수업 공간을 복원한 4·16기억교실은 여러 번의 이전을 거쳐 2021년 4월 문을 연 4.16민
주시민교육원에 자리를 잡았다. 같은 해 12월 국가지정기록물 제14호로 지정되어 앞으로 영구 보존된다.

들이라고 우리는 믿습니다. 행복한 대통령이 행복한 사회를 만들어줄 수 있다고 믿기 때문입니다.

우리가 알고자 하는 것은 열일곱 살의 아이들이 기울어져가는 그 배에서 그저 "가만있으라"는 말만 듣고 있어야 했던 그 시간에… 비록 컨트롤 타워가 아니라는 강변이 나왔지만 그래도 무엇인가를 했어야만 했던 그곳에서, 어떤 일이 진행되고 있었는지를 궁금해할 뿐입니다. 그래서 우리는 잊지 않으려 오늘도 질문합니다.

다시 봄이 오기 전
약속 하나만 해주겠니?
친구야, 무너지지 말고
살아내주렴
　　―루시드 폴, 〈아직, 있다〉

우리는 그들에게 '뒷일을 부탁' 받았기 때문입니다.

임금이 배를 가라앉히고 나루를 끊고
가까운 곳의 인가도 철거시키도록 명했다.
— 『선조실록』 선조 25년(1592) 4월 30일

조선의 왕 선조는, 1592년 임진왜란이 일어난 그해 수도와 백성을 버리고 피란길에 올랐습니다. 배를 가라앉히고 나루를 끊어 강을 건너지 못한 백성이 속출했습니다.

"민중은 아무도 불쌍히 여기지 않았다." — 한명기(명지대 사학과 교수)

그래서였겠지요. 이미 백성들 마음속에서 그는 조선의 왕이 아니었을지도 모릅니다. 그리고 여기, 판박이와 같은 역사의 반복이 있습니다.

"그날 새벽 걷고 걸어서 한강 다리 앞에 도착했을 때, 갑자기 그 한강 다리는 폭탄을 맞고 시뻘겋게 달아올랐다. 그러고는 곧 무너져 내리고 끊겨버렸다." 어릴 적 집안 어른들로부터 들은 참담했던 목격담. 한국전쟁이 시작되고 사흘 만인 1950년 6월 28일 새벽의 일이었습니다. 국군은 북한 인민군의 남하를 막는다는 구실로 한강 인도교를 폭파해버렸습니다. 누구도 미리 알려주지 않기에 다리를 건너다 사망한 민간인만 수백 명…

이승만 정권은 여론이 극도로 나빠지자 그로부터 석 달 뒤에 책임자를 사형시켰으나 그것으로 끝이었을까. 미리 녹음된 목소리로 국민들을 안심시켜놓고 자신은 일찌감치 부산으로 도피해버린 대통령에게는 책임이 없었을까.

그리고 또한 여기, 역사의 데자뷔가 있습니다.

"세월호 구조의 골든타임은 9시 30분까지였다."
— 김규현(세월호 참사 당시 국가안보실 1차장)

청와대 참모는 이렇게 말했습니다. 대통령이 해경의 보고를 받기도 전에 이미 골든타임은 끝났고, 그렇기에 대통령의 책임은 없다는 것이죠. 난국에 빠진 한국 사회를 구해낼 그야말로 골든타임은 점점 다해가는 지금, 청와대는 그렇게 세월호의 '골든타임'이라는… 차마 꺼내놓기 힘든 가슴 아픈 단어를 또다시 입에 올렸습니다.

그래서 역사는 오늘도 우리에게 날 선 질문을 던지고 있습니다. 대관절 국가의 책임은 어디까지인가… 세월호 특조위 청문회장에서 한 생존 화물차 기사가 간절하게 되뇌었다는 이 한마디를 다시 한번 전해드리는 것으로 마무리를 대신합니다.

"한 놈만 미안하다고 해라. 한 놈만…"

"박하사탕 하나를 깨물었더니…"

"딸이 좋아하는 박하사탕 하나를 깨물었더니 오늘 아침은 더 힘이 난다."

— 허홍환(세월호 미수습자 허다윤 양 아버지)

다윤이 아빠 허홍환 씨는 이렇게 말했습니다. 지난 3월, 세월호가 바다 위로 올라왔을 때의 일입니다. 박하사탕은 다윤이가 좋아하던 간식이었다고 합니다. 3년의 기다림… 가족은 예전의 평범했던 그 일상으로 다시금 돌아갈 수 있을까.

순임 이거 드실래요?

영호 박하사탕 좋아하세요?

이창동 감독의 영화 〈박하사탕〉에 등장하는 이 하얀빛의 사탕 한 알 역시, 돌아가고만 싶은 아름다웠던 그 시절을 상징합니다. 사탕 공장에서 일하던 순임은 군대에 간 영호에게 편지를 보낼 때마다 박하사탕 하나를 함께 넣었습니다. 굴곡진 현대사를 살아가며 자의로 혹은 타의에 의해 점점 찌들어가는 영호에게, 순임이 주었던 박하사탕 한 알이란… 다시는 돌아갈 수 없는 순수함 그리고 애틋함이었을 것입니다. 그래서 그의 절규는 이제는 유명해진 대사가 됐지요.

"나 다시 돌아갈래!"

지나온 삶은 어느 시기로든 다시는 돌아갈 수 없다는 것… 삶의 어느 순간이 특별히 더 아름답고 애틋한 건 그것이 다시 돌아갈 수 없기 때문이며, 이것이야말로 어느 만큼 살아보면 깨닫게 되는 진실입니다. 그러나 우리의 깨달음이 여기서 멈춘다면 그것은 반쪽의 진실일지도 모르겠습니다. 그럼에도 박하사탕을 깨물고 힘을 얻는 사람들에게 주어진 것은, 단지 데자뷔와 같은 착시가 아닌… 우리의 삶은 앞으로 나아간다는 희망이 아닌가.

탄핵된 대통령이 감옥으로 가는 날, 거짓말처럼 그 배가 뭍으로 올라왔을 때…

"그가 내려가니 세월호가 올라오네."
— 김연수(작가), 『중앙Sunday』 03. 26.

무심결에 중얼거렸다는 작가의 말처럼, 굳이 그 인과관계를 따져보지 않아도 일어날 일은 일어났으며… 새로운 대통령이 취임하는 날 미수습자일지도 모를 일부가 배 안에서 발견된 것 역시, 굳이 그 인과관계를 따져보지 않아도 일어날 일은 일어난다는 것…

그래서 이미 한 달여 전, 다윤이 아빠는 그렇게 말했던 것이 아니었을까.

"박하사탕 하나를 깨물었더니 오늘 아침은 더 힘이 난다."

세월호 뉴스를 아직도 하고 있는가?

2017. 10. 31.

"세월호 뉴스를 아직도 하고 있느냐는 질문을 들었다.
그것이 제가 현장에 있는 이유다."

— 이상엽(JTBC 기자)

목포 신항을 지키고 있는 젊은 기자는 어제 〈뉴스룸〉이 끝난 후 방송된 '소셜라이브'에서 그렇게 말했습니다. 저는 그 기자에게 왜 우리가 거기에 남아 있어야 하는지를 설명한 적이 없습니다. 그러나 7개월의 시간은 기자 자신에게 그가 왜 거기에 있어야 하는지를 가르쳐준 것 같습니다.

10월의 마지막 날 갑작스레 내려앉은 기온은 겨울이 머지않았음을 예고하는 중입니다. 예정대로였다면 세월호의 선체 수색은 오늘부로 마무리가 되어야 했습니다. 그러나 아직 돌아오지 못한 다섯 명이 있기에, 모두는 기다림의 시간을 조금 더 이어가기로 한 것이죠. 이제 딱 한 명 남은 JTBC 취재진 역시 일곱 달째 그 자리에서 함께 기다리고 있는 중입니다.

돌아보면 너무도 긴 시간이었습니다. 배에 쓰여 있던 '세월'이라는 글씨조차 알아보기 힘들 만큼 시간은 낡고 삭았으며… 함께 기다리던 사람들의 마음마저 조금씩 낡고 삭아가는 것에 대해서 우리는 서로를 책망할 수 있을까…

아주 솔직하게 말씀드리자면 때로는 목포 신항을 연결하기가 좀 머뭇거려질 때도 있습니다. 세상은 바삐 돌아가고 뉴스는 다른 곳에서도 얼마든지 넘쳐나고 있으며, 마치 무인도와 같다는 그곳에서 들려오는 소식들은 오히려 사람들을 지치게 하는 것이 아닐까…

그러나, 그렇게 낡고 삭은 저의 마음에 현장의 젊은 기자는 뉴스의 새로운 정의를 가르쳐줍니다.

"세월호 뉴스를 아직도 하고 있느냐는 질문을 들었다.
그것이 제가 현장에 있는 이유다."

혼자 남아 있다는 것이 자랑도 아니요, 그저 그것이 당위여서 그렇다는 신참 기자의 말에 동의합니다.

1968년의 이맘때, 저의 초등학교 6학년 시절. 제가 살던 조그마한 한옥은 전날부터 내린 폭우를 견디지 못하고 한밤중에 안방이 무너져 내렸습니다. 미리 낌새를 알아차린 어머니의 예지력 덕분에 모두들 목숨은 건졌지만 공포는 그다음부터 시작됐습니다. '지금 우리가 피신해 있는 이 건넌방도 언제 무너질지 모른다…' 공포는 밤새 이어졌고, 또한 남은 삶의 트라우마가 됐을지도 모르겠습니다.

그리고 어젯밤, 사람들은 두려웠습니다. 땅 밑 깊은 곳에서 전해진 공포… 누구도 피하라고 알려주지 않았습니다. "가만있으라" 몇몇 학교의 학생들은 가장 두려운 그 말, 그 순간마저 떠올려야 했지요. 그러나 사람들은 기다렸습니다. 긴급한 재난 상황에 발송된다는 긴급재난문자를 기다렸고, 긴급한 재난 상황에 대처하기 위해 만들어졌다는, 그러나 내내 불통이기만 했던 국민안전처 홈페이지에 접속했습니다. 누구도 어떻게 하라는 말은 없었지요. 각자도생各自圖生. 다시는 떠올리고 싶지 않은 그 단어만 다시금 머리에서 맴돌 뿐…

"일본의 절반만 따라가도…" 어제 생방송 중 연결된 경주의 제보자가 그 다급한 상황에서 내뱉은 말이었습니다. 그리고 이렇게 말했습니다. "어떻게 해야 할지 모르겠습니다."

그때 우리는 깨달았습니다. 정부도 우리도 정말 아무런 훈련도 대비도 돼 있지 않았다는 것. 그리고 첫 지진이 난 지 무려 한 시간 반이 더 지나서야, 그것도 정부의 어느 책임자도 아닌 기상청 관계자의 브리핑을 들으면서 느낀 것은 또다시 공포였습니다.

어제 우리가 겪은 지진 자체에 대한 공포는 따지고 보면 우리가 갖고 있는 공포의 본질이 아니었습니다. 우리가 정말로 갖게 된 공포는 미래에 있는 것이었습니다. 이제는 실체로 다가와버린 지진에 우리는 맞설 수 있는가? 국가는 우리가 맞설 수 있게 버팀목이 되어줄 수 있는가? 이 질문에 어제는 아무도 답을 주지 않았기 때문이었습니다.

48년 전 어느 자그마한 한옥의 건넌방에서⋯ 또 다른 무너져 내림의 공포에 시달렸던, 열세 살 소년의 기억이 무겁게 되살아나 다가온 밤.
그러나 그 기억을 이즈음의 아이들과 공유하고 싶지는 않았던, 9월의 밤이었습니다.

追考 2016년 9월 12일 경주에 지진이 났다. 국민안전처는 지진이 끝나고 나서야 긴급재난문자를 발송해 빈축을 샀고, 이마저도 받지 못한 사람이 수두룩했다. 또한 인근 학교에서는 지진 중에도 야간자율학습을 계속하라고 지시해서 논란을 빚었다.

"뉴스 보세요." 끝나지 않은 건넌방의 공포

지난주 월요일(9월 12일), 그리고 바로 어제인 이번 주 월요일(9월 19일). 마치 거짓말처럼 저는 이 자리에 앉아 지진 속보를 전했습니다. 그리고 지난 첫 지진 당시 말씀드린 '건넌방의 공포'를, 두 번째 지진을 겪은 뒤 다시 또 떠올려 전해드리게 됐습니다.

폭우 속에 안방이 무너져 내려 건넌방으로 옮겨간 식구들. '건넌방은 괜찮을까…' 열세 살 소년이 겪은 밤의 공포였습니다. 그래서 진정한 공포는 방금 끝난 지진 속에 있는 것이 아니라 미래에 존재하는 공포였다고 말씀드렸습니다. 거짓말처럼 그 미래는 꼭 일주일 만에 다가왔습니다. 그리고 거짓말처럼, 공포는 똑같이 살아났습니다.

80배나 개선했다던 국민안전처 홈페이지는 또 다운됐고, 문자메시지는 뒷북. '만전을 기하라'는 총리의 지시 역시 한참이 지나서야 내려졌습니다. 심지어 다급한 마음에 119에 전화를 걸었던 한 시민은 안내의 말 대신 이런 말을 들어야 했습니다. "뉴스 보세요."

하긴 119라 해도 그 상황에서 시민들보다 나을 것은 없었겠지요. 그들이라 해서 무슨 교육을 받은 것도 아닐 테니까요. 정부는 달라진 게 없었습니다. 그래서 시민들은 자신이 달라져야만 했습니다. 우리나라가 아닌 일본에서 건너온 안전 수칙을 숙지하고, 정부 발표가 아닌 텔레비전 뉴스와 SNS에서 정보를 얻어야 했습니다. 이렇게 재난으로 무너져 내리기도 하지만 동시에 쌓아 올려질 수도 있는 것이 무엇인가?

지난 2001년에 일어난 9·11테러. 그 혼돈의 와중에서 빛났던 것은 뉴욕시장 줄리아니(Rudolph Giuliani)의 대처였습니다. 그가 특별한 무언가를 해준 것은 아니었습니다. 되레 기자들의 질문에 속시원한 답을 내놓지 못한 적도 있었습니다. 그러나 건물 붕괴 현장에 가고 소방관을 만나고 매시간 상황을 직접 발표하는 그의 모습을 보면서 시민들은 안심했고, 믿음을 가졌던 것이지요.

"뉴스 보세요."
기댈 구석 하나 없는 이 말을 들어야 했던 시민들…
열세 살 소년이 숨죽이며 느껴야 했던 '건넌방의 공포'는, 아직 끝나지 않았습니다.

당신이 편안하다면, 저도 잘 있습니다

Si vales bene est, ego valeo.

당신이 편안하다면, 저도 잘 있습니다.

—한동일, 『라틴어 수업』

라틴어를 강의하는 한동일 신부에 따르면 로마 사람들은 편지를 쓸 때 늘 이 문구를 앞머리에 붙였다고 합니다. 이와 반대되는 말은 아마도 '각 자도생'이 아닐까.

생각해보면 우리는 각자도생에 익숙한 사람들입니다. 학교에서도 사회에서도 친구지간에도 경쟁은 생활이었고, 나만 혹은 우리 가족만 잘살면 된다는 각자도생의 철학은 우리를 늘 유혹했지요.

우리는… 말로는 성직이라면서 구멍가게 주고받듯 세습하는 대형 교회, 중소기업을 쥐어짜서 몸을 불리는 재벌들, 성추행을 하고서도 큰 탈 없이 잘 살아남는 직장 상사들과 심지어는 국민의 막대한 세금을 쌈짓돈처럼 나눠 먹던 위정자들 사이에서도… 그 모든 것의 피해자는 바로 우리 자신들이라는 사실을 잊고 싶은 듯, 타인의 고통에는 무감해져왔던 것이 아닌가.

아니었습니다.

괜찮으신가요?

지진이 일어났던 지난 수요일● SNS를 뒤덮었던 안부의 말들이었습니다. 예기치 못했던 재난 앞에서 우리는 비로소 우리의 참모습을 발견하고 있었던 것은 아닐까…

가까이 있었던 시민들은 포항으로 달려갔고, 수능의 시계는 포항의 학생들을 위해 일주일 늦춰졌으며, 동료 수험생들을 향한 경쟁자들의 응원의 글마저 넘친다 하니… 세상은 우리를 각자도생의 길로 내몰았지만 그 길 위에서도 우리는, 우리의 품격을 잃지 않고 있었던 것이겠지요.

1995년 1월 17일을 기억합니다. 일본 고베에서는 대지진이 일어나 6,400명 이상이 목숨을 잃었습니다. 현장을 취재했던 외국 기자들이 가장 신기해했던 것은 그 참사의 와중에도 시민들이 무척 침착했더라는 것입니다. 그들은 통곡하지도 허둥대지도 않았고, 기존의 언론이 전해주지 못하는 내용은 자신들만의 동네 라디오를 통해 정보를 전하는 기민함까지 보였다는 것이었습니다.

● 그해 11월 15일 포항에선 규모 5.4의 지진이 발생했다. 원래 2018학년도 수능은 11월 16일에 시행될 예정이었으나, 이 지진으로 인해 사상 처음으로 한 주 늦춰져 11월 23일에 치러졌다.

어쩌면 우리들도 얼핏 보면 각자도생의 길 위에 있는지 모르지만, 적어도 우리네 평범한 사람들은 고베의 시민들 못지않게 타인에 대한 배려를 간직하고 있다는 것…

그래서 다시 떠올려보는 "Si vales bene est, ego valeo." 당신이 편안하다면, 저도 잘 있습니다.

오늘의 사족입니다.

서울 강남의 학원가에서는 수능 일주일 연기를 맞아서 발 빠른 특가 상품을 내놓았다던데… 저는 차라리 지난주 대피소에 있던 포항의 한 여학생이 해준 약속에 우리의 미래를 걸겠습니다.

앵커 마음을 잘 다잡고 시험 준비 잘 할 거라고 약속할 수 있죠?

정보권(고3 수험생) 네!

마이클 잭슨의 어렸을 적 히트곡 〈벤(Ben)〉.

너무나도 친숙한 노래지요. 마치 사랑 노래 같지만 사실 이 노래는 1972년에 나온 같은 이름의 영화 주제곡이고, 벤은 영화에 등장하는 쥐의 이름입니다. 사람과 쥐의 우정과 배신 그리고 복수. 이 영화는 공포영화였습니다.

그런데 이 〈벤〉이라는 영화가 속편이라는 사실은 잘 알려져 있지 않습니다. 바로 전해인 1971년에 나온 다니엘 만(Daniel Mann) 감독의 〈윌러드 (Willard)〉가 1편인 셈이지요. 외로운 소년 윌러드는 벤이라고 이름 붙여준 쥐와 함께 지내게 되고 서로 교감하지만, 결국에는 반목과 배신이라는 우여곡절 끝에 죽임을 당한다는 공포영화. 우리나라에도 개봉이 돼서 저는 중학교 3학년 시절에 선생님들 눈을 피해 가서 봤던 기억입니다.

영화 얘기를 드린 이유는 그 많은 장면들 속에 기억에 남는 장면이 있기 때문입니다. 주인공 윌러드가 자신이 키우던 그 많은 쥐들을 집안에 있는 풀장에 빠뜨려 죽이는… 그러니까 요즘 식으로 말하자면 살처분하던 장면이 당시 어린 저에게는 커다란 충격으로 남아 있습니다.

어제 하루가 제주시의 한 초등학교 선생님들에게는 가장 길고 긴 하루

였을 겁니다. '이 상황을 어떻게 설명하고 이해시킬 것인가…'

방역 당국은 어제, 아이들을 위해 학습용으로 기르던 병아리들을 살처분했습니다. 무섭게 번지는 AI(조류 인플루엔자 바이러스, Avian influenza virus) 때문이었습니다. 목에 솜털도 채 빠지지 않은 병아리를 살처분하고 난 후 선생님들이 오늘 아침에 받았을 가장 가혹한 질문은 "병아리 어디 갔어요?"였으리라는 것은 능히 짐작하고도 남습니다. 2003년 첫 발생 이후 14년이 지났지만 여전히 뻥 뚫린 방역망과 효율만을 중시하는 밀집 사육. 사람들의 끝없는 욕망이 불러온 자연의 재앙…

광우병이 그랬던 것처럼 구제역도 AI도 결국에는 인간의 탐욕이 빚어낸 참사이고, 그것은 40년도 넘은 오래전의 B급 영화가 그려냈던 재앙보다도 훨씬 무서운 것이 아닐까…

영화 〈윌러드〉를 보면서 충격을 받았던 저는, 그래도 요즘의 아이들에 비하면 훨씬 나을지도 모릅니다. 제가 본 것은 영화였지만, 요즘의 아이들은 실제로 벌어지는 일들을 접해야만 하니까요. 그것도 쥐도 아닌 병아리들을 말입니다.

　어머니는 열흘에 한 번쯤 들르는 계란 장수를 반겼습니다. 짚으로 엮은 계란 열 개들이 한 꾸러미를 들여놓는 날이면 안 먹어도 배가 불렀습니다. 물론 이건 살림살이가 좀 나을 때 얘기이고, 그렇지 못하면 계란 장수는 건너뛰는 게 다반사였지요. 잘살고 못살고가 계란으로 갈렸던 60년대의 이야기입니다.

　형편이 훨씬 더 풍요로워진 80년대에도 여전히 계란은 잘살고 못살고의 지표였던 모양입니다. 부천 원미동에 사는 임 씨. 겨울엔 연탄을 배달했고 다른 계절엔 막노동을 마다하지 않았습니다. 비가 와서 일을 못 나가는 날에는 떼인 돈을 수금하려 애를 썼지요. 그러나 궁핍한 삶은 나아지지 않았고, 어느 날 술을 거나하게 걸친 임 씨는 주먹을 흔들며 이렇게 말했습니다.

　　"달걀 후라이 한 개 마음 놓고 못 먹는 세상!"

　　　―양귀자, 『원미동 사람들』

　1980년대 도시 빈민의 삶을 그린 양귀자의 연작소설 『원미동 사람들』에 등장하는 일화입니다.

삶은 더 나아져서 21세기 하고도 17년이 지난 지금은 '친환경란', '무항생제 인증란' 등 고급스러운 이름을 붙인 계란이 나오는가 하면, 계란 위에 왕란, 특란, 대란, 이름도 빛깔도 저마다 다양한 계란의 세상.

그러나 그 흔하디흔한 계란은 불과 하룻밤 사이 우리의 곁에서 자취를 감춰버렸습니다.● 대형마트 판매대에서도, 빵집과 식당에서도, 학교 급식에서도…

닭 한 마리당 A4용지 크기도 안 되는 빽빽한 철장과 기존 살충제로는 내성이 생겨 더 독한 살충제로 버텨야 하는 참혹한 양계장의 풍경. 사람들은 계란이 어떻게 생산되고 있는지를 이미 너무나도 잘 알고 있었습니다. 그 탐욕의 대량생산과 값싼 소비를 위해, 그것을 알면서도 모른 척 외면해 온 대가는 우리에게 마치 부메랑처럼 돌아왔고… 우리는 유사 이래 처음으로 달걀 없는 세상과 마주하고 있으니…

오늘도 어디선가 누군가는 30년 전 원미동의 그 사내처럼 주먹을 흔들며 이렇게 말할지도 모르겠습니다. "달걀 프라이 한 개 마음 놓고 못 먹는 세상!" 그리고 저는 자주 먹진 못했어도 깨끗하기만 했던… 짚으로 엮은 달걀 꾸러미를 그리워합니다.

● 2017년 7월 유럽에서 살충제에 오염된 계란과 가공식품이 유통되면서 파문이 확산된 이후, 그해 8월 국내산 계란에서도 유독성 살충제 성분이 검출되어 논란이 일었다.

Don't Do That! 그런 일은 하지 말 것

1951년 3월 ⓒNARA

한 장의 사진이 우리의 마음을 아프게 합니다.

미군 앞에 긴 줄로 늘어선 한국의 민중들. 남녀노소 할 것 없이 쭉 줄지어 서서 하얀 가루의 살충제 DDT를 온몸으로 받아들입니다.

해방 후 그리고 한국전쟁과 그 이후까지, 위생이라는 말조차 입에 올리기 민망했던 시절. 우리는 말라리아나 발진티푸스 같은 전염병에 시달리고 있었고 미군들이 가져온 그 특효약, DDT에 아무런 의심 없이 몸을 맡겼더랬지요. 전쟁 중이던 1951년 9월에는 한국인의 75%가 DDT 살포를 받았다고 하니, 얼마나 많이 뿌려졌는지 알 수 있습니다.

창궐했던 쥐를 잡기 위해서도 DDT는 마구 뿌려졌습니다. 좀 심하게 말하면 DDT는 우리의 일상과도 같았다는 것이지요.

DDT : Dichloro-Diphenyl-Trichloroethane
유기염소 계열의 살충제이자 농약

약자로 쓰면 너무나 간단하지만, 풀어서 쓰면 복잡하고 어려워서 도저히 그 뜻을 짐작할 수 없는 긴 단어. 그런데 이렇게 길어도 그 부작용은 매우 간단하고 무섭게 나타낼 수 있습니다. 살충제인 동시에 발암물질.

노래하는 새와 시냇물에서 펄떡거리던 물고기까지 침묵시켰다.
— 레이첼 카슨, 『침묵의 봄』

1962년에 나온 생물학자 레이첼 카슨(Rachel Carson)의 경고처럼 DDT는 너무나 위험해 국내에선 이미 38년 전에 사용이 금지됐습니다. 그 이후로 DDT는 잊었고… 그저 반세기도 전에 일어났던, 전쟁을 전후로 한 극단의 곤궁기에 겪은 추억의 편린 정도로 존재했습니다.

그러나 38년 전에 사라진 줄 알았던 DDT는 우리의 양계 농장에서 부활했습니다. 닭들에게 뿌려진 이름도 기억하기 어려운 각종 살충제 물질들 가운데 DDT는 사실 너무나 익숙한 이름으로 등장했지요. 그러나 해당 부처는 그 익숙한 이름을 며칠 동안이나 발표하지 않았습니다. 이 살충제는 붉은 닭띠 해에 유난히 시련을 맞고 있는 닭들에게만 유해한 것이 아니라 바로 우리 자신들에게 유해한 것이니, 굳이 그것을 알리고 싶지 않아서였을까… 그렇다면 정부에 대한 신뢰는 누가 책임질 것인가…

영어에서 DDT는 또 다른 문장의 약자로도 쓰입니다.

Don't Do That! 그런 일은 하지 말 것.

　가수 김창완 씨도 이 소식을 들었겠죠? "고등어 구울 때 미세먼지 가장 많이 발생"● 그래서 졸지에 고등어는 미세먼지의 주범이 되어버렸습니다. 환경부 발표대로라면 노래 〈어머니와 고등어〉의 주인공인 어머니는 그동안 미세먼지를 풀풀 날리며 고등어를 구워왔다는 이야기… 애틋한 추억을 되살려주던 그 노래는 엄청난 반전 드라마가 됐습니다.

　가슴까지 갑갑한 미세먼지가 하늘을 뒤덮고 정부는 무얼 하느냐는 원망이 그 하늘을 가득 채우자, 당국은 범인을 찾아나서기 시작했습니다. 단순히 중국 탓으로 미루기엔 석연치 않은 부분이 많았던 것이지요. 그리고 그 주범으로 지목된 것은 고등어와 삼겹살 구이, 그리고 경유 차량.

　이런 농담이 있었습니다. 산속으로 도망간 범인을 잡으러 경찰이 출동했는데 사흘 뒤 잡혀 온 건 난데없는 곰 한 마리. 잡혀 온 그 곰은 자신이 범인이라고 주장했다지요. 범인을 못 잡은 경찰이 곰을 대신 잡아놓고 '네가 범인'이라고 강압을 하는 바람에 그렇게 됐다는 쓸쓸한 농담입니다.

●　환경부는 2016년 5월 23일, 주방에서 요리할 때 발생하는 오염 물질을 파악하기 위해 실험한 결과 특히 고등어를 구울 때 초미세먼지가 가장 많았다고 발표했다. 공교롭게도 이즈음 미세먼지 농도는 주말마다 '나쁨' '아주 나쁨' 등을 이어가고 있었다. 환경부 발표가 언론에 보도된 이후 고등어값이 폭락했고, 환경부는 2주가 지난 6월 5일 "언론과 국민이 오해한" 것이라고 해명했다.

그 곰이 지금은 고등어와 삼겹살이 된 셈 아닐까요? 그렇다면 고등어나 삼겹살을 구워 먹지 않고 경유에 세금만 매기면 문제는 해결되는 것인가.

"우리도 헷갈린다." ―정진석(새누리당 원내대표)

관계 부처에서 보고를 받은 집권당 원내대표조차 이런 말을 했다 하니… 아직 당국은 고등어와 삼겹살과 경유 차량을 빼고는 미세먼지의 원인조차 제대로 파악하고 있지 못한 형편입니다. 하긴 가장 기초적인 미세먼지 예보조차 절반쯤이 빗나갔을 정도이니까…

황사·미세먼지 예보 툭하면 '뒷북' … 정확도 62% 불과
　　―『세계일보』 2016. 04. 27.
초미세먼지 예보 절반이 빗나가
　　―『조선일보』 2016. 06. 01.

원인도 대책도 오리무중인 정부는 가장 손쉬운 무언가를 찾아 그 죄를 뒤집어씌우고 싶었는지도 모르지요. 진짜 범인 대신 곰을 잡은 경찰처럼 말입니다.

고등어와 삼겹살. 그들에게 죄가 있다면 너무나 소박해서, 너무나 맛있어서 사랑받은 죄… 전날 밤에 어머니의 맛있는 고등어구이를 상상하며 냉장고 문을 닫았을 그 아들은 다음 날 아침 고등어를 먹을 수 있었을까요? 김창완 씨는 어떻게 생각하십니까?

짙은 안개 그리고 레인코트를 입은 신사.

흔히들 떠올리는 런던의 풍경은 다들 마찬가지가 아닐까… 작가 아서 코넌 도일(Arthur Conan Doyle)의 표현처럼 "마치 우유를 쏟아부은 것 같은" 런던의 안개는 오히려 아름다움으로 기억되기도 했습니다. 그림뿐 아니라 영화로도 많이 다뤄졌을 정도니까요.

1952년 12월 5일. 그날 역시 런던의 안개는 짙었습니다. 한 치 앞을 내다보기 힘들 정도로 두터운 안개가 사람들의 일상을 휘감았지요. 그러나 그날의 안개는 안개가 아닌 '스모그'.

> 1866년 콜레라보다 나쁘다
> 안개 후의 죽음
> 12월 첫 주 945명이었던 사망자는 다음 한 주간 2,484명까지 증가
> ─『맨체스터 가디언(The Manchester Guardian)』

닷새 동안 도시를 뒤덮었던 그 스모그는 만 명이 넘는 사망자를 초래한 최악의 참사로 기록됐습니다. 산업혁명 이후 석탄으로 인한 대기오염 피해 사례가 많았지만 '경제가 먼저'라는 목소리에 문제를 뒷전으로 미룬 결과였지요. 당시 영국 정부는 마스크 300만 개를 배포했을 뿐 손을 놓고

있었고… 결국 스모그라는 소리 없는 살인 무기는, 사람이 초래해서 사람을 죽인 비극적인 역사의 산물이 되었습니다.

그리고 또 다른 도시.

우리가 누려왔던 서울의 하늘은 이런 것이 아니었습니다. 쨍할 듯 차갑게 부서지는 공기와 손에 잡힐 듯 선명한 겨울 산의 풍경… 그러나 언제부턴가 우리의 하늘은 들숨 하나 날숨 하나에도 마음이 무거운 두려움의 대상이 됐습니다.

우리나라에 미세먼지라는 단어가 운위되기 시작한 것은 지난 1995년. 그러나 그 시절은 봄이면 날아드는 황사가 걱정스러웠을 뿐, 호흡기 질환은 물론 암까지 유발한다는 이 독성 물질에 대한 경고의 목소리는 쉽게 찾아볼 수 없었습니다. 그렇게 뻥 뚫린 대책 끝에 맞이한 오늘의 하늘…

지금 우리의 현실은 마스크를 쓰고 미세먼지를 걸러준다는 공기청정기까지 들여놔야 그제서야 조금은 안심이 되는 세상이죠. 그러나 누군가는 공기청정기는커녕 마스크를 쓰는 것마저 허락되지 않아, 마시는 공기조차 계급이 되는 세상…

우유를 쏟아부은 것 같았다던 런던의 아름다움, 그것은 착각이었습니다. 그리고 눈비가 쏟아진 후에야 만날 수 있는 그나마 보통 수준의 공기가 며칠 동안 우리의 호흡을 허락한다면… 또 언제 그랬냐는 듯 잊을 것인가. 아니면 차라리 잊는 것이 편한가…

거리는 순식간에 자욱한 안개에 휩싸입니다. 그 안개와 함께 등장한 정체 모를 생명체는 닥치는 대로 사람을 해치기 시작하죠.

"바깥에 무시무시한 것이 있다."

2007년에 만들어진 영화 〈미스트〉의 한 장면. 크게 히트한 블록버스터급은 아니지만 미지의 공포와 이를 겪어내는 사람들의 심리를 잘 묘사해서 그 나름의 평가를 얻어내기도 했습니다.

괴물을 피해 마트에 갇힌 사람들은 저마다 갈등하면서 동요합니다. 누군가는 맞서 싸워야 한다고 주장하고, 누군가는 괴물의 존재 자체를 믿지 않았습니다. '세상의 종말이 온 것이다' 주장하는 사람들까지… 그것은 자욱한 안개 속에 가려진 보이지 않는 위협에 의한 공포였습니다.

우리를 둘러싼 세상은 어떤가.
불행하게도 영화 〈미스트〉를 보는 내내 떠오른 것은 바로 우리가 사는 이 공간, 무언가 그 안에 도사리고 있을 것만 같은 뿌연 먼지의 습격… 지금까지 알려진 연구 결과만 보자면 미세먼지는 사람의 죽음을 앞당기고 태아의 호흡기를 위협하고, 치매의 가능성을 높이는 것은 물론 우울증과

폐암, 구강암, 당뇨, 신부전, 심지어 소아 고혈압의 발생 수치까지 높인다 하는데… 더구나 아직 그 위험성이 어느 정도인지조차 제대로 알지 못할 정도이니, 대비책이라고는 고작 마스크가 전부인 시민들은 열 사람 중 여덟 사람 이상이 '미세먼지가 두렵다'고 했습니다. 그 수치는 심지어 방사능에 대한 두려움보다 높습니다.

그렇다면 영화 〈미스트〉 속 그 괴물의 정체는 무엇이었을까.

안갯속에 감춰진 괴이한 생명체는 국가의 주도하에 진행된 무분별한 과학 실험으로 인해 생겨난 위험이었습니다. 다른 세계의 문이 열리면서, 안개와 함께 정체불명의 생명체들이 이쪽 세계로 건너오게 된 것이었지요.

오늘의 이 치명적인 자욱함 또한 인간이 자초한 재앙… 바다와 국경을 맞대고 있는 이웃 나라를 탓하기는 쉬우나, 그것만으로는 우리의 하늘조차 제대로 관리하지 못하고 손을 놓고 있었던 스스로의 탓을 부정할 수는 없습니다.

"바깥에 무시무시한 것이 있다."

영화 〈미스트〉 속 누군가는 말했습니다. 그리고 오늘 창밖을 내다보는 우리도 역시 그렇게 말할 수밖에 없는…

오늘 전국의 공기가 맑습니다. 비가 쏟아져도 공기가 맑으니까 참 좋
지요. 엊그제까지 독한 미세먼지 속에 있었다는 것을 깜박 잊을 정도입니
다. 그렇습니다. 문제는 그것이기도 합니다. 공기가 좋으면 나쁠 때를 잊
어버리고, 그래서인지 대책도 절실하게 나오지 않았다는 것. 오늘같이 공
기 좋은 날 굳이 앵커브리핑이 미세먼지를 말하는 이유이기도 합니다.

"일본이 미국 본토에 화생방 공격을 시도했다!"

2차 세계대전이 한창이던 1943년 7월의 미국 로스앤젤레스. 시민들
사이에는 그런 소문이 돌았습니다. 사람들의 눈과 피부는 따끔거렸고 도
통 숨을 쉴 수 없다면서 아우성이었으니, 상황은 적군의 화생방 공격을 의
심할 정도로 심각했던 것입니다. 'LA형 스모그'라고 이름 붙여진 그날 이
후 사람들은 집을 나설 때 방독면을 쓰고 다녀야 했습니다. 심지어는 그리
피스 공원 동물원의 당나귀 피치도 눈이 아팠는지, 고글을 쓰게 돼서 화제
를 모으기도 했지요.

"일본이 미국 본토에 화생방 공격을 시도했다!"
천만의 말씀! LA의 자욱한 스모그 원인은 자동차 매연이었습니다. 훗
날 런던 포그로 유명한 1950년대의 스모그가 수많은 런던 시민들의 목숨

을 앗아간 뒤에야 대책이 세워졌듯이… 그보다 10년을 앞섰던 LA 스모그
는, 일본의 화생방 공격이라는 2차세계대전판 가짜뉴스를 양산하고 난 뒤
에야 이 천사의 도시를 각성시켰습니다.

산업화를 거쳐 간 모든 도시들이 대기오염에 시달리고, 그 대가로 시
민들의 수명을 단축시켰다는 것을 모르지 않으면서도, 우리는 어떤 노력
을 했는가. 공장의 굴뚝은 단지 경제성장을 의미하는 것이었고, '청정'과
'디젤'이라는 도무지 어울리지 않는 모순된 단어들의 조합 하나로 엄청난
디젤 차량을 팔아치운 자동차 기업들의 탐욕까지…

그리고 지금은 우리와 비교도 되지 않는 규모의 탐욕으로 성장만을
앞세우고 있는, 그러면서도 이웃 나라의 고통은 전혀 안중에도 없어 보이
는… 거대한 공장국가를 옆에 두고 있는 신세가 됐습니다.

당나귀까지 고글을 쓴 이후에 캘리포니아주는 맑은 하늘을 되찾기 위
해서 긴 호흡의 정책들을 시행했습니다. 당국자의 말을 빌리자면 20년간
18만 톤의 유해가스를 사들였을 정도였으니까요.● 그 당국자가 바로 어릴
적 공포의 LA 스모그를 겪었던 당사자이기도 했습니다.

● "캘리포니아는 30여 년 전부터 자동차·트럭을 비롯해 오염 물질을 내뿜는 설비를 더 깨끗한 새 모델로 교
체하는 사업자에게 일정 금액을 주는 '인센티브 프로그램'을 운영하고 있다. … 말하자면 배출가스를 사들
이는 것이다. … 20년간 총 9억 7,862만 달러의 인센티브를 집행해 18만 톤가량의 질소산화물과 유기성
가스를 '사들였다'. 이는 한국 수도권에서 자동차가 배출하는 질소산화물 전체 양과 맞먹는다."
—「70년 걸려 잡혀가는 스모그 … LA의 충고는 "시스템"」, 『경향신문』 2018. 10. 10.

그 와중에 우리는, 시민들의 원성이 켜켜이 쌓인 이후 부랴부랴 대책이 나왔지만, 아직 국회 문턱조차 넘지 못한 미세먼지 관련 법안만 50여 건… 또한 무시할 수 없는 요인인 중국발 미세먼지 대책은 여전히 제자리걸음이라 하니… 이것도 긴 호흡이라면 긴 호흡이랄까.

이 방송은 실제 상황입니다

"이 방송은 실제 상황입니다. 실제 공습경보를 발령합니다."

1983년 8월 7일 한낮이었습니다. 텔레비전에서는 천안 북일고와 인천 동산고가 맞붙은 봉황대기 고교 야구전이 중계되고 있었습니다. 난데없이 울린 대공 경계, 공습경보 사이렌. 실제 상황이라는 한마디에 야구 경기가 중단된 것은 물론이고 도로 위 차들도 일제히 멈춰 섰고, 마침 저희 집에 놀러와 계셨던 이모님들은 훗날 부산 어딘가에서 모이자는 약속을 하고는 흩어졌던 기억… 중공군 미그기 조종사 손천근의 망명 사건이었습니다.◉

사람들은 놀란 가슴을 쓸어내려야만 했죠. 더구나 그해 1983년은 연 초부터 유독 경계경보가 수차례 울리기도 했었습니다. 남과 북의 정상이 세 차례나 만나서 손을 마주 잡고, 비록 멈춰 섰으나 북미정상회담까지 열 린 지금의 세상에서 보자면… 너무나 먼 옛날 같은 '실제 상황 경계경보'의 시대였습니다.

그리고 오늘 아침 6시 50분. ("삐~" 하는 초미세먼지 긴급재난문자 소리)

◉ 1983년 8월 7일 오후 3시 19분 중공 조종사 손천근孫天勤(쑨톈친)이 전투기를 몰고 귀순하여 제3국 망명을 요청한 사건이다. '중공 미그기 망명 사건'이라 불린다. 오후 3시 19분에 시작된 경계경보는 17분 뒤인 오 후 3시 36분에 해제되었다.

36년 전 우리를 놀라게 했던 그 실제 상황 경계경보는 여전히 우리의 귓전을 울리고 있으니… 그것이 비록 전투기는 아니라 해도 중국 대륙이 날려 보낸 그 눈에 보이지 않는 입자들은 결국 커다란 덩어리로 형체화돼서 '긴급' '재난' '경보'라는 무거운 세 단어와 함께 우리의 머리 위를 짓누르고 있습니다. 지난 주말 이후 벌써 다섯 번째, 심지어 오늘만 해도 세 번. 경보 발령은 어느 사이에 사람들의 일상이 돼가고 있는 중이죠.

"이 방송은 실제 상황입니다." 1983년 전 국민을 혼비백산 당황하게 만들었던 중공군 미그기 망명 사건은 "모든 경보 해제", 그렇게 단 17분 만에 종료됐습니다. 도시는 평온을 되찾아서 시민들은 녹색의 풍경 속에 따가운 여름의 햇살을 누릴 수가 있었지요.

언젠가 우리는 마치 손천근의 미그기 사건처럼, 미세먼지 때문에 경계경보가 울렸던 시절이 있었다고 옛날얘기하듯 되돌아볼 때가 올까. 이에 대한 확신이 없어서 더 마음이 무거운 오늘…

사족을 하나 답니다.

손천근이 미그기를 몰고 왔던 그해 1983년. 제가 치렀던 방송사의 입사시험 상식 문제에는 '그 손천근이 누구냐'는 문제가 등장했습니다. 대부분 그가 누군지 몰라서 오답을 썼다는 후문이 있었습니다. 그렇게 사람들은 얼마 지나지 않아 손천근과 경계경보를 잊어갔던 것이죠.

봄이 지나면 또 한동안 미세먼지는 뜸해질 것이라 하는데, 그래서 우리는 또 잊고 지내면 되는 것일까…

10. 무엇이 '참'이고 무엇이 '개'인가

한때 대선 후보까지 올랐던 어느 정치인이 내게 말했다. "정치는 백성의 눈물을 닦아주는 것"이라고. 하긴 이 말은 그뿐 아니라 꽤 많은 정치인들이 한다. 그 말을 듣고 갑자기 여러 가지 반론이 떠올라, 하던 인터뷰를 잠시 멈출까도 생각했다. '첫째, 이 무슨 권위주의적 발상과 표현인가. 둘째, 우리 생각엔 오히려 시민들이 정치인의 뒷감당을 해주느라 바쁘다.' 등등···

언젠가 라디오 방송에서 선언(?)했던 적이 있다. "저는 지도층이란 표현을 쓰지 않습니다. 민주사회에 지도층은 없기 때문이지요." 실제로 그 이후로 한 번도 방송이나 일상에서 그런 표현을 쓴 적이 없다.

역사는 권력자가 아니라 시민들에 의해서 발전하며, 언론이 갖는 모든 의문은 시민들을 향한 것이 아닌 권력자 혹은 기득권화된 시스템을 향한 것이라는 생각은 너무 이상적일까.

범털과 개털… 네모의 크기는?

감옥에 갇힌 사람을 뜻하는 한자 '囚人수인'을 보면 네모난 작은 틀 안에 비좁게 들어가 있는 사람의 모습이 보입니다. 돌이키기 어려운 잘못을 저질렀으니 좁은 네모 안에서 결핍과 성찰의 시간을 가지라는 의미일 겁니다.

독방의 크기는 약 6.5㎡, 1.9평 정도입니다. 4명이 같이 쓰는 방은 약 12㎡. 삼복더위엔 곁에 있는 사람의 온기를 증오하게 만든다고 누군가는 얘기한 바 있습니다. 그런데 누군가 이 작은 네모의 크기를 크고 안락한 넓은 사각형으로 넓힐 수 있다면, 그게 가능하다면 어떨까요? 마치 마법처럼 말입니다.

최근 서울구치소가 소위 '집사 변호사'들에 대한 징계를 대한변호사협회에 요청했습니다. 여기서 집사 변호사란 돈 있는 사람에게 고용되어 매일 구치소로 출근하다시피 하면서 말동무 등이 돼주는 변호사란 의미입니다. 변호를 안 해주어도 됩니다. 그냥 변호사이기만 하면 되는 것이지요. 오전에 변호사와 접견을 시작해서 잠깐 점심을 먹고, 다시 오후 접견을 시작해 저녁에 마치는… 사실상 하루 종일 좁은 네모 속 감방이 아닌, 넓고 안락한 접견실에서 시간을 보내는 소위 돈 많고 빽 있는 수감자. 힘 있는 경제인이나 정치인들, '범털'들이 그만큼 많았다는 이야기입니다.

"잘 좀 돌봐달라."

조현아 전 대한항공 부사장이 구속됐을 당시 한진그룹 측이 브로커를
통해 구치소에 청탁을 넣었다는 의혹이 새롭게 제기가 됐습니다. 그 대가
로는 렌터카 정비 용역 사업이 주어졌다고 하지요. 물론 그가 어떤 혜택을
받았는지 아직 구체적으로 밝혀진 건 없습니다. 그러나 "가장 낮은 곳에서
구금돼 살아가는 동안 진지하게 성찰하고 반성한 것으로 보인다"는, 얼마
전 조현아 전 부사장에게 집행유예를 선고한 2심 재판부의 이 말은 철회돼
야 할지도 모르는 상황이 됐습니다.

결핍의 공간 감옥 안에서는 모든 것이 간절하게 다가옵니다. 어디선가
흘러 들어오는 국화꽃의 향기, 작은 책상 하나와 책 한 권이 간절한… 감
옥이란 그런 곳입니다. 이런 개털들의 허한 마음을 범털들은 이해나 할 수
있을는지 모르겠습니다.

미얀마에 봄이 찾아왔습니다.

반세기 넘게 철권통치해온 군부독재의 시대가 가고 25년 만에 민주선

거가 치러졌지요. 시민들은 부정선거에 반대하는 의미인 새끼손가락 보라

색 인증을 통해 자신들이 원하는 당에 표를 던졌고, 승리를 가져왔습니다.

그리고 그 중심엔 1988년 처음 군부의 학살을 목격한 뒤 민주화 투사로서

삶을 시작한 아웅산 수치 여사가 있습니다.

군부의 탄압, 세 차례 총 15년에 걸친 가택연금에도 불구하고 끊임없

이 조국의 민주화를 꿈꿔왔던 그를 지난 2002년 5월 10일에 전화로 인터

뷰한 바가 있습니다. 최초의 국내 방송 인터뷰였던 것으로 기억합니다. 그

때는 아웅산 수치 여사가 잠시 군부의 가택연금에서 풀려났던 시기였습니

다. 꽤 긴 인터뷰였는데, 당시 그는 한국에서 활동하는 미얀마인들을 향해

서 "다시 고국으로 돌아올 날이 얼마 남지 않았다"는 메시지를 전했습니

다. 그리고 이미 그때 그는 '자유로운 분위기에서 선거가 치러진다면 우리

가 반드시 승리한다'고 말한 바 있습니다.

그로부터 13년이 더 지난 뒤… '강인한 공작새'라 불렸던 수치 여사가

지켜내려 했던 조국은 결국 다시 그를 택했고, 기다렸던 그날은 기념비적

인 오늘로 돌아왔습니다. 그들에게 봄이 찾아온 것이지요.

그러나 아름다운 봄은 찬란한 그 빛깔만큼 퇴색되기도 쉽습니다. 중동과 북아프리카의 많은 나라들, 이집트가 리비아가 그랬듯이 찰나의 봄은 길지 않았습니다. '민주화 이후의 민주주의'를 지켜내는 것은 민주화 과정보다도 더 험난할지도 모릅니다.●

우리에게도 상흔으로 남아 있는 유신 종말 이후 짧았던 서울의 봄, 그리고 87년 민주화 이후의 민주주의는… 그 후로도 지금까지 여전히 진행 중인 과제가 아닐까요? 역사는, 그리고 앞으로의 역사가 될 지금의 이 순간은 아직은 끝이 아니라고 우리에게 이야기해줍니다.

오늘의 앵커브리핑은 아웅산 수치 여사가 남긴 한마디로 맺음하려 합니다.

"자유인은 끊임없이 해방을 시도하는 자이며 자유로운 세계를 지탱할 규율을 만들 줄 아는 사람이다."

追考 아름다운 봄은 찬란한 그 빛깔만큼 퇴색되기도 쉽다고 썼다. 앵커브리핑은 본의 아니게 예언처럼 써 내려갈 때도 있었다. 지금의 미얀마와 아웅산 수치를 보면 이 앵커브리핑이 다시 생각나곤 한다.

● 2015년 미얀마는 아웅산 수치가 이끄는 민주주의민족동맹(NLD)이 총선에서 승리함에 따라 53년 만에 군부독재를 종식시켰다. 이후 2020년 총선에서도 수치 고문이 이끄는 NLD가 압승을 거뒀으나, 군부는 이듬해 2월 1일 쿠데타를 단행했다. 결국 미얀마는 5년 만에 다시 군부독재로 돌아갔고 아웅산 수치 국가고문은 10년 만에 또다시 구금되었다. 2022년 2월 현재 시민불복종운동(CDM: Civil Disobedience Movement)이 진행 중이다.

상치相馳.

일치가 아닌 불일치, 서로 어긋남을 뜻하는 단어입니다. 자연히 긍정
보다는 부정의 의미로 사용되곤 하지요. '상치교사'라는 말이 있습니다.
예를 들어 미술 선생님이 국어를, 상업 선생님이 역사를, 즉 전공과 다른
과목을 가르치는 선생님을 의미합니다. 그렇게 된 이유가 있습니다. 국·
영·수 등 주요 과목 수업 시간이 늘어났기 때문인데 당연히 전문성은 다소
떨어질 수밖에 없을 겁니다.

"대한민국을 집필하러 간다."

10년 동안 상업을 가르쳐왔고 최근 9개월간 역사를 가르친 교사가 역
사교과서 집필진에 선정돼 논란이 됐습니다. 그는 면접도 없이 집필진에
선정되었다는 사실을 동료에게 널리 알렸습니다. 마지막 인사는 "사요나
라(さようなら: 안녕히 계세요)."

그는 엄밀히 따지면 상치교사는 아니었습니다. 대학원에서 역사교육
을 전공해 자격을 갖추고는 있었다고 하니까요. 그러나 끝까지 비밀로 하
고 싶었던 국사편찬위원회의 뜻과, 어떻게든 자랑하고 싶었던 선생님의
뜻은 '상치'… 서로 맞지 않았던 셈입니다.

또 다른 '상치'도 발생했습니다.

"신원 조회에서 문제되어 참여 못했다."

국사편찬위원회 위원 출신이자 발해사의 권위자인 교수는… 스승의 권유, 즉 김정배 국사편찬위원장의 권유에 못 이겨 집필 권유를 수락했으나 끝내 집필진에 포함되지는 못했습니다. 이유는 분명치 않습니다. '시국 선언' '가족력' 등 그림자 같은 무언가가 역사교과서 집필 기조와 '상치'되었을 것이란 의혹만 무성할 뿐이지요. 바로 스승인 국사편찬위원장이 부탁해서 참여를 결정했는데도 말입니다.

1만 시간의 법칙.

말콤 글래드웰(Malcolm Gladwell)은 누군가 어느 한 가지 일에 정통하려면 1만 시간의 연습과 훈련이 10년이라는 세월에 걸쳐 차곡차곡 쌓여야 한다고 강조합니다.

교육부가 좌편향이라고 지적한 현행 검정교과서 집필 교사들조차 대부분 10년 이상 역사 과목을 가르쳐온 사람들, 즉 한 분야의 전문가들입니다.● 물론 그 경력이 좌편향으로 잘못 쌓인 것이라고 정부에선 주장하고 있는 셈입니다만…

● 역사교과서 국정화 논란은 박근혜 정부 당시 교육부가 2015년 10월 중·고교 역사(한국사) 교과서 국정화 방침을 공식 발표하면서 시작되었다. 문재인 정부로 넘어온 2017년 5월 교육부가 중·고교 역사교과서 발행 체제를 검정으로 전환함에 따라 '국정 역사교과서 폐지'로 종결되었다.

9개월 차 역사 교사와 발해사의 권위자. '역사교과서 집필 자격과 일치하는 사람은 누구이며 반대로 상치되는 사람은 누구인가'라고 묻는 것도 이제는 부질없는 것일까요?

하긴 그렇습니다. 상치, 즉 불일치에서 나오는 것은 불협화음이고, 불협화음은 사람들을 지치게 하고… 지친 사람들은 끝내 아무런 질문도 하지 않게 되는 것… 역사교과서의 미래는 그런 것일까요?

음모이론… 로스웰 그리고 조희팔

1947년 7월, 지금으로부터 꼭 69년 전입니다. "미국 뉴멕시코주 로스웰의 작은 협곡에 처음으로 UFO가 떨어졌고, 미국 정부는 그 우주선에서 나온 외계인의 사체를 지금까지도 은폐하고 있다." 이른바 UFO 추종자들이 주장하는 내용입니다.

19년 전인 1997년 7월에 저는 바로 그 로스웰에 있었습니다. 당시는 로스웰 사건 50주년이었고, 이 자그마한 도시는 관광객 혹은 UFO 순례객들로 넘쳐났지요. 그때도 그곳에 모인 사람들이 하나같이 입을 모은 것은 미국 정부가 진실을 숨기고 있다는 것, 즉 음모론이었습니다.

그렇습니다. 그 유명한 음모이론(Conspiracy Theory)은 바로 그 로스웰 사건에서 유래합니다. 근거가 없어도, 혹은 있는 것으로 추정되기만 해도 주장할 수 있는 것. 즉, 신뢰가 없는 상대라면 얼마든지 주장할 수 있다는 것… 엘비스 프레슬리가 아직 살아 있다고 해도, 마이클 잭슨이 어딘가에 살아 있다고 해도, 이순신 장군이 사실은 죽음을 위장한 것이라고 해도… 그 말이 그럴듯하게 돌았던 것은 바로 신뢰하지 않는 권위에 대한 저항일 수도 있다는 것입니다.

"조희팔은 죽었다."

재작년부터 조희팔 사건을 재수사해온 검찰이 조희팔은 이 세상 사람이 아니라고 최종 발표했습니다.* 그러나 이번에도 시신은 없습니다. 이미 5년 전에도 경찰은 조희팔이 중국 산둥성의 한 가라오케에서 나훈아의 〈홍시〉라는 노래를 부르다가 심근경색으로 사망했다고 했지만, 생존설은 끊임없이 돌아다녔습니다.

그리고 계속된 권력의 비호설. 조희팔 사건의 핵심이었던 정·관계 로비 의혹은 결국 밝혀지지 않았습니다. 그동안에도 또한 오늘도 저희 〈뉴스룸〉이 보도해드린 것처럼 의문투성이 의혹들은 넘쳐납니다. 신뢰받을 수 없는 권위를 향한 음모론은 그래서 또다시 횡행할 수밖에 없겠지요.

올해도 그랬고, 제가 로스웰에 취재차 가 있던 1997년에도 그랬고… 미군 당국은 로스웰 기념일이 다가오면 외계인은 사실이 아니라고 조목조목 반박하는 보고서를 내지만, 외계인과 UFO를 믿는 사람들은 그 말을 믿지 않습니다. 그래서인지 미군 당국도 보고서를 발표하고는 이런 말을 덧붙이곤 하지요.

"우리가 아무리 설명해도 여러분이 믿을지는 모르겠지만 …"

—존 헤인즈(John Haynes, 미 공군 비밀해제 검토팀 부장), 1997

---

* 조희팔은 2004~2008년까지 전국적으로 다단계 판매 업체를 만들었다. 의료기기 대여업이라며 고수익을 보장한다고 속여서 얻은 돈이 무려 5조 원이었다. 국내 최대 규모의 유사수신 사기 사건이었다. 그의 사망을 둘러싼 논란은 아직도 진행형이다.

追考　로스웰의 기억은 다른 앵커브리핑에서도 몇 번인가 되살렸다. 나는 미국에서 공부를 시작하기 전, MBC 〈손석희의 미국탐험〉이라는, 지금 생각하면 좀 촌스러운 제목의 르포물을 만들었다. 불과 두어 달 남짓한 제작 기간에 각각 다른 에피소드로 무려 10편을 만들어내는 강행군이었는데, 이 브리핑에서 말한 로스웰의 협곡을 찾아간 날은 장대비와 함께 천둥 번개가 쉼 없이 몰아쳐댔다. 차창 바로 옆으로 내리꽂히던 번개와 '음모론'이 절묘하게 버무려진 그날의 음산했던 기억이 조희팔 사건을 다룬 앵커브리핑에서 소환되었다.

하루 두 번 이른 새벽과 저녁 어스름, 붉은 태양 빛과 컴컴한 어둠이 교
차하는 시간이 있습니다. 저 멀리 다가오는 희미한 그림자가 나를 해치러
오는 늑대인지, 아니면 내가 믿고 의지하는 개인지 분간하기 어려운 순간.
프랑스에서는 사물이 뚜렷하게 보이지 않는 그 순간을 '개와 늑대의 시간'
이라 부른다고 합니다.

이번에 알려진 그 기막힌 발언.

"민중은 개돼지" "신분제 공고화시켜야"
"(구의역 김 군이) 어떻게 내 자식처럼 생각되나"

영화 〈내부자들〉을 통해 유명해진 그 대사는, 국민의 세금으로 녹을
받는 교육부 '고위 공무원'의 입에서 영화보다 더 잔인하게 실제화됐습니
다. 수습하는 발언들이 뒤늦게 이어졌지만 변명은 들을수록 허망합니다.
현장 기자들의 증언에 따르면 그는 이른바 '확신자'였던 모양입니다.

속마음을 그대로 털어놨다는 점에서 그는 차라리 순진 …
말로만 격차 타파 외치는 이들이 얼마나 많을 것인가.
　　―「아침을 열며 : 신분제, 오만한 욕망」, 『경향신문』 2016. 07. 10.

그러나 기회의 균등, 차별 없는 세상, 약자에 대한 공감··· 이러한 시민 사회의 가치들이 한낱 구두선일 뿐이며 위선에 지나지 않는다고 외친다면··· 신분 차별의 제도를 극복하지 못해서 결국 산으로 간 홍길동의 시대와 지금이 무엇이 다른가. 그보다 무서운 것은, 시민은 계도의 대상이며 깃발을 세우면 따라오고, 단지 배부르고 등 따스우면 불만은 없다 하는 교육부 고위 공무원의 위험한 생각. 교육정책을 세우고 역사교과서를 국정화하는 작업에 나선 그 담당자의 생각···

36년 전 주한미군 사령관이었던 위컴(John Adams Wickham Jr.)은 "한국 국민은 들쥐와 같다"고 말했습니다. 우리는 그렇게 졸지에 들쥐가 되었지만, 지난 36년의 과정을 통해 우리는 위컴의 말이 참으로 경박스러운 망언이었다는 것을 증명해줬습니다. 그 36년 동안, 아니 그보다 훨씬 전부터 우리는 '개와 늑대의 시간'을 수없이 지나왔고··· 그때마다 시민을 위해 존재하는 줄로만 알았던 국가가 거꾸로 시민의 적이 되었던 기억을 잊지 않고 있습니다. 그럼으로써 어스름 속에서 개와 늑대를 구분할 줄 알게 된 혜안은 교육부의 한낱 고위 관료 한 사람이 소신이든 망발이든 내뱉은 개와 돼지라는 단어들에 의해 훼손될 것은 아닙니다.

아, 그러나··· 듣자 듣자 하니 이제는 정말 별말을 다 듣고 싶니다.

追考　이 발언의 주인공인 나향욱 교육부 정책기획관은 중앙징계위원회에서 파면이 결정되었다. 그는 이후 교육부를 상대로 행정소송을 냈고 파면 취소가 받아들여져서 복직했다. 단지 강등 처분을 받았는데, 그는 이조차도 과하다며 징계 수위를 낮춰달라는 소송을 또다시 냈지만 2020년 패소했다.

여리박빙… 어려운 말 쓰지 맙시다

오늘 새벽 호숫가 고인 물의 윗부분엔 아주 얇은 얼음막이 만들어졌을 지도 모르겠습니다. 추웠으니까요. 그래서 썼을까요?

"한국 경제, 여리박빙如履薄氷(얇은 얼음 위를 걷는 것과 같이 위태함)과 같다."
— 임종룡(경제부총리 내정자)

경제부총리 내정자의 우려는 이러했습니다. 굳이 어려운 말 쓰지 않아 도 우리 경제가 어렵다는 건 한자어가 아니라 피부로 느끼고 있지요. 더구 나 우리 경제의 맨 밑바닥, 그 아래를 지탱하고 있는 이들의 상황을 들여다 보면 그 아슬아슬한 위태함은 이미 오래전부터 계속되고 있었습니다.

빚의 통계로 드러난 젊은이들의 궁핍.

고비용 학자금 대출 ➡ 저소득 ➡ 저신용 ➡ 고금리 대출 ➡ 채무 악순환 ➡ 신용 불량

— 하나금융경영연구소

학자금 대출에서 시작된 빚은 취업이 어려워지면서 갚을 수 없는 빚이 되었고, 저축은행과 대부업체로 이어져 결국엔 신용 불량에까지 이르게 된다는 것. 출발선상에서 빚부터 먼저 짊어져야 했던 젊음은 얇은 얼음막 위에 있었습니다.

10. 무엇이 '참'이고 무엇이 '개'인가 | 119

황폐화된 것은 노동자의 삶 또한 마찬가지였습니다. 기업들은 수십조 원의 사내보유금을 쌓아둔 채 흑자를 이야기하지만, 어찌 된 일인지 노동자는 배가 고픈 사회… 그리고 터진 최순실 사건은 이러한 극과 극의 모순과 괴리를 웅변적으로 보여줍니다.

오늘 재계에 대한 수사가 본격화됐습니다. 삼성전자 본사 압수수색이 시작되었고, 대통령과 7대 그룹● 총수 간의 비공개 면담 역시 조사 대상이 됐습니다. 대통령과 기업들은 공히 '선의'를 강조하지만, 그것은 그들만의 선의일 뿐… 대기업이 수십억, 수백억 원의 돈을 지원하며 정권에 이른바 '보험'을 들었다면, 그리고 대통령의 비선 실세가 그 보험금을 챙겨왔던 것이라면… 그 돈은 모두 어디에서 나온 것인가. 최저임금 몇백 원 인상에 그리도 인색했고, 비정규직의 불안감에 그리도 야박했던 이들의 선의는 누구에게 베풀어졌어야 하는가.

여리박빙如履薄氷.
장막 뒤에 가려진 여인과 그 무리가 시민들이 부여한 권한을 조자룡 헌 칼 쓰듯 휘두르는 사이, 대한민국의 보통사람들은 일찌감치 살얼음판 위에 있었으며… 그것이 선의로 포장되는 동안 그 살얼음판은 더욱 얇아져왔다는 것. 굳이 사자성어의 어려운 표현 대신, 차라리 우리 경제의 모습이 비정상적인 정치로 인해 참으로 참담해졌다는… 한마디면 되지 않겠는가.

● 한화, CJ, 현대, 삼성전자, 한진, LG, SK

463개의 계단, 그리고 피렌체의 하늘 2017. 01. 19.

총 463개의 계단. 한 발 한 발 걸어 그 위에 올라서면… 머리 위엔 하늘이, 눈앞엔 아름다운 중세 거리가 펼쳐집니다. 산타 마리아 델 피오레 성당. 피렌체 두오모 성당이라는 이름으로 익숙한 그 성당은 인생에서 한 번은 꼭 들러야 할 곳으로 손꼽히고 있지요.

오늘 앵커브리핑은 그중 특히나 아름다운, 성당의 상징이라 할 수 있는 두오모의 둥근 지붕, 큐폴라(cupola)에 대한 이야기로 시작하겠습니다.

유럽의 성당이 대부분 그렇다는데 두오모 성당 역시 평민들의 피와 땀이 모여 오랜 세월에 걸쳐 지어졌습니다. 13세기에 설계하고 착공했으며 14세기에 이르러서야 건축물 대부분이 완성되었는데, 당시엔 성당을 덮어낼 거대한 돔을 지을 기술이 부족했다고 합니다. 그들은 어떻게 했을까요?

피렌체 사람들은 기다렸습니다. 언젠가 기술은 진보할 터이고, 끝내는 돔과 함께 성당은 완성되리라는 믿음이 있었던 것이지요. 그래서 그들이 기다린 세월은 무려 100년.

"법리상 다툼의 여지가 있다."●

● 박근혜 대통령에 대한 탄핵소추안이 한 달여 전에 통과되면서(2016년 12월 9일 국회에서 가결) 국정농단 정국이 한창 진행되던 이날. 법원은 430억 원대 뇌물 혐의 등으로 이재용 삼성 부회장에게 청구된 구속영장을 "법리적 다툼의 여지가 있다"며 기각했다. 이것이 탄핵 재판에 어떤 영향을 끼칠지가 관심사가 되었다.

10. 무엇이 '참'이고 무엇이 '개'인가 | 121

오늘 새벽, 사람들의 마음은 엇갈렸을 것 같습니다. 언론에선 특검 수사에 급제동이 걸렸다 논평하고 있지요. 그러나 기업 총수에게 내려진 영장은 기각되었어도 혐의가 없어진 것은 아니라는 것… 더구나 뇌물죄는 탄핵 사유의 전체가 아니라 일부일 뿐이지요. 또한 헌재의 탄핵심판은 되레 더 빨라질 수도 있다는 전망까지 나왔습니다. 돌이켜보면 우리는 이제 겨우 석 달이란 시간을 보냈을 뿐입니다. 게다가 앞으로 기다릴 날은 아마도 그보다 짧으리란 것… 탄핵 여부는 그렇게 다가올 것입니다.

그리고 우리가 그다음에 해야 할 일들.

정상의 비정상화가 진행된 날들을 되돌리는 일… 무엇보다 정경유착의 악폐를 끊는 일이 판사 한 사람의 판단에 의해 멈춰 설 일은 아니지 않은가. 그것은 성당 하나의 완성을 기다리는 일보다 결코 더 쉬운 일도 아닙니다.

그렇게 해서 훗날. 100년까지는 아니더라도 어느 그 훗날…
총 463개의 계단을 한 발 한 발 걸어 그 위에 올라서면. 그렇게 우리를 기다리고 있는 것들…

追考 이 브리핑을 하기 2년 전인 2015년에 피렌체 두오모의 지붕 꼭대기에 올랐다. 내친김에 성당 옆, 그 못지않게 높은 조토(Giotto)의 종탑에도 올랐다. 합쳐서 1,000개 가까운 계단을 올랐는데, 이상하게도 하나도 힘들지 않았다.

비가 갠 목포 신항은 온통 노란빛으로 가득했습니다. 이틀 전부터 선체 수색이 시작된 세월호. 울타리 앞 4차로를 가득 메운 시민, 거리를 가득 채운 노란빛의 추모 그림…

"당신이 따뜻해서 봄이 왔습니다"라던 어느 시인의 말처럼 하나하나의 따뜻한 마음들이 모여 수백 수천으로 피어난 노란빛은 마치 와와~ 하고 피어난 개나리처럼 봄을 환하게 밝히고 있었습니다.

개나리는 한 송이로는 보잘것없을지 모르지만 함께 무리 지어 있을 때 아름다운 꽃. 생각해보면 이곳은 물려받은 권력 혹은 소년등과를 통해 권력을 잡았던 이들이 지배해온 '엘리트의 나라'…

그들이 만들어놓은 세상을 치유하고 지금의 봄을 당겨온 것은 그저 흔하디흔한 우리 주변의 개나리 같은 소소한 시민들이었습니다.

개나리라는 꽃은 '나리'라는 꽃 이름 앞에 흔하고 보잘것없다는 뜻의 '개' 자를 붙인 것. 반대가 되는 접두사는 '참' 정도가 된다고 하니 어찌 보면 '개'라는 접두사는 드물고 희귀한 것과는 거리가 멉니다. 그래서였을까.

무엇이 참이고 무엇이 개인가.
　—이어령 칼럼, 『동아일보』 1993. 04. 05.

이어령 선생은 이렇게 말했더군요. "시대의 변화를 제일 먼저 예고하고 그 기운을 가장 먼저 표현하는 것은 백합이나 장미 같은 소수의 천재들이 아니라 개나리처럼 줄지어 피는 슬기로운 대중들"이라는 것입니다.

하긴 지금으로부터 57년 전의 봄날, 4월 혁명을 통해 이 땅의 민주주의를 되찾아온 것도… 거리로 떨쳐 나온 수많은 시민, 즉 개나리들이었습니다. 눈부셨던 목련이 지고 짧았던 벚꽃은 지나갔지만 지금도 봄을 지키고 있는 개나리꽃과, 봄을 당긴 수많은 마음과 마음…

아직 가족에게 돌아오지 못한 이들 역시 몸과 마음을 모아서 끌어당길 수 있기를. 그리고 한 표 한 표 시민의 힘을 모아 모두의 봄을 끌어당길 수 있기를…

노란 리본으로 흐드러진 목포 신항과 노랗게 흐드러진 개나리를 보며 또다시 생각합니다.

"무엇이 참이고, 무엇이 개인가."

이름만… '김수한무'도 울고 갈 참수리차

1970년대 구봉서·배삼룡 명콤비가 낳은 희대의 유행어 '김수한무'.
귀하게 얻은 5대 독자의 장수를 기원하며 좋은 건 다 넣다 보니 무려
72자가 됐다는 이름… '김수한무'로 시작해 숨 쉴 틈 없이 휘몰아치다 비
로소 '바둑이는 돌돌이'로 마무리되는 그 이름은 마치 혹 송(hook song)처
럼 한동안 사람들 머릿속을 맴돌았지요. 수명이 무한하다는 뜻의 수한무,
무려 18만 년을 살았다는 삼천갑자 동방삭에 장수의 대명사인 십장생 중
거북이와 두루미까지 꼬깃꼬깃 집어넣었습니다.

하지만 역설적이게도 이 5대 독자 수한무는 물에 빠져 허우적대는데…
그 72자 이름을 다 부르느라, 결국 구조하지 못했다는 웃지 못할 이야기입
니다. 좋은 이름만 갖다 붙이면 장수할 수 있을 것이라는 설정은 허울만 바
꿔 본질을 가리려 하는 비뚤어진 세태를 풍자하기 위함이 아니었을까.

참수리차.

경찰은 사람을 직사로 정조준해 목숨까지 잃게 했던 살수차의 이름을
바꾸겠다고 했습니다. 살수차라는 말의 어감이 좋지 않으니 진실하다는
의미의 우리말 '참'에다 물 '수水', 이로울 '리利'를 써서 '참되게 물을 이용
한다'는 뜻을 담았다는 친절한 설명도 곁들였지요.

그러나 살수차는 '참수리차'로 이름만 바꿔 달았을 뿐, 경찰은 여전히 사람을 향해 물대포를 정면 조준할 것이라고 이야기합니다.

직사 살수는 지면에 먼저 쏘고, 가급적 머리 부위를 살수하지 않는다.
— 경찰청 설명 자료

대신, 이롭게 사용하겠다는 단서를 달아서 말이지요. 아무리 생각해봐도 무시무시한 속도로 사람에게 직접 쏘아대는 물줄기가 누구에게 어떻게 이롭다는 것인지는 잘 모르겠습니다. 마치 좋은 이름을 달면 장수할 수 있다는 코미디의 한 장면처럼…

과거 정보기관은 고비 때마다 중앙정보부(1961~1980)에서 국가안전기획부(1981~1998)로, 또 안기부에서 국가정보원(1999~현재)으로 이름을 바꿔가며 새 출발을 다짐했습니다. 그러나 그 결과가 어땠는지는 누구나 잘 알고 있습니다. 이름만 바꾸면 정말 장수할 수 있을 거라고 생각했던 것인가. 이름만 바꾸면 정말 모두에게 이로울 수 있을 것인가…

차라리 살수차의 이름도 72자로 늘려서, 부르는 데 시간을 보내다 보면… 그 와중에 한 번쯤은 신중해지지 않을까.

아무도 찾지 않는 바람 부는 언덕에 이름 모를 잡초야 ♪

한 송이 꽃이라면 향기라도 있을 텐데 이것저것 아무것도 없는 잡초라네

나훈아 씨의 노래 〈잡초〉. 노랫소리가 들리는 것 같지 않으십니까?
정말 그럴까. 잡초는 정말 이것저것 아무것도 가진 게 없을까. 그 답은
한 철학자로부터 들어보겠습니다.

전북 변산에서 흙을 만지는 철학자 윤구병 선생은 본디 농부가 아니었
습니다. 지금으로부터 20년 전, 교수 자리를 버리고 풋내기 농사꾼을 자처
하던 시절에 잡초로만 보이는 풀들을 잔뜩 뽑아버렸는데… 알고 보니 그
잡초는 제각기 이름을 지닌 들풀이었다고 합니다.

> 하나는 별꽃나물이고 또 하나는 광대나물 … 모두 맛있는 나물이자 약초였
> 다. 그걸 모르고 함부로 뽑아 썩혀버렸으니 굴러온 복을 걷어찬 셈이 되었다.
> ─ 윤구병, 『잡초는 없다』

세상은 마음에 들지 않는 풀을 잡초라고 부르지만 세상에 존재 이유가
없는 풀은 없다는 것이죠. 그래서 인디언들의 언어에도 '잡초'라는 말은
없다고 합니다.

'지잡대地雜大'

지방에서 태어나, 혹은 이런저런 사정으로 지역의 대학을 나왔을 뿐인 데 자칭 혹은 타칭으로 따라붙는다는 이 잔인한 단어. 서울과 지방을 구별 하는 것도 모자라서 대학에는 순번을 매기고 요즘은 부모의 재력까지 등 급이 나누어지니… "부모의 재력도 능력"이라던 누군가의 말은 부정할 수 없는 진리가 되어 사람들의 마음을 할큅니다.

"공공기관 블라인드 채용"

정부가 인재를 채용할 때 편견의 눈을 가리겠다고 나섰습니다. 편견이 든 선입관이든 모두 지우고 모두를 똑같은 들꽃으로 여기겠다는 것이죠. 세상이 제시한 기준을 채우지 못해 잡풀이 되어버린 이들에게 반가운 소 식이 될 수 있을까.

풋내기 농사꾼 시절, 이름 모를 풀들을 죄다 뽑아낸 뒤 망연자실했다 던 윤구병 선생은 이런 말을 덧붙였습니다.

망초도 씀바귀도 쇠비름도 마디풀도 다 나물거리고 약초다.
마찬가지로 살기 좋은 세상에서는 '잡초 같은 인생'을 찾아보기 힘들다.
　—『잡초는 없다』

이쯤 되면 나훈아 씨의 노래 가사는 틀려버린 셈이지요.

다산 정약용은 마음이 언짢았습니다. 공무를 의논하기 위해서 홍주 목
사 유의에게 편지를 띄운 것이 한참 전인데 아무리 기다려도 답장이 오지
않았던 겁니다. 다산은 유의를 직접 찾아가 왜 답장을 않느냐 따져 물었지
만, 유의는 태연한 표정으로 대답했습니다.

"나는 벼슬에 있을 때는 편지를 뜯어보지 않소."

—『목민심서』,「율기律己」6조, 제4조 병객屛客

실로 그의 편지함에는 채 뜯지도 않은 편지가 가득했습니다. 힘깨나
쓴다는 사람들이 지방 고을 수령에게 어찌 그리 많은 청탁을 했었는지…
비록 작은 고을의 수령이었지만, 유의는 보지 않고 듣지 않음으로 해서 스
스로를 지켜왔던 것이었습니다.

오늘 공개된 문자메시지들입니다.●

"부모의 애끓는 마음 … 하해와 같은 배려와 은혜를 간절히 앙망하오며…"

● 당시 삼성그룹 미래전략실 장충기 사장이 일부 언론인들과 주고받은 문자가 공개되어 논란이 되었다.
『시사IN』 2017년 8월, 517·518호.

"염치불구 사외이사 한자리 부탁드립니다"

"협찬액을 작년 대비 1억 플러스 할 수 있도록…"

상대는 작은 고을의 수령도 아닌, 국내 최고 최대라는 대기업의 최고위급 힘 있는 임원. 그러니 그 청탁의 간절함은 더 극적으로 드러납니다. 자녀의 채용을 부탁하거나 사외이사 자리를 청탁하고 광고와 협찬 증액을 요청한 사람들.

유려해서 차라리 더 서글픈 이 문자메시지를 보낸 사람들의 일부는 바로 언론인들이었습니다. 장 사장의 치부책에 기록되었을 수많은 청탁의 증거들, 그 거래의 대가로 은폐되었을 부조리의 크기는 어느 정도였을까.

홍주 목사 유의가 편지를 뜯지 않았던 이유는 간단했습니다. 편지 안에 어떤 내용이 들어 있을지 보지 않아도 선명히 보였기 때문이겠죠. 청탁의 말을 주고받은 이들 역시 보지 않아도 선명하게 알고 있었을 것입니다.

"기사 쓰지 않도록 얘기해두겠다고 했습니다."

"어떻게 해야… 면세점 사업을 도와줄 수 있는지 구체적으로 알려주셨으면"

언론과 기업. 그 팽팽한 긴장이 흘러야 할 관계 속에서 선의로 인해 거저 주어지는 것은 결코 없다는 것… 그렇게 해서 장 사장은 보지 않고 듣지 않아야 할 것을 보고 들었을 것이고, 언론은 그 대가로 봐야 하고 들어야 할 것을 보지 않고 듣지 않았던 것은 아닐까.

많은 별들이 한곳으로 흘러갔다 2017. 10. 24.

오늘은 어둠이 낮게 깔린 이곳, 광화문광장에서 시작합니다.

계절이 지나가는 하늘에는

가을로 가득 차 있습니다.

나는 아무 걱정도 없이

가을 속의 별들을 다 헤일 듯합니다.

　　　　— 윤동주, 「별 헤는 밤」

어느새 우리는 가을의 한복판에 서 있습니다. 지구가 속한 은하계에는
무려 천억 개의 크고 작은 별이 있다지만, 그 별들은 우리와는 너무나도 멀

리 떨어져 있기에… 우리가 눈으로 볼 수 있는 별의 수는 고작 3,000여 개에 불과합니다. 그러나 별은 언제나 자신이 있어야 할 자리를 알고 있습니다. 계절에 따라 별자리는 달라지지만, 그것은 별이 움직이는 것이 아니라 지구가 움직이는 것일 뿐… 별은 언제나 자신이 있어야 할 자리를 지키고 있는 것이지요.

1년 전 바로 오늘 저희 JTBC가 문제의 그 태블릿을 처음 세상에 꺼내놓았을 때 우리는 함께 그 별들을 보았습니다. 평소엔 태양 빛에 가려 보이지 않았지만 늘 그 자리에 있었던 별들은, 각자의 소망을 품은 빛으로 이곳 광장에 모여들었습니다.

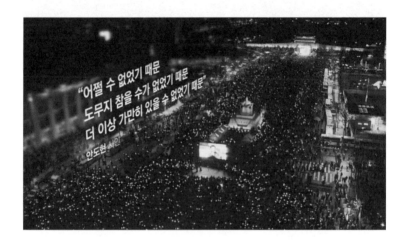

어쩔 수 없었기 때문입니다. 도무지 참을 수가 없었기 때문입니다.
더 이상 가만히 있을 수 없었기 때문입니다.
　　　—안도현, 『검은 시의 목록』

시인의 말처럼, 저마다의 사연과 저마다의 소망을 품은 사람들은 함께 모여 어두움을 몰아내고자 했고… 그 밝음과 밝음이 모여 마치 낮처럼 환한 밤을 만들어냈던 광장의 기적.

돌이켜보면 태블릿 PC는 그저 시작에 불과했으며 세상을 바꾸어낸 것은 전 세계를 놀라게 한 '시민의 품격'이었습니다. 그것은 지난했던 겨울과 봄, 마치 자욱했던 미세먼지처럼 우리의 미래는 불투명하지만, 침몰하지 않는 진실에 대한 믿음이 있었기에 가능한 일이기도 했습니다.

바로 광장의 이 자리에서 어느 시민이 말했던 것처럼 "영혼이 깨어 있고 싶어서 물 한 잔도 마시지 않았다"˙는 그 절실함이 우리를 여기까지 오게 했습니다.

이제 1년. 비록 아직 갈 길은 멀어 보이지만…
계절이 지나가는 하늘에는 가을로 가득 차 있고, 우리는 아무런 걱정도 없이 가을 속의 별들을 다 헤일 듯합니다.

˙ JTBC 대선 개표방송을 지켜보던 시민 이희문 님의 말. 관련 내용은 이 책 158쪽 「뒷모습을 보인 이도, 앞모습을 보인 이도」 참조.

부끄러운 줄 알아야지! 　　2017. 12. 11.

장면 1입니다.

"부끄러운 줄 알아야지…" 2006년 12월 21일이었습니다. 당시 노무현 대통령은 민주평통자문회의 상임위원회 연설에서 고위 군 관계자들을 강하게 질타했습니다. 군 전시작전통제권 환수 문제로 첨예하게 맞섰던 시절, 전직 국방 장관들과 장성들 사이에서는 조기 환수는 안 된다는 주장이 팽배했지요. 당시 대통령의 연설은 격렬했습니다. 그 질타에는 그동안 막대했던 국방 예산이 다 어디로 날아갔느냐는 힐난이 섞여 있었습니다. 어떤 이들에게는 불편한 장면이었겠지만, 시민들에게는 매우 인상적이었던 한 장면으로 남았습니다.

다음, 장면 2입니다.

그로부터 9년 뒤인 2015년 9월 17일, 방위사업청 국정감사장에서는 실소가 터져 나왔습니다.

"방산 비리가 참 심각하죠? 대표적인 사례가 어떤 거라고 봅니까?"
― 백군기(새정치민주연합 의원)
"하도 많아서…"
― 장명진(방위사업청장)

머뭇거리던 당시 방위사업청장이 생각지도 못한 답변을 내놓았고, 좌중은 그저 웃을 수밖에 없었던 씁쓸한 풍경… 총알에 뚫리는 방탄조끼와 물이 새는 전투화, 95만 원에 구매한 만 원짜리 USB. 소총에 숭숭 뚫리는 육군 기동 헬기와 낚시용 탐지기를 장착한 통영함. 그 밖에도 금품 수수 혐의로 줄줄이 구속 기소된 군을 대표했던 얼굴들… 적을 이롭게 만든다는 이적 행위가 따지고 보면 별다른 것이 아님을, 우리는 그 '하도 많은' 사례들을 통해 이미 접하고 있었던 것은 아니었을까.

장면 3입니다.

그렇게 '하도 많아서…' 방위사업청장조차 헤아리기 힘들었다는 방산 비리에는 또 다른 반전이 숨겨져 있었습니다.

"하나도 없었다." 지난 90년대 율곡사업 비리와 같은 엄청난 사건은 물론이고 2000년대 이후 아홉 건에 달하는 굵직굵직했던 방산 비리 사건에 대해 환수를 위한 민사소송을 진행한 것은 0건. 오늘 저희 JTBC가 보도한 내용입니다. 관련 부처들은 비리가 드러났어도, 천문학적인 세금이 공중으로 날아갔어도… 별다른 환수 노력을 기울이지 않았다는 사실입니다.

안보를 걱정한다지만 사실은 안보에 구멍을, 그것도 커다랗게 내고 있던 사람들… 장면 1, 2, 3은 그렇게 다른 듯 닮아 있다는 얘기.

"같은 무대에서 절반은 희극을 공연하고, 절반은 비극을 공연하는 이상한 극장"

작가 위화余華는 갈수록 벌어지는 중국의 빈부격차를 두고 이렇게 표현했습니다. 희극이라 해서 전부가 즐겁고, 비극이라 해서 온통 슬픈 얘기뿐인 것은 아닐 터이지만… 돈이 있고 없고는 우리의 행불행, 희와 비를 갈라놓는 기준으로 작용해왔다는 것을 부인할 수는 없습니다. 한국 사회에서 그 돈이라는 것은 거의 예외 없이, 집이라는 부동산과 치환되지요. 그것이 있고 없고는 우리의 행불행, 희와 비를 가르는 기준이 돼왔습니다.

"우리 아파트도 7억까지 가봅시다."
"낮은 시세는 신고합시다." "담합 좀 해도 됩니다."

하루가 다르게 오르는 집값에 편승해서 집을 가진 주민들은 아파트 호가를 올리고 가격을 담합하고 있다는 소식. 평(3.3m²)당 1억을 부르는 아파트도 나왔다 하니, 누구나 이렇게 박탈감을 느끼는 것은 당연하겠지요.

반면 집 없는 이들 사이에서는 새로운 유행어도 등장했습니다. '영끌 대출'. 은행 대출과 사채는 물론 영혼까지 끌어모아 집을 사야 한다는 절박함에서 나온 용어.

사람들의 마음은 곤두서고 날카로워져서, 그 서슬은 정책을 담당하는
이들의 한마디 한마디에도 퍼레져서인가…

"모든 국민들이 강남 가서 살려고 하는 건 아니다. 살아야 할 이유도 없다."

— 장하성(청와대 정책실장)

이 한마디가, 그 말이 나온 연유와는 상관없이 하루 종일 사람들 사이
에 회자됐습니다. 그래서 사람들은 꼭 그곳에 가서 살아야 할 이유들을 역
설적으로 더 찾아보게 되었지요.

● 병원이 많고 건강하게 더 오래 산다
● 학군이 좋아 명문대 진학률이 높다
● 교통이 편해 통근 시간이 짧다
● 이혼율이 낮다

그러나 이런 모든 것을 떠나, 강남은 단순히 지리적 의미가 아니라 노
력해서 열심히 모은다면 보다 풍요롭게 살 수 있다는, 먼 희망 같은 곳이라
면… 그러나 결국은 다가갈 수 없는 사람들에게는 그 어떤 절망을 상징하
는 곳이라면…

그래서 작가 위화의 표현처럼, 서울은 강 하나를 사이에 두고 희극과
비극이 나뉘어서 공연되는 '이상한 극장' 같은 곳이라면…

살릴 수 있는 사람들이 길바닥에 내쳐지고 있다

그는 사심이 가득한 사람이었습니다.

내 환자들이 숨을 거둘 때 살이 베어나가듯 쓰렸고 보호자들의 울음은 귓가
에 잔향처럼 남았다. 나는 내 손끝에서 죽어간 환자들의 수를 머릿속으로 헤
아리는 짓을 그만두었다.

　　　─이국종, 『골든아워』

외과 의사 이국종. 그는 자신의 환자들, 즉 '살릴 수 있는 사람들이 길
바닥에 내쳐지고 있다'고 했습니다. 외상 환자의 대부분은 가난한 노동자
이고 정책의 스포트라이트는 없는 자들을 비추지 않았으므로, 그는 전쟁
을 선택했습니다.

"인터뷰를 할 때마다 적이 더 늘어납니다. 저만 과도하게 노출돼서 다들 싫어
하지요."

　　　─이국종, JTBC 〈뉴스룸〉 2018. 11. 08.

그의 사심은 특정 병원이나 스스로의 욕망을 향한 것이 아니라… 보다
약한 세상의 그늘, 타인을 향하고 있었습니다.

"사심 없이 일했습니다."

　　—박병대(전 대법관)

　양승태 대법원의 2인자, 야간고등학교를 나와 대법관이 된 신화적 인물. 그의 혐의는 재판 개입과 법관 사찰입니다. 지금까지 밝혀진 내용에 따르면 법원은 상고법원을 도입하기 위해서 정권을 불편하게 하는 약자들의 소송을 차일피일 미뤄왔다는데…

　양승태 대법, 위안부 피해자 '손배 소송' 무력화 시도
　　—『한겨레』 2018. 07. 30.
　양승태 대법, 강제징용 지원재단 소송농단 의혹
　　—『서울신문』 2018. 11. 13.

　스스로의 주장대로라면 그는 개인의 사심을 채운 것은 아니었고, 대법원이라는 거대 권력을 유지하기 위해서 애쓴 셈이겠죠. 그의 사심 없는 대의가 문제된 이유는, 더 약한 세상의 그늘을 외면한 채 집단의 공고함만을 위해서 쓰였기 때문은 아니었을까.

　살릴 수 있는 사람들이 길바닥에 내쳐지고 있다.
　　—『골든 아워』

　어떻게든 자신의 환자를 살리고 싶었던 의사는 그렇게 말했습니다.

한편 '명경지수明鏡止水'.[•] 맑은 거울과도 같이 법관 독립을 위해서 힘썼다 주장하는 사람들… 그러나 그들이 대의를 이야기하는 사이, 법이 살릴 수 있는 사람들이 길바닥에 내쳐지고 있었던 것은 아닌가.

오늘은 오랜만에 사족을 하나 답니다.
저의 고등학교 시절 한 선생님은 이렇게 말씀하셨습니다.

"문과에서 제일 공부 잘하는 애들이 법대 간다. 이과에서 제일 공부 잘하는 애들은 의대를 간다. 질투하지 마라. 걔네들은 사람의 목숨을 다루는 일을 하기 때문에 제일 공부를 잘해야 하는 거다."

[•] "사법권 독립과 법관 독립은 오로지 국민 권익을 위한 것이라는 대의가 명경지수처럼 투명해야 한다."
—박병대 전 대법관 퇴임사, 2017년 6월 1일.

나는 그의 전 부인이 아닙니다

증삼의 어머니는 아들을 신뢰했습니다. 아들 증삼은 공자의 제자였으며 효행이 깊은 사람이었지요. 어느 날 베를 짜고 있던 증삼의 어머니에게 누군가 달려와 말합니다. "당신의 아들이 사람을 죽였소."

처음엔 믿지 않았던 어머니. 그러나 뒤이어 두 명의 사람이 거듭 달려와 똑같은 말을 전하자, 어머니는 하던 일을 팽개치고 관아로 달려갔습니다.

'증삼살인曾參殺人'의 일화. 그것이 거짓이라 할지라도 여러 사람이 겹쳐서 말하면 어느새 사실이 되어버리고 만다는 두려운 이야기였습니다.

최근 정치권에서 회자된 '삼인성호三人成虎'와 같은 이치로, 같은 말을 거듭거듭 세 명이 반복하면 없던 호랑이가 등장하고 살인자도 만들어진다 했습니다. 더구나 요즘은 3인이 아니라 3백, 3천, 3만 명이 만들고 옮기는 가짜뉴스의 전성시대···

나는 그의 전 부인이 아닙니다.
— 「김지은 기자의 고소기」, 『한국일보』 2018. 06. 21.

얼마 전 한 일간지 기자는 자신의 명예훼손 고소기를 신문 인터넷판에 올렸습니다. 그가 피해를 입기 시작한 까닭은 어느 유명인의 전 부인과 이름이 같다는 이유 하나 때문이었습니다.

처음엔 … 웃음으로 넘겼다. 어떻게 내가 단 한 번도 만난 적 없는 인물과 결혼한 사이가 됐는지 … 그렇게 시작됐다. 나의 명예훼손 고소전은 …

5년 전 누군가 추측성 소문을 퍼뜨리기 시작했고 소문은 걷잡을 수 없이 퍼져서 … 그는 어느 사이 일면식도 없는 유명인의 전 부인이 되어 있었던 것입니다.

새로운 허위사실들은 … 스멀스멀 기어 나왔다. '나는 그 사람이 아닙니다'라고 써 붙이고 다니기라도 해야 하는 건가.

얼마간의 해프닝으로 무시하고 넘어가기에는 너무나 당황스러운 소문의 상처. 그는 막아도 막아도 돋아나는 소문과의 전쟁을 지금 이 시간에도 벌이는 중이라고 했습니다.

최근 적발된 소위 지라시의 유통 과정 또한 그러했습니다. 누군가 한 사람의 입에서 나온 말은 몇십 몇백 단계의 가공을 거쳐가며 퍼져나갔고. 대중의 호기심과 관음증은 이를 퍼뜨리는 동력이 됐습니다. 인터넷도 없고 SNS도 없었으며 휴대전화는 물론 삐삐도 없던 그 옛날에도, 단지 세 사람이 마음을 먹으면 누군가를 살인자로 만들었는데 … 카톡이든 유튜브든 널린 게 무기이니 이 정도의 음해야 식은 죽 먹기가 된 세상.

"어떠한 합의나 선처도 없다."

그 폭주하는 지라시 속에서 살아남은 배우의 일갈이 처연하게 들리는 오늘…

追考　인터넷을 타고 번지는 가짜뉴스와 허위사실은 아무리 막아내도 흔적이 남는다. "어떠한 합의나 선처도 없다"는 배우의 이 다짐이 처연해 보인 것은 그 때문이었다. 그즈음 나 역시 온갖 가짜뉴스와 허위사실에 시달리고 있었으므로 동병상련의 심정으로 쓴 글이기도…

"비틀스는 끝났으며, 앞으로 공동 녹음은 없을 것이다."

— 폴 매카트니, 1970년 4월 10일

　49년 전 오늘인 1970년 4월 10일, 바로 비틀스가 해체된 날. 음악으로 세상을 지배했던 네 명의 젊은이는 각자의 길을 걷게 됐습니다. 그들의 수많은 히트곡 가운데 등장부터 논란이 된 노래가 있었으니, 바로 1967년에 나온 〈Lucy in the Sky with Diamonds〉.

　아름답게 반짝이는 소녀, 루시를 노래한 듯하지만 제목의 첫 글자를 모아서 만들어지는 단어는 바로 'LSD' 마약으로 분류되는 환각제의 이름이었습니다. 아들이 친구 루시를 그린 그림에서 영감을 얻었을 뿐이라는 해명에도 불구하고 의심의 눈초리는 여전했지요. 물론 그저 추정일 뿐이었지만, 이것은 그 시절 우리가 사랑한 뮤지션에게 드리워져 있었던 어쩔 수 없는 마약의 그림자였습니다.

　예술과 마약. 그 애매한 교집합은 늘 있어왔던 화두였습니다. 시인 보들레르는 대마초의 일종인 해시시에 찌들어 살면서 명작 『악의 꽃』을 썼고, 작가 프랑수아즈 사강(Françoise Sagan)은 마약 혐의로 재판을 받으면서 "나는 나를 파괴할 권리가 있다" 너무나 유명한 그 말을 남겼습니다.

우리 역시 창작의 고통을 이유로 금단의 물질에 손을 댄 예술인들을 수없이 목격해왔지요. 그리고 그것은 이제 인간이 발명해낸 시공간을 초월한 통신수단에 힘입어서 누구든 주문하면 40분 내 도착이라는… 마치 마약 배달이 피자 배달처럼 느껴지는 세상.

"입금 뒤 40분 내 전달"… '마약 침투' 소셜미디어
—JTBC 〈뉴스룸〉 2019. 04. 09.

저희 기자의 보도가 오보이기를 난생 처음으로 바라기도 했던 순간이었습니다.

"약에 취해 만든 곡은 녹음할 수조차 없다. 엉망이었기 때문."

비틀스 멤버 링고 스타(Ringo Starr)가 실토했듯이, 짧은 찰나가 지나면 다시 돌아오는 현실은 허망한 것…

앞서 이야기해드린 비틀스의 곡 〈Lucy in the Sky with Diamonds〉. 존 레논(John Lennon)은 이 아름다운 곡을 둘러싼 진실을 손에 쥔 채 먼저 떠나갔지만, 생전에 이런 말을 남기기도 했습니다.

"현실은 약물 없이 살아갈 수 있는 사람들만의 몫이다."
—켄 로런스(Ken Lawrence) 지음, 이승열 옮김, 『존 레논의 말』

20여 년 전 미국 LA의 뒷골목을 취재했을 때 어느 골목의 전깃줄에는 하얀 운동화들이 매달려 있었습니다. 근처에 마약상이 있단 표시라는 경찰의 설명이었죠.

마약에 의한 환상 속에서 루시는 다이아몬드와 함께 하늘에서 빛나지만, 깨어난 현실 속의 루시는 그저 전깃줄에 걸려 하늘에 매달린 낡고 더러운 운동화일 뿐… 오늘의 사족이었습니다.

학교 강당에는 기다란 줄이 열 개쯤 되는 형태로 물레가 줄지어 놓여 있었습니다. 모형이나 장난감이 아닌 진짜 물레.

그 물레 안에는 입학할 학교의 번호가 적힌 은행알이 들어 있었고, 이제 초등학교 졸업을 눈앞에 둔 우리는 각자 배정받은 물레 앞에 앉아서 말 그대로 물레를 돌렸지요. '오른쪽으로 두 번, 왼쪽으로 한 번.' 그러면 은행알 하나가 물레 밖으로 툭 떨어져 나왔습니다. 물레는 그래서 '뺑뺑이'라는 별칭을 얻었고, 우리는 그 후로도 오랫동안 '뺑뺑이 세대'로 불리었습니다. 우리나라에서 처음으로 시도된 평준화 교육. 1969년, 그러니까 꼭 반세기 전의 풍경이었습니다.

세상에, 아이의 미래를 결정지을 학교 선택을 물레와 은행알에 맡기다니… 지금은 물론 이해하기 어려운 얘기겠지요. 평준화는 그렇게 중학교에서 고등학교로 확대됐습니다. 그리고 평준화 교육에 대한 찬반 논쟁은 그 이후 한 번도 쉰 적이 없습니다. 그 때문인지 평준화 교육은 대부분 겉으로만 외쳤을 뿐 어떻게든 그 속에서 비평준화는 싹텄습니다. 제가 들어간 중학교도 입학하자마자 IQ 테스트를 해서 우열반을 가르는, 누가 봐도 비인도적 교육을 감행했던 바. 그 우열반은 50년이 지난 지금까지도 형태를 달리하면서 존재한다는 것, 우리 모두는 압니다. 평준화 속의 비평준화는 결국 학교 단위로 옮겨가서 외고니 자사고니 하는 형태로 변화했습니다.

오늘 서울의 자사고 재지정 심사 대상에서 절반 이상이 탈락했지요. 지정이 취소된 학교들은 모두가 아우성이지만, 그 아우성의 바닥을 들여다보면 결론은 또다시 '입시지옥'이었습니다. 자사고가 줄어들면 조금 더 평평한 교육이 가능하다고는 하는데… 결국 또 다른 형태의 비평준화는 어떤 형태로든 다시 나타날 것이라는 비낙관적 예측은 왜 자꾸 고개를 드는 것일까. 그래서 사람들은 기회의 균등함에 대한 확신에 목말라 하는지도 모르겠습니다.

드라마 〈SKY 캐슬〉 속 "저를 전적으로 믿으셔야 합니다"라는 말은… 비평준화가 가져다줄 일부의 미래를 향한 것이 아니라, 평준화가 가져올 모두의 미래를 향해야 하는 것이 아닐까.

아까 말씀드린 물레와 은행알. 1971년의 여의도 시범아파트 입주 때도 사용했고, 1979년에는 법원에서도 사건 배당의 공정성을 위해 사용했다 하고, 심지어는 1998년 프로농구 신인 드래프트에서도 썼다고 하니… 무려 30년간 '뺑뺑이'가 공정함을 상징한 셈입니다. 그리고 보면 평준화의 목표와 방법은 그리 틀린 것 같지는 않은데…

11. 필연은 우연의 옷을 입고 나타난다

수십 년을 그토록 보고 들어왔지만, 나는 뉴스 앵커답지 않게 정치를 다루는 것을 좋아하지 않았다. 그러다 보니 때로는 냉소적으로 정치 이슈를 대했다. 심지어 2017년 4월 총선을 보도한 JTBC의 캐치프레이즈는 '보이는 게 한심해도 투표는 바로 하자'였다. 세상에 어느 선거방송 캐치프레이즈가 저런 식이었던 적이 있었을까. 선거방송기획팀장이 저 문구를 들고 왔을 때, "그래 바로 이거야" 하고 맞장구를 쳤던 게 나였다.

앵커브리핑도 마찬가지였다. 정치 현상에 비판적이었고, 정치인들이 '만들어내는' 정치적 행위에 냉소를 보냈다. 정치학자들은 그것이 오히려 정치적 무관심을 초래한다고 걱정한다. 그렇다고 해서 나의 생각이 바뀔 것 같진 않다. 솔직히 말해 '정치적 무관심'은 한국 사회에선 현실적이지도 않다. 비판과 냉소도 어떻게 표현하느냐에 따라 그 자격을 획득한다고 생각했다. 앵커브리핑은 적어도 그런 비판이나 냉소를 정치인들이 하는 수준으로 쏟아내진 않았다.

"암것도 안 남고 다 타버렸소."

설 대목을 앞두고 여수 수산시장에 큰불이 났습니다. 점포 대부분이 피해를 입었고 상인들의 마음은 재가 되었습니다. 우리에게 시장이란 어떤 의미일까요?

> 식구들의 뺨이 푸석해지고 고기 좀 먹어야 할 것 같은 시기가 오면 아버지는 내 손을 잡고 시장에 가셨다.
> — 박찬일, 『뜨거운 한입』

> 엄마는 생선가게에 들렀다. 언제나 양팔에 토시를 하고 고무장화를 신고 있는 아저씨는 얼음이 서걱서걱한 동태부터 내밀었다.
> — 심윤경, 『나의 아름다운 정원』

그곳은 단순히 물건을 사고파는 장소가 아니었습니다. 삶과 추억을 오롯이 품고 있는 곳. 오가는 이들의 마음이 전해지고 입과 입이 뒤섞여 출렁이는 곳… 그래서 민심을 훔쳐볼 수도 있고, 잘만하면 민심을 훔칠 수도 있는 곳? 그래서일까요? 시장은 이제 또다시 붐비게 될 것입니다.

이미 한 달 전 박근혜 대통령은 불에 타 재가 되어버린 그곳, 대구 서문시장을 10분 동안 방문했습니다. 하긴 특정 시기만 되면 시장통에서 김 나는 어묵을 입에 물고, 봉지에 담은 콩나물 천 원어치를 받아들던 어색한 정치인들의 손과 표정들… 그 모습이 외신 기자들의 눈에는 참으로 어색했겠지요.

"선거를 코앞에 두고서만 시장에 가는 정치권. 그들은 유권자를 유아 다루듯 한다." ―다니엘 튜더(Daniel Tudor), JTBC 〈뉴스룸〉 2015. 06. 10.

사실 관용차로 출퇴근을 하고 고급 식당이 일상화되어 있을 그들이 버스 요금을 알고 재래시장을 다닌다는 것은 누가 봐도 보여주기인데… 그래도 그것이 먹히니까 그러는 것인지, 누군가는 오랜만에 돌아와서도 처음으로 택한 방법이 바로 그 보여주기였습니다. 그러나 익숙지도 않은 무언가를 어떻게든 해보려 애쓰다 오히려 구설에 오르고, 버스비를 암기하고 기차표를 끊는 방법을 벼락치기로 공부하는 사이, 그들이 정작 놓치고 있는 것은 무엇인가.

"암것도 안 남고 다 타버렸소."
다 타버리고 잿더미가 되어버린 여수 수산시장, 애통한 상인들의 마음처럼… 정치로 인해 상처 입은 시민의 마음을 보듬는 것. 그것은 하루 이틀의 벼락치기 공부로는 불가능한 이야기가 아닐지요.

뜨끈한 온기와 추억과 삶이 비벼지는 곳. 서민의 땀내 가득한 그곳 시장에, 정치인들만은 붐비지 않았으면… 아니면 평소에도 잘 들르든가.

追考 '오랜만에 돌아온 누군가'는 외교관으로서 세계 최고의 자리에 올랐지만 그 자리에서 떠나자마자 한국의 대통령 자리를 원했다. 그가 택한 방법은 사실 그만의 방법도 아니요, 정치인들 대부분의 습관적 행위(ritual) 혹은 상투적 수단 (cliché)이었다. 가장 국제적이어야 할 그가, 적어도 정치적 행위로 보자면 가장 한국적이었다.

토론은 아직 두 번 더 남았습니다

1992년 14대 대통령 선거전에서 저는 비록 경력이 일천한 진행자였지만 대통령 후보들이 릴레이로 참여하는 토론회의 사회를 맡은 바 있습니다. 당시 주요 후보는 김영삼, 김대중 그리고 정주영 후보 등이었습니다.

결론적으로 말씀드리자면 그중 한 사람, 즉 김영삼 후보만은 릴레이 토론은 물론이고 TV 토론에도 끝까지 응하지 않았습니다. 그 이유는 한참 뒤인 2010년에 김영삼 전 대통령의 회고담에서 알게 됐습니다.

그에 따르면 자신이 후보였을 때 마거릿 대처(Margaret Hilda Thatcher) 전 영국 총리를 만난 적이 있는데, 대처가 이런 조언을 했다는 겁니다. "지 지도에서 앞서고 있는데 왜 토론을 하느냐? 토론은 지는 쪽에서 이기는 사람을 흥분하게 해서 실수를 유발하게 하려는 것이다." YS는 당시를 회상하며 "토론에 응하지 않아 굉장한 비판을 받았지만 그 여자 말이 참으로 훌륭하고 옳았다"고 했습니다. 더 인상적인 말은 그다음입니다.

"막상 선거를 시작하니까 국민들이 다 그걸 잊어버리고 다른 곳에 초점이 가 더라." •

• 김영삼 전 대통령이 2010년 10월 6일 한선국가전략포럼 창립기념식에서 한 말.

대선 토론을 기점으로 승패가 갈린 사례는 선거의 역사가 오랜 미국에서는 제법 있지요. 이미 전설이 된 케네디(John F. Kennedy)와 닉슨(Richard Nixon)의 텔레비전 토론은 재론할 필요가 없을 것 같고… 영화배우 출신 로널드 레이건(Ronald Wilson Reagan)은 상대 후보 지미 카터(Jimmy Carter)의 공격에 "또 시작하는군요"라는 한마디로 분위기를 역전시켰습니다. 조지 부시(George W. Bush)는 재선에 도전할 때 초조한 모습으로 손목시계만 들여다봐서 졌다는 분석까지 나왔습니다. 아마도 YS에게 그런 고약한 조언을 했다던 마거릿 대처는 이런 사례들을 잘 알고서 그랬을지도 모르겠습니다.

그러나 토론이 궁극적으로는 유권자의 선택을 위한 과정이라면… 그것을 피하거나 최소화했을 경우에 결국 커다란 피해를 입는 쪽은 유권자, 즉 국민이라는 사실을 우리는 또한 여러 경험을 통해 알고 있습니다.

어제 JTBC가 주최한 19대 대통령 후보 토론이 있었습니다. 많은 평가가 따랐고 후폭풍도 있는 것 같습니다. 25년 전의 풋내기 토론 사회자가 이만큼의 시간을 돌아서 어제의 토론을 진행한 소감은 이렇습니다.

YS 시절의 유권자들은 혹 그의 주장대로 선거전에 들어가면서 토론을 잊었는지 모르겠지만, 지금의 유권자들은 여섯 번의 주어진 토론을 하나하나 기다리며 눈여겨보고 있다는 것… 그리고 토론은 아직 두 번이 더 남아 있습니다.

뒤통수가 뒤숭숭하지 않으려면 2017. 05. 04.

"뒤통수가 뒤숭숭했다." — 황석영, 『중앙일보』 2017. 05. 03.

황석영 작가의 1987년 직선제 대선 투표 소감은 이러했습니다. 6월 항쟁을 통해 약 17년 만에 되찾아온 투표용지. 왠지 모르게 사람을 주눅 들게 만들었다는 이야기였습니다. 투표함에 기표 용지를 정말로 넣어도 되는지, 마음대로 투표해도 뒤탈은 없을지… 지금으로부터 30년 전 그날은 마음속 담아둔 생각 하나를 끄집어내는데도 뒤통수를 살펴야 했던 세상.

시민의 손으로 시민의 대표를 선출하는 일조차 이토록 두려웠던 그 시기를 지나서, 유권자의 권리는 이제 숨 쉬듯 자연스러운 삶의 한 방식으로 자리를 잡았습니다. 세상이 나선형으로 발전해나가는 것이라면, 우리는 다시 제자리로 돌아오는 것 같지만… 그래도 조금씩 조금씩 앞으로 나아가고 있는 것인지도 모르겠습니다.

늘 그랬던 것처럼 정치철학이 아닌 선거공학이 난무하는 선거판.

"색깔은 섞다 보면 결국은 다 까만색 되는 거야."
"선거는 전쟁, 정치는 쇼."
"중요한 건 지금 우리 후보가 실검 1위."

현실정치의 어두운 면을 모두 담아냈다던 영화 〈특별시민〉 속에 등장하는 이야기처럼 이렇듯 정치가 까만 어둠이라면… 그 어둠이 끝내 이길 수 없는 빛은 어디쯤에서 오고 있는 것인가.

JTBC는 작년 4월에 총선을 앞두고 이런 선거 구호를 만들었습니다.
"보이는 게 한심해도 투표는 바로 하자"
그렇습니다. 빛은 시민들로부터 오는 것입니다. 우리의 길지 않은 공화국의 역사 속에서도 시민들이 만들어낸 빛은 어둠을 이겨냈고, 그것을 우리는 지난 겨울에도 경험했으며… 결국 우리의 공화국 앞에 '민주'라는 단어를 당당하게 붙이게 됐습니다.

그래서 어찌 보면 이 선거 구호는 사전투표 첫날인 오늘. 또다시 유효할 것 같아 보이는군요.

"보이는 게 한심해도 투표는 바로 하자"

87년 그날 어색했던 투표소의 풍경처럼 '뒤통수가 뒤숭숭'하지 않으려면… 그리고 오히려 '낡은 정치'의 뒤통수를 뒤숭숭하게 만들어주고 싶다면…

자신의 뒷모습을 직접 바라본 사람은 없을 것입니다. 생각해보면 뒷모습이란 내가 아닌 타인이 바라보거나, 누군가가 찍어놓은 사진 속에서 발견하는 조금은 낯선 풍경.

> 세상에 넘치는 거짓과 위선에도 불구하고 인간이 그나마 정직하고 겸손할 수 있는 것은 연약한 등을 가졌기 때문이다. 뒷모습을 가졌기 때문이다.
> ―나희덕, 「뒷모습을 가졌다는 것」, 『한 걸음씩 걸어서 거기 도착하려네』

나희덕 시인의 말처럼 사람의 뒷모습은 애써 만들어놓은 표정 뒤에 숨겨진, 감출 수 없는 쓸쓸함이나 무언가를 향한 기다림이 아닌가 싶습니다. 완강함, 초라함 혹은 두려움 같은 감정들을 고스란히 내보이고 있는 것인지도 모르죠.

홍준표, 안철수, 유승민, 심상정…
어제 그들은 뒷모습을 보였습니다. 일찌감치 당락이 확실시되었던 시점에 마음을 정한 사람들은 패배를 인정하고 돌아섰습니다. 또한 천천히 한 명 한 명 수고한 이들에게 손을 내밀고 감사의 마음을 전하는 뒷모습도 있었습니다. 시인의 말처럼 그들은 강인하게 외쳤던 앞모습보다 패배를 안고 돌아설 때, 비로소 인간 아무개의 연약함을 토로했던 것은 아닐까.

그러나 당선되지 못했다 해서 지지자와 함께 키워왔던 꿈마저 무너졌다는 의미는 아닐 것입니다. 그들이 실현하고자 했던 나라와 소망했던 것들 역시, 우열을 가릴 대상으로서가 아니라 누가 되었든 실천해야 할 가치로 존재합니다. 그리고 훗날. 오늘 뒷모습을 보였던 그들이 다시 돌아와 대중 앞에 서게 된다면… 어제 비 내리는 광장에서 만났던, 우비조차 입고 싶지 않았다는 어느 평범한 시민의 이런 절실함을 이해해야 할 것 같습니다.

"물 한 잔도 마시지 않고 있었습니다. 영혼이 깨어 있고 싶어서…
광장의 눈빛을 하나하나 다 담고 싶어서…"
―이희문 님(시민)

그리고 그런 절실함을 이해해야 할 사람은… 지금 유일하게 앞모습을 보이며 미래를 말하는 사람, 승자 역시 마찬가지일 것입니다.

追考 JTBC는 19대 대선 개표방송을 광화문 열린 스튜디오에서 진행했다. 윤여정 배우와 유시민 작가 등이 함께 출연했다. 비 오는 날씨임에도 불구하고 수많은 유권자들이 우비를 입고 오랜 시간 자리를 지켜주었다. 그들은 개표방송 막바지에 당선이 확정된 문재인 후보가 광화문으로 왔을 때도 자리를 옮기지 않았다. 그들이 원했던 것은 특정 후보가 아니라 민주주의였다.

필연은 우연의 옷을 입고 나타난다   2017. 05. 23.

이젠 세상에 없는 전직 대통령과 그의 오랜 친구는 김광석의 〈친구〉라는 노래를 사이에 두고 만났습니다. 또 다른 오래된 두 친구 역시 오늘 변호사를 사이에 두고 나란히 앉았습니다. 뒷말을 울먹이며 흐릴 정도로 애틋한 관계였다지만 서로 눈조차 마주치지 않은 어색한 해후였습니다.*

같은 날 서로 다른 친구와 대면하게 되었던 전직 대통령들… 오늘의 한국 현대사는 마치 누군가 미리 모든 것을 설계해놓은 양, 우연과 우연이 겹치고 포개지며 만들어지고 있었습니다.

돌이켜보면 한두 번이 아니었지요. 그가 감옥으로 내려가던 날 세월호는 뭍으로 올라왔고, 새 정부가 출발하는 날 귀가하지 못한 사람들은 돌아오기 시작했습니다. 정부가 4대강을 온전한 모습으로 되돌리겠다고 발표하던 날 구명조끼를 입은 온전한 유해가 발견되었으며… 전직 대통령의 서거 8주기를 맞은 날, 과거 그의 탄핵소추안을 통과시켰던 또 다른 탄핵된 대통령의 첫 재판이 열렸습니다. 이 모든 것은 정말 우연일까.

* 2017년 5월 23일 고 노무현 대통령 서거 8주기 날, 그의 친구 문재인은 대통령 자격으로 봉하마을을 찾았다. 공교롭게도 같은 날 서울중앙지검 대법정에선 박근혜·최순실 40년 지기 친구가 나란히 앉았다.

"지금 당장!" —귄터 샤보브스키(Günter Schabowski, 동독 사회주의통일당 정치국원)

독일의 통일은 이 한마디에서 시작되었다고 합니다. 그것은 적어도 겉으로 보기에는 우연한 실수였습니다. 동독의 여당 관계자가 주민 여행 자유화 조치를 발표하는 과정에서, 동독 주민이 서독에 갈 수 있게 되었다고 이야기했던 것이죠. 언제부터냐고 묻는 기자들의 질문에 당황한 그는 즉흥적으로 "지금 당장"이라 대답했고, "베를린장벽 무너지다"라는 속보가 전 세계로 타전됨과 동시에 동독인들은 베를린장벽으로 달려갔습니다.

"우연이라고 취급된 것은 우연이 아닌 필연이다." —E. H. 카

그러나 E. H. 카의 말처럼 그것은 꾸준히 추진해왔던 빌리 브란트(Willy Brandt)의 동방정책과 자유와 통일을 향한 시민의 열망이 축적돼서, 마치 우연과도 같은 필연을 가져왔던 것입니다. 역사란 그저 우연히 주어지는 것은 아닐 테니까요.

같은 날 서로 다른 장소에서 마주하게 된 오래된 친구들의 모습과, 그 배가 올라오던 바로 그날 하늘에 그림같이 걸려 있던 리본 구름. 그래서 사람들은 단순한 논리로는 쉽게 설명하기 어려운 세상사를 두고 이렇게 말하고는 한다지요.

"필연은 우연의 옷을 입고 나타난다."

세월호 인양 작업이 시작된 2017년 3월 22일 강원도 원주 일대 하늘에 세월호 리본 모양의 구름이 나타났다.

악마는 디테일에 있다

"판사님은 이 글씨가 정말 보이십니까?"

작년 1월, 13개 시민·소비자단체는 홈플러스의 개인정보 매매 혐의에 무죄를 선고한 재판부를 향해 깨알 같은 글씨로 항의 서한을 보냈습니다.

당시 재판부는 경품 행사를 가장해 소비자의 개인정보를 취득한 홈플러스에 무죄판결을 내렸지요. 홈플러스가 당시에 소비자들에게 냈던 개인정보보호법과 관련한 고지문은 한 글자당 크기가 불과 1mm로, 말 그대로 깨알처럼 빽빽한 글이었습니다. 재판부는 이 고지문이 못 읽을 수준이 아니기 때문에, 개인정보보호법 고지 의무를 위반한 것은 아니라고 판단했던 겁니다.

사실 그런 고지문이 아니더라도 흔하게는 온라인 홈페이지에 가입할 때 뜨는 각종 동의 창도 그 깨알 같음에 지레 포기하고 그냥 체크해본 경험은 누구나 있을 터… 그래서 떠오르는 말, "악마는 디테일에 있다."

"국민 여러분, 이 광고를 1년 동안 보관해주세요."

지난해 총선 당시에 '5대 개혁 과제를 이행하지 못하면 1년치 세비를 국가에 반납하겠다'고 공언한 옛 새누리당 광고가 그 1년이 다 돼가면서 다시 회자되더니… 결국 오늘 약속 시한이 됐습니다.

그리고 이제는 이름이 바뀐 자유한국당과 그 이전에 이미 바른정당으로 갈라선 그 의원들은 "법안을 발의했으니 이행한 것과 같다"고 강변하는 쪽과 "포퓰리즘 공약을 한 것에 책임을 통감한다"는 쪽으로 역시 갈렸습니다. 물론 공통점도 있는데, 어느 쪽이든 세비를 반납한다는 쪽은 없었다는 것입니다. 공약을 이행했다고 주장하는 쪽은 '발의'도 이행이라는 것이지요. 뭐 아시는 것처럼 국회의원의 법안 발의는 그들의 기본적인 임무입니다. 문제는 그것이 실제로 이행됐느냐겠지요.

그래서 1년 전의 광고를 다시 보면서 또 떠오르는 말.

"악마는 디테일에 있다."

오늘의 사족입니다.

앞서 홈플러스의 1mm 깨알 고지 논란은 결국 대법원까지 가서 정리됐습니다. 글자 크기 1mm는 사회 통념상 받아들이기 어려운 '부정한 수단'이라는 것이었습니다. 그런데 당시 새누리당 의원들이 냈던 그 광고는, 저처럼 노안이 온 사람도 안경 없이 거뜬히 읽을 수 있는… 한 글자당 약 5mm, 다섯 배 크기의 글씨였습니다.

더러운 단어와 표현은 일상에서도 제거되어야 한다.

사람의 말 또한 위생을 필요로 한다.

— 레온 트로츠키, 「교양 있는 말을 위한 투쟁」, 1923

러시아 혁명가 레온 트로츠키(Leon Trotsky)는 대중을 설득하는 데 언어의 중요성을 일찌감치 알아채고 있었습니다. 러시아 혁명을 이끈 사회주의자였으니 트로츠키를 인용하는 걸 좀 불편해하는 분들도 있을 것 같습니다. 그렇다면 거꾸로 얘기하는 게 낫겠습니다. 하물며 '그 옛날 러시아의 사회주의자도 품위 있는 말을 쓰는 게 좋다고 했는데 우리의 정치인들은?'이라고 말입니다.

그럼에도 불구하고 왜 굳이 트로츠키냐 하신다면, 이번엔 미국으로 가보겠습니다. 물론 트럼프(Donald Trump)가 막말을 일삼고 있는 지금의 미국이 아니라 5년 전 오바마(Barack Obama)가 재선을 앞두고 대통령 후보로 지명됐던 미국입니다. 2012년 노스캐롤라이나의 샬럿에서 열렸던 민주당 전당대회에서 오바마는 후보로 지명됐고, 저는 EBS 다큐멘터리 〈킹메이커〉 제작을 위해 그 전당대회장에 있었습니다.

며칠 동안 계속됐던 전당대회에서 가장 놀라웠던 것은 다름 아닌 연사들의 연설 그 자체였습니다. 그러니까 전당대회라는 것은 그 자체가 말의 잔치였던 셈이지요. 내로라하는 수많은 연사들이 나왔고, 그중에서도 첫날은 대통령 부인 미셸 오바마, 둘째 날은 전임 대통령인 빌 클린턴. 그리고 드디어 마지막 날 마지막 순서는 오바마의 대통령 후보 수락 연설로 피날레. 즉, 끝으로 갈수록 분위기를 띄워서 마지막 주인공을 빛나게 하는 구성도 인상 깊었지만… 그들의 말 어디 하나에도 험하거나 상스러운 말, 사회를 분열시키는 말은 없었습니다. 그렇습니다. 정치는 말로 하는 것이 틀림없습니다.

요 며칠 동안 우리 정치권에서 나온 말들은, 미안하지만 다시 인용해서 말하기도 민망한 수준이었습니다.

"나라를 망하게 할 것 … 다음 대선까지 안 갈 것 같다."
　　—이철우(자유한국당 의원)
"상대가 아주 나쁜 ×이기 때문에. ××같은 ×들"
　　—강동호(자유한국당 서울시당위원장)

오죽하면 사람들은 그 말들을 모아서 '아무 말 대잔치'라고 했을까. 요즘 유행어인 그 '아무 말'이라는 것은 "뇌에서 필터링을 거치지 않고 막 내던지는 말"이라는데… 그러나 그것이 차라리 아무 말이었으면… 사실은 그 나름의 주도면밀한 정치적 계산에 따른 것이라면, 우리의 정치는 또 얼마만큼 가야 할 길이 먼 것인가.

그래서 광장의 시기를 지나와 또 다른 정치적 변화기를 맞고 있는 우리 자신에게, 아직도 미셸 오바마의 명언은 유효한 것 같습니다.

"When they go low, we go high!"
그들은 저급하게 가도 우리는 품위 있게 가자!

파를 드는 게 무슨 의미가 있을까요?

정치 초보는 모든 것이 낯설었습니다. 사람들의 마음을 얻으려면 시장
에 가야 한다는데… 그에겐 이 상황이 마치 연극처럼 느껴졌을지도 모를
일이지요. 5년 전인 지난 2012년 10월. 대선 출마 선언을 한 지 이제 겨우
보름을 넘긴 정치 신인 안철수 후보의 이야기입니다.

파 한 단을 번쩍 들어달라는 기자들의 요구가 있었고, 상인이 건네주
는 호두과자를 한입에 베어 물라 권했지만… 그는 이렇게 반문했습니다.

"파를 드는 게 무슨 의미가 있을까요?"
"판매하는 건데 뜯어도 될까요?"
　─2012년 10월 5일

포장을 뜯으면 상추는 팔지 못하게 되기에, 폼 나는 사진 한 컷보다 상
인의 처지를 더 우려했던… 사뭇 참신했던 정치 신인의 시장방문기는 이
러했습니다. 동행 취재했던 기자의 눈에도 이 장면은 무척 신선해서 지금
까지 기억에 남았다고 합니다.

그리고 그 참신했던 정치인은 몇 번의 우여곡절을 거쳐서 지금 다시
시련기를 맞고 있습니다. 증언과 육성 녹음과 카톡 메시지는 모두 가짜.

대선을 단 나흘 앞두고 국민의당이 내놓았던 유력 후보 아들의 취업 특혜 증거물은 모두 조작된 것으로 드러났습니다.

"안철수 후보 본인도 책임 면할 수 없다."

 —이상돈(국민의당 의원)

"후보는 몰랐을 가능성 높다. 문준용 취업 비리는 특검해야 …"

 —박지원(국민의당 의원)

"지시에 따라 허위 자료 만들어 …"

 —이유미 씨가 당원들에게 보낸 메시지

"조작하라고 지시한 바 없다."

 —이준서(전 국민의당 최고위원)

모든 것을 섣불리 예단하기 어려운 상황 속에서 말과 말은 이렇게 난무하고 있습니다. 안 그래도 가짜뉴스가 홍수를 이뤘던 지난 대선 과정에서 훼방꾼들도 아닌 공당이 만들어낸 가짜뉴스는 어떤 의미를 갖는가.

선거전 막판 지지도가 떨어져가던 후보를 위한 참모들의 빗나간 충성이라고만 보기에는, 사람들의 마음이 이토록 무거운 것은 왜인가?

"파를 드는 게 무슨 의미가 있을까요?"

기사를 위한 연출 사진 한 장보다 상인이 장사를 하지 못할까 우려했던 정치 신인의 머뭇거림… 사람들의 마음을 얻는 방법은 치밀한 공모나 조작이 아니라 이러한 작은 마음 한 조각 한 조각… 그 소박하게 전해지던 진정성이 아니었을까.

그가 내세웠던 것이 바로 새 정치였으니 말입니다.

追考 국민의당 제보 조작 사건. 제19대 대통령 선거 기간에 국민의당이 문재인 후보 아들 문준용 씨의 취업 특혜를 증명할 녹취록이 나왔다고 발표했으나, 이는 국민의당 당원 이유미 씨의 조작으로 밝혀졌다. 결국 국민의당은 자신들이 공개한 카톡 캡처 화면 및 녹음 파일이 조작되었음을 밝히며 대국민 사과를 했다. 이 앵커브리핑은 논란을 불러일으키기도 했다. 얼핏 들으면 안철수라는 정치인을 감싸고돈다는 느낌을 주기 때문이다. 그러나 우리에겐 그럴 이유가 없었다. 본래의 뜻은 '새 정치한다고 했는데, 결국 이런 결과가 나왔으니 이를 새 정치라고 할 수 있겠느냐'는 비판이었다. 정치 신인 때 내세웠던 새 정치를 여전히 주장하려면 진정성을 잃지 말아야 한다는 강조이기도 했다. 일부 시청자들은 내게 '파 사장'이라 부르며 소위 '안빠'라고까지 비난했으나, 나는 동의하지 않는다. 그럼에도 방송은 글과 달리 듣고 지나가는 것이고, 그 과정에서 그런 오해를 불러일으킬 만한 소지가 있었다면 그것 역시 나의 책임이다.

'생쥐는 밤에 달린다'

1990년에 소설가 박범신은 『경향신문』 연재소설의 제목을 이렇게 붙였습니다. 작가는 말했습니다. "생쥐는 우리 주변의 실존들이다." 그러니까 세상에는 함부로 밟거나 무시해도 좋은 생쥐 같은 인생은 없다는 것. 제목에 '생쥐'라는 단어가 들어간 이유였습니다.

미국의 소설가 존 스타인벡(John Ernst Steinbeck)의 『생쥐와 인간』에도 생쥐 같은 인생은 등장합니다. 1920년대 미국 대공황 시대 이주노동자들이 겪어야 했던 가장 밑바닥의 생활. 그들은 덫에 걸린 무력한 생쥐와 같은 모습이었고, 세상은 그들을 구원하고 있는 것인가… 작가는 세상을 향해 묻고 있었습니다.

"국민들이 레밍 같다."

— 김학철(자유한국당 충북도의회 의원)

물의 도시를 방문했다가 아직 돌아오지 않았다는 충북도의회 의원은 국민을 '집단행동하는 설치류' 같다고 말했습니다.

"힘없는 도의원들한테 너무한다. … 전쟁 난 것처럼 우리를 공격"

하긴 '국회의원들 다 가는 해외 출장을 지방의원이라 해서 가지 말란 법이 있느냐' 불만이 있긴 하겠으나… 그것이 외유성이라는 것은 지난 수십 년간의 경험을 통해 이제는 삼척동자도 알고 있을뿐더러… 하필 도민들이 수해에 시달리고 있는 상황에서 함부로 던진 그 말들은, 수해가 할퀴고 간 상처들을 덧나게 하기에 충분했습니다.

돌아보면 자의가 아닌 타의로 인해, 시민이 사람 아닌 짐승이 되어야 했던 야만의 시간이 있었습니다.

"한국인은 들쥐 같아서 누가 지도자가 되어도 따를 것"
　　─존 A. 위컴
"(천안함 유족들이) 소, 돼지처럼 울부짖고 격한 반응"
　　─조현오(서울경찰청장)
"민중은 개돼지로 취급하면 된다."
　　─나향욱(교육부 정책기획관)

"한국인은 들쥐와 같다"던 이른바 '레밍론'의 원조 격인 전 주한미군사령관이라는 자의 발언을 시작으로… 가족 잃은 이들의 슬픔을 비하한 자가 있었는가 하면, 영화 속 그 발언을 현실화했던 자. 그리고 이번에 국민을 레밍이라 한 자까지… 국내외를 막론하고 유쾌하지 못한 망언의 계보가 생긴 셈이지요.
　　그래서 정말 오랜만에 이 말씀을 다시 드리게 되었는데… 우리는 언제까지 이런 자들의 망언을 듣고 있어야 하는가.

여기서 '자' 자는 '놈' 者 자입니다.

追考 브리핑 마지막에 "여기서 '자' 자는…" 이 말은 2005년 5월 13일 〈손석희의 시선집중〉에서 처음 꺼냈다. '말과 말' 코너에서 아소 다로麻生太郎 일본 총무대 신의 망언을 소개하면서였다. 아소는 영국 옥스퍼드대 강연에서 "운 좋게도 한국 에서 전쟁이 일어나 일본 경제 재건을 급속히 진전시켰다"고 했는데, 당시 나는 여기에 더해 이런 말을 덧붙였다. "아소 장관은 '창씨개명은 조선인이 희망했다' 는 망언을 한 바 있습니다. 도대체 우리들은 언제까지 이런 자의 헛소리를 들어 야 하는 걸까요? 여기서 '자'는 '놈' 자者입니다." 무려 12년 만에 이 말을 방송 에서 다시 사용하게 된 셈이다.

정축년(1637) 설날 아침. 남한산성 내행전內行殿 마당에서는 조선의 왕
이 명나라를 향하여 올리는 망궐례望闕禮가 열렸습니다. 마당에 깔린 명석
위에 올라 지극한 마음으로 절을 올린 사람들⋯ 때는 조정이 청군에 쫓겨
산성으로 피신한 지 18일째 되던 날이었습니다. 망월봉 꼭대기에서 그 장
면을 지켜보았던 청의 칸 홍타이지의 목소리는 낮게 깔렸습니다.

> 갇힌 성 안의 조선 국왕이 명에게 예를 올리고 있었다. ⋯
> 칸의 진노가 떨어질 듯 등줄기가 시렸다.
>
> ―김훈, 『남한산성』

며칠 지나지 않아 청은 갇힌 성을 향해 포를 발사해 행궁을 부수었습
니다. 조정은 결국 엿새 뒤 스스로 성문을 열고 나와 청을 향해 삼배구고두
례三拜九叩頭禮의 예를 취해야 했습니다. 신흥의 청淸과 황혼의 명明 사이에
서 조선은 그렇게 무기력하게 무너져갔습니다.

2003년 5월 1일. 취임 두 달을 맞은 노무현 대통령은 제가 진행하던
〈100분 토론〉에 나와 당시로서는 가장 뜨거운 질문을 받았습니다. 이라크
파병으로 시끄러웠던 그때, 한 초등학교 선생님이 정부의 이라크 파병을
아이들에게 어떻게 설명해야 하는가를 물었습니다.

한참을 고민한 끝에 나온 대통령의 답이 바로 남한산성에서의 최명길과 김상헌의 대립이었습니다.

화의	VS	척화
최명길(1586~1647)		김상헌(1570~1652)

강대국을 상대로 한 화의와 척화, 그 두 개의 노선 가운데 어느 쪽을 택하겠느냐는 질문의 형식을 띤 답변이었지요.

그로부터 17일 뒤, 미국을 다녀온 노무현 대통령은 자신의 미국관이 바뀐 것 아니냐는 한 학생의 질문에 한 발 더 나아가 '한신韓信도 무뢰한의 가랑이 밑을 기었다'는 고사를 인용했습니다. 훗날을 기약하기 위해 지금의 수모는 견딜 수 있다는 고사… 듣기에 따라서는 너무나 솔직해서 듣는 사람이 오히려 당황스러운 말이기도 했습니다. 거기에는 어떤 자기 합리화도 없었기 때문입니다.

조선의 왕이든 대한민국의 대통령이든 주변의 강대국들 사이에서 고민하고 또 고민해야 하는 것은 숙명이겠지요. 지지율이 최악이어서인지 미국의 국익을 어느 대통령보다도 대놓고 외치는 트럼프, 그리고 훗날을 위해서라면 상대의 바짓가랑이 밑을 기어가야 했다는 회한을 남긴 전직 대통령의 친구 문재인 대통령.

이 두 사람이 다시 만난 오늘. 한반도의 역사는 또 어떻게 흘러갈 것인가.

追考 　노무현 당시 대통령은 내가 진행한 〈100분 토론〉에만 두 번 나왔다. 아마도 대통령의 지위를 가지고 그만큼 토론에 적극적으로 임한 대통령은 없을 것이다. 그 첫 번째 토론에서 이라크 파병 문제가 나왔는데, 노 대통령은 매우 원론적 답변을 내놓고 계속 찜찜했던 모양이었다. 그는 토론이 다른 이슈로 넘어간 후에 다시 파병 문제로 내게 발언권을 신청해왔다. 거기서 나온 것이 남한산성의 이야기였다. 내 생각에 그는 상대를 설득하지 못하면(혹은 못했다고 생각되면) 거기서 한 발도 더 나아갈 수 없는 성격의 소유자였다.

　　1866년에 병인양요를 겪은 흥선대원군은 서양 총의 위력을 실감했습니다. 그는 총을 막을 수 있는 갑옷의 개발을 명했고, 삼베 면을 12겹 이상 겹치면 총탄에 뚫리지 않는다는 사실을 알게 됐습니다.

　　그렇습니다. 미국 스미스소니언(Smithsonian) 박물관에도 남아 있는 세계 최초의 방탄조끼는 바로 조선에서 만든 면제배갑綿製背甲. 삼베 면을 13겹 혹은 30겹을 겹쳐놓은 것도 있었습니다.

　　이 신형 방탄조끼가 실전에 투입된 것은 신미양요 때인 1871년. 그러나 결과는 민망했습니다. 요행히 총알은 막아냈지만 너무 두꺼워서 움직임이 둔했고, 또 당연히 너무 더웠습니다. 신형 대포의 파편을 맞을 경우에는 쉽게 불이 붙기도 했다는군요. 조선 최초, 아니 세계 최초의 방탄조끼는 결국 실패로 마무리되었습니다.

　　BTS. 이 소년들의 이름 역시 짐작대로였습니다. 총알처럼 날아오는 편견들을 막아내고 자신들의 음악적 가치를 지켜내겠다는 작명. 그들은 과연 '이름'다웠습니다. 천편일률적이지 않은 접근 방식과 젊은 세대의 고민을 담아낸 음악은 이름처럼 방탄에 성공하면서 한국 가수 최초로 2년 연속 빌보드 '톱 소셜 아티스트'에 선정됐습니다. 나아가 그들의 팬클럽은 공항에서의 지나친 팬덤 문화를 자제하자는 질서 캠페인까지 벌이고 있다고 하니⋯ 노래로 인해 형성된 보이그룹과 팬들의 방탄은 앞으로도 성공적으로 진행되리라는 예감이 드는군요.

그렇다면 이들만의 방탄의 결과는 어떠할 것인가.

"두 아들의 학교생활은 물론 한 가정이 절박한 위기로⋯"
— 염동열(자유한국당 국회의원)
"여러분이 동료 국회의원을 사랑했던 심정으로⋯"
— 홍문종(자유한국당 국회의원)

이심전심 동류의식이 한데로 뭉쳐서 체포동의안은 부결되었습니다. 물론 무죄 추정과 불구속 수사 원칙은 헌법에 보장된 권리라고는 하지만⋯ "두고 보겠다. 한 명이라도 빠지면 안 된다"면서 강원랜드 부정채용을 강요했다는 의원의 보좌관과, 자신이 이사장으로 있는 사학재단 자금 75억 원을 빼돌려서 이 중의 수십억 원을 개인 빚 갚는 데 썼다는 의혹을 받는 의원들 앞에 처진 그 두꺼운 방탄은 어떻게 해석해야 할까.

세계 최초의 방탄복 면제배갑이 결과적으로 실패했던 이유는, 시류를 제대로 읽지 못했기 때문이었는지도 모릅니다. 그저 총알만 막아내면 된다는 생각이 가져왔던 한순간의 무너짐이었지요. 반대로 대형 기획사의 지원 하나 없었던 방탄소년단이 성공한 이유는, 세상을 읽어내며 함께 호흡하고자 했기 때문⋯

그렇다면 지금 방탄의 장막을 굳게 두른 국회는 세상의 마음을 제대로 읽어내고 있는가. 방탄의원단이 방탄소년단을 절대로 따라갈 수 없는 이유가 여기에 있습니다.

매미의 시간은 길지 않다   2018. 08. 06.

여름이 뜨거워서 매미가

우는 것이 아니라 매미가 울어서

여름이 뜨거운 것이다.

—안도현,「사랑」

아닌 게 아니라 폭염이 지속되면서 가장 신이 난 것은 누구도 아닌 바로 매미들입니다. 여름이 가장 즐거울 모기조차 무더위에 맥을 못 추고 활동성이 떨어지고 있다는데… 매미는 그야말로 한창 전성기를 구가하는 중입니다. 게다가 도시에 참매미 대신 자리 잡은 말매미들은 기온이 40도에 가까워질수록 활발해진다 하니, 지금이 울기에는 가장 좋을 때입니다.

그러나 아시는 것처럼 그 시끄러운 말매미 소리의 유효기간은 고작 보름 남짓. 그들은 땅속에서 길게는 7년의 시간을 보낸 뒤 세상에 나와서 있는 힘을 다해 2주일 정도를 울어젖힌 후에 생을 다하고 사라집니다. 제아무리 시끄러워 봤자 몇 주만 참으면 그만이라는 생각에, 도시의 사람들은 시끄러운 한철을 버텨 넘기는 것인지도 모르겠습니다.

잠시만 지나면 사라지고 잊히는 것이 어디 매미 소리뿐이랴. 이름하여 '한철 입법'. 타는 듯 찌는 더위 때문인지 폭염에 상시 대비해야 한다는 법안은 쏟아지고 있죠. 우리 국회에는 이미 지난 2016년 폭염 당시에 반짝 만들어졌으나 아직 처리조차 되지 않은 법안들이 쏟아져 내리고 있습니다. 잠시만 버티다가 이윽고 폭염이 지나 가을이 되면… 그 서늘한 바람에 실려, 언제 매미가 울었냐는 듯 사라지고 말았던 법안들.

봄날 하늘을 뒤덮었던 미세먼지를 막겠다고 나왔던 대책들이 그러하고… 우박이 쏟아지거나 집중호우가 쏟아지면 때맞춰 나왔던 피해보상 강화 법안들과, 겨울에 큰 화재가 일어나도 발의됐던 법안들은… 제각각 여름과 겨울에 집중적으로 나왔다가 논의조차 되지 않고 있습니다. 이른바 '한철 법안'들은 생겨날 때부터 한여름의 매미 소리처럼 사라질 운명이었던 셈일까. 시류 따라 숟가락 얹어놓듯 법안을 만든 이들이나 이를 논의해야 할 사람들 또한, 그저 한여름 말매미처럼 잠시만 큰 울음소리를 내면. 결국 사람들은 모두 잊을 것이라 생각하는 것일까.

그래도 그 매미들은 7년이 넘는 기나긴 인고의 시간 끝에 세상으로 나왔다는 사실!

배우란 무엇인가, 정치인이란 무엇인가

배우 메릴 스트립(Meryl Streep)은 2017년 골든글로브 시상식을 위해서 매우 긴 수상 소감을 준비했습니다. 고마운 이름들을 나열하거나 자신의 커리어를 말하고자 함은 아니었죠.

그는 '배우란 무엇인가'를 알리고자 했습니다.

"배우의 유일한 일은 우리와 다른 사람의 삶에 들어가서 그게 어떤 느낌인지 를 느끼게 해주는 것이다."

배우들이 가진 저력은 무엇도 아닌 타인의 삶에 공감하는 능력이라는 이야기. 그는 그 공감의 능력이란 비단 배우뿐만 아니라 언론에도 또한 권 력에도 해당한다고 강조했습니다. 그의 수상 소감은 그 자체로도 의미가 있었지만 상은 왜 주고받는 것인가에 대한 생각을 새삼 다시 하게 만들어 주었습니다.

바야흐로 시상식의 계절. 올해도 각 방송사의 권위와 전통을 자랑하는 상은 넘쳐날 것이고, 추운 세밑이라고는 하지만 주고받는 감사의 말과 덕 담을 보면서 미소 짓게 될 것입니다. 물론 해마다 빠지지 않는 나눠주기 상 이라는 비판과, 줄줄이 나열하는 감사의 대상들에 대한 식상함은 여전할 지도 모르지만 말입니다.

그러나 어디 여기에 비할까. 그들이 받는 상은 수상 소감조차 필요하지 않을지도 모릅니다. 국정감사 NGO 모니터단에 따르면 "짝퉁상, 엉터리 우수의원상까지 범람"하고 있다는… 국회의원에게 주어지는 수많은 상들.

아름다운 말 '선플' 대상 / 청소년육성 의정대상 /
건강한 가정과 교육 지킴이 상 / 청소년 희망 대상 /
대한민국 소비자 만족대상 / 국민권익 증진상 /
대한민국 국회의원 소통대상 …

들어보지도 못한 별별 이름이 붙여진 상들은 넘치고 넘치고 더 넘쳐서… 무려 12관왕을 달성한 의원도 있었고, 상 자체가 의원과 인맥 쌓기용이라는 의심을 받는가 하면, 또 그마저도 못 탈까 봐 노심초사하는 보좌진까지 있다 하니… 그 수많은 상은 과연 그들이 흘린 땀에 대한 정당한 보상이었을까.

"배우의 유일한 일은 우리와 다른 사람의 삶에 들어가서 그게 어떤 느낌인지를 느끼게 해주는 것이다."

감동을 주었던 배우의 그 수상 소감은 단지 배우에게만 해당되는 일은 물론 아니었습니다. 정치를 향해서, 언론을 향해서, 특권과 책임을 동시에 가진 사람들을 향해서 던진 묵직한 한마디…

"배우라는 것만으로 엄청난 특권이며 … 우리는 공감의 연기에 따른 특권과 책임을 서로 일깨워주어야 한다. … 너의 아픈 마음을 예술로 만들어라."

— 메릴 스트립

따지고 보면 정치인도 배우와 같아서 인기를 먹고 살고, 때로는 연기도 하는 존재이니… 이 문장에서 '배우'를 '정치인'으로 바꿔 읽어도 된다 하면, 우리 배우들의 자존심이 상할까.

"왼손으로 악수합시다. 그쪽이 내 심장과 더 가까우니까."

2019. 05. 20.

그는 손에 통증을 자주 느꼈습니다. 그것은 일종의 오래된 직업병이었지요. 옛 대통령의 영애를 만났다는 반가움에 손을 덥석 잡아 위아래로 흔들었던 사람들… 견디다 못한 어느 날은 자신도 모르게 손을 뒤로 숨길 수밖에 없었는데, 그래도 악수를 포기할 수는 없었습니다. 오른손에 붕대를 감거나 때론 왼손을 썼고, 대신 악수를 해주겠다는 사람도 있었습니다.

"꼭 붙잡고 싶으면 왼손을 잡아주십시오."
　　—권영세(새누리당 중앙선대위 종합상황실장), 2012년
"손을 살짝만 잡아주이소. 살살 정만 주이소."
　　—박대출(경남 진주 갑 새누리당 후보), 2012년

그런가 하면 그의 고민은 통증이 아닌 청결이었습니다.

"미국 사회의 저주 가운데 하나가 악수"
　　—도널드 트럼프

세균 공포증이 있어서 낯선 사람과 악수를 하면 반드시 손을 씻었고, 심지어 악수를 너무 혐오해서 정치는 할 수 없을 거라고 생각한 적도 있다는데… 그가 정치를 하면서 어떻게 바뀌었는지는 따로 설명 드리지 않아

도 다들 아시겠지요? 푸틴(Vladimir Putin)과 악수할 때 기 싸움 때문에 너무 꽉 잡아서 탈이었으니까요.

서로의 손과 손을 맞잡는 악수란 상대방의 마음을 얻고자 하는 행위의 시작이기에⋯ 아마 지금의 정치권 역시 악수 하나로 설왕설래를 벌이고 있는 것인지도 모르겠습니다.

일부러 지나갔는지 일정이 바빠서였는지. 둘 중의 하나였을 수도 있고, 둘 다 아닐 수도 있고. 뭐, 둘 다였을 수도 있고⋯ 따지고 보면 그 악수 논란은 그저 다툼의 불을 더 당겼을 뿐.⁕ '오지 마라', '가겠다' 이렇게 신경전이 이어질 때부터 우리는 이미 정치인의 행위가 내포하는 의미에 대해 학습을 통해 잘 알고 있는 마당에⋯ 그날의 행사는 애초부터 갈등을 예고하고 있었지요. 만약 그들이 제대로 악수를 했다 한들 상황이 달라졌을까.

"왼손으로 악수합시다. 그쪽이 내 심장과 더 가까우니까."

지미 헨드릭스(Jimi Hendrix). 왼손잡이 기타리스트인 그는 당시 서구에선 금기시되어 있던 왼손 악수를 청하며 그렇게 말했습니다. 서로 간에 신뢰가 존재한다면, 왼손으로 악수를 하든 오른손으로 악수를 하든 혹은

⁕ 당시 자유한국당 황교안 대표가 5·18민주화운동 기념식에 참석했다. 당내 일부 의원들의 이른바 5·18 관련 망언으로 광주에서는 그의 참석에 반대하는 목소리가 높았다. 황 대표는 경호를 받으며 기념식장에 입장하여 문재인 대통령과 인사했다. 이후 민경욱 자유한국당 대변인은 문재인 대통령의 부인 김정숙 여사가 여야 5당 대표 가운데 유독 황교안 자유한국당 대표하고만 악수를 하지 않았다고 비판했다. 청와대에서는 "문재인 대통령과 속도를 맞추려다 보니 부득이했다"고 해명했다.

악수를 하지 않고 지나친다 한들, 누가 마음에 담을까. 또한 마음이 담겨
있지 않다면, 악수를 한다 한들 무슨 의미가 있을 것인가.

로마인들은 그를 지극히 사랑했습니다. 전쟁에 나가는 군인들은 그의 얼굴을 올려다보며 행운을 기원했고, 시민들은 여러 신들의 이름 중에 그의 이름을 가장 앞에 부르곤 했습니다. 성문城門의 수호신 '야누스(Janus)'. 그의 이름은 한 해의 문을 여는 1월(January)의 어원이 됐습니다.

하나의 얼굴은 들어온 사람을 맞이하기 위해, 다른 얼굴은 나가는 사람을 배웅하기 위해… 상반된 이미지를 품고 있는 두 얼굴은 처음이자 마무리, 젊음과 늙음이었고. 상반되는 그 존재들에 조화를 부여하는 신 야누스는, 과거를 돌아보고 미래를 내다보는 신으로 숭배받았습니다.

오해가 시작된 것은 18세기 무렵부터였습니다.

야누스는 … 한쪽 얼굴로는 억지 미소를 짓고 다른 얼굴로는 노여움을 드러낸다. ─앤서니 애슐리 쿠퍼(Anthony Ashley Cooper)

한 철학자의 표현 이후에 '야누스'라는 단어는 부정의 냄새가 묻어나기 시작했습니다. 세상 역시 겉과 속이 다른 사람을 일컬어 '야누스 같다'고 말하기 시작하였는데. 아마도 고대의 그 신, 야누스는 억울해할지도 모르지요.

그리고 내일. 가까스로 혹은 힘겹게 열리게 될 성문 앞에 한 사람이 서 있습니다. 스스로 고백했던 말처럼 그는 조금씩 어긋났던 자신의 자아를 이야기했습니다.

"개혁주의자가 되려고 노력했지만, 주변 문제에 있어 불철저했다."
"교수 시절에 작성한 글들이 지금 저를 치고 있는 것은 사실"
   —조국(법무부 장관 후보)

또한 그럼에도 불구하고 그는 '기회'를 청했으니…

"기회를 주신다면 제 한계에도 불구하고, 꼭 해야 할 소명이 있다."
"정부의 개혁 임무 완수를 위해 어떤 노력이든 다할 것"

내일 열리게 될 성문은 그에게는 시작을 의미할 수도, 혹은 끝을 의미할 수도 있을 것입니다. 그리하여 이제 우리 앞에 남은 것은 성문을 지키는 신, 야누스의 시간…

서로 조금씩 어긋난 표정을 한곳에 품은 야누스가, 두 개의 얼굴로 세상과 마주하고 있는 고대의 그 신이… 작별을 고할 것인가, 환영 인사를 보낼 것인가. 야누스가 지키고 있는 문 앞에서, 모두는 함께 숨을 고르고 있는 중입니다.

追考　앵커브리핑을 하면서 가장 오해도 많이 받고 논란도 컸던 것이 앞서 언급한 「파를 드는 게 무슨 의미가 있을까요?」와 바로 이 브리핑이었다. 여기서 '야누스'는 분명 부정적으로 언급한 단어가 아니었지만, 일부 사람들은 그렇게 받아들이지 않았다. 똑같이 말할 수밖에 없다. 방송은 글과 달리 듣고 지나가는 것이고, 그 과정에서 그런 오해를 불러일으킬 만한 소지가 있었다면 그것 역시 나의 책임이다.

블랙홀은 그다지 검지 않다

모든 물체를 집어삼켜서 빛조차 빠져나올 수 없는 어둠 '블랙홀'은 인류가 닿을 수 없는 미지의 영역이기에 더욱 두려운 존재입니다.

그러나 블랙홀을 연구해온 물리학자 스티븐 호킹(Stephen William Hawking)은 블랙홀이 그 이름과 달리 "그다지 검지 않다"고 말했습니다. 그는 블랙홀이 에너지를 빨아들일 뿐만 아니라 뱉어내기도 한다는 것을 발견했고, 설사 블랙홀에 빠진다 해도 분명히 탈출할 방법이 있다고 설명했지요.●

물론 이것은 우리에게 너무나 멀고 먼 우주 저편의 이야기. 오늘의 세상이 두 달 가까운 시간 동안 빨려 들어가고 있는 블랙홀은 어찌할 것인가.

지난 주말 서초동의 촛불집회에 이어서 오늘 광화문은 그 반대편의 목소리로 뒤덮였습니다. 국회 대정부 질문은 물론이고 국정감사까지, 그리고 주말과 공휴일을 메우고 있는 외침… 법무부 장관 한 사람의 임명을 둘러싼 이슈가 모든 다른 이슈를 덮어버린 이른바 '블랙홀 정국'은 이렇게 모든 것을 빨아들이고 있는데, 이 블랙홀의 끝이란 있는 것일까…

● 호킹복사(Hawking radiation): 블랙홀도 에너지를 갖는 입자를 방출하며 결국에는 증발해 없어질 수 있다는 이론.

"당신이 블랙홀에 있다고 생각한다면, 포기하지 말라. 탈출구는 있다."

스티븐 호킹은 절망을 몸으로 알고 있었던 인물이기에, 탈출의 방법 또한 체험적으로 알고 있었습니다. 루게릭병을 앓고 있던 그는 겨우 움직일 수 있는 두 손가락만을 이용해서 대화를 나누고 강연을 했는데… 그 두 손가락마저 움직일 수 없게 되었을 때도 안면 근육을 이용해서 컴퓨터를 작동시키며 연구를 멈추지 않았습니다. 모두가 절망으로 여긴 상황 속에서도 그는 기회를 찾아내려 했으니… 호킹 박사에게 블랙홀이란 과학의 영역에서도 삶의 영역에서도 더 이상 칠흑 같은 '감옥'은 아니었던 것입니다.

우리가 원했든 원치 않았든 빠져버린 오늘의 블랙홀 역시 어쩌면 마찬가지가 아닐까. 한없이 어둡고 답답하지만… 그 어둠의 심연을 또렷이 바라본다면 탈출구란 어딘가 분명 존재하고, 스티븐 호킹이 남긴 그 말처럼 블랙홀이란 그다지 검지 않을 터이니 말입니다.

追考 이른바 '조국 사태'는 한국 사회가 빠져든 블랙홀이었다. 블랙홀은 검지 않으며 빠져나올 수 있다고 브리핑은 말하고 있지만, 그것은 어찌 보면 희망 사항인지도 모른다. 적어도 아직까지는…

그는 손에 채찍을 들고 입에는 시가를 문 채, 말 위에 올라 사람들을 내려다보고 있었습니다.

앨리스 루스벨트(Alice Roosevelt). 시어도어 루스벨트 미국 대통령의 딸인 그는 1905년 9월 조선을 방문했습니다.

아관파천 이후에 당시 고종이 희망을 건 것은 미국뿐이었을 것입니다. 고종은 화려한 특급열차를 준비하고 근위병을 도열시키고, 황실 가마로 그를 극진히 모셨습니다. 독립국 대한제국을 기억해달라는 간절한 마음에서였겠지요. 그러나 앨리스는 냉정했습니다.

키 작은 황제는 … 먼저 내 팔을 잡았다.
애처롭고 둔감한 사람들이었다.
　　—앨리스 루스벨트, 『Crowded Hours(붐비는 시간)』

오히려 앨리스의 관심을 끈 것은 비극적으로 시해된 명성황후의 능을 지키는 석상이었으니… 그는 놀이동산 회전목마에 올라타듯, 냉큼 석상 위에 올라타고는 기념사진을 남겼습니다.

홍릉(명성황후 능)의 석상에 올라탄 앨리스 루스벨트. ⓒ미국 코넬대 도서관

돌이켜보면 참으로 부끄러운 장면입니다. 이미 앨리스가 조선에 오기 2주일 전에 일본의 한반도 지배를 인정하는 포츠머스 조약이 체결되었고, 심지어 루스벨트 대통령은 일찌감치 "나는 일본이 조선을 손에 넣는 것을 보고 싶다"면서 일본을 부추기고 있던 때였습니다. 국제 정세에 무지했던 나라는 요즘 속된 표현으로 하자면 별 영양가도 없던 그 딸의 옷소매를 부여잡았으니… 열강이 부딪치던 한반도는 기울어진 황실이 뭘 어찌해보기엔 이미 너무나 미약했겠지요.

100분 만에 방위비 협상 결렬 … 미국 "한국 다른 안 가져와라."
　　—『중앙일보』 2019. 11. 19.

다섯 배 가까운 것으로 알려진 미국의 방위비 인상 요구는 집요했습니다.

"주한 미국대사가 방위비 분담금 50억 달러를 내라는 요구만 20번 정도 반복"
　　—이혜훈(국회 정보위원장)

국회 상임위원장을 대사관저로 불러 다그쳤다는 사실도 알려졌습니다. 그 많은 돈을 어디에 쓸 것인지조차 밝히지 못한 채, 그들의 압박은 계속될 것입니다.

석상 위에 홀짝 올라탄 앨리스. 그로부터 100년을 뛰어넘어서 여기까지 왔지만, 미국은 대체 우리에게 어떤 존재인가를 새삼스럽게 되뇌게 하는 사진. 뻔한 얘기지만 그들은 단지 자신들의 이익을 위해 움직여왔을 뿐…

다섯 배에 달하는 주둔비를 말 그대로 뜯어내려는 트럼프의 폭력적 행태에 비하면, 100년 전의 앨리스는 그냥 철이 없었다고나 해야 할까…

追考 　내 어렸을 적 찍은 최초의 컬러사진은 바로 덕수궁 어느 건물 앞인가에 있는 해태 석상에 올라타 찍은 것이다. 다섯 살 때였다. 자고로 애들은 무엇인가에 올라타는 걸 좋아한다. 보아하니 앨리스는 애도 아니던데…

12. 너희들은 판결에만 전념하라고… 공장 컨베이어벨트는 우리가 지켰다

시청자들은 눈치챘을 것이다. 앵커브리핑 속 과거의 일화에 등장하는 주인공은 나인 경우가 종종 있었다. 비록 나라고 밝히진 않았지만⋯ 예를 들면 이 장에 들어 있는 「정말 아무것도 아니었던 일탈」속의 소년도 나다. 그 시절에 내 아버지는 자그마한 사업을 하다가 부도를 냈고, 어린 나이에 속사정까지 다 알 수는 없는 일이었지만, 아버지는 감옥에 갔다. 그리고 그날은 내가 처음으로 아버지를 면회 간 날이기도 했다. 지금 하려는 얘기는 그 속편이다.

몇 달의 감옥살이 끝에 집으로 돌아온 날 밤 아버지는 어머니에게 이렇게 말했다. "나는 이 나이에 제법 큰돈을 부도내고 들어가 앉았는데, 옆방에 있던 어린 친구는 식당에서 구두 한 켤레 훔쳤다고 들어와 있더군. 그 친구는 아직도 못 나왔어."

너무 소소한 옛날얘기인가? 아니다. 아직도 법은 만인에게 평등하지 않다. 그리고 슬프게도⋯ 앞으로도 그럴 것이다.

요즘 같은 세상에 도장이 뭐가 그리 중요할까 싶기도 합니다. 도장 파주는 곳도 이젠 거의 찾아보기 어렵지요. 그러나 법조계에서만은 그것이 예외인 모양입니다. 도장은 법조인들이 버리지 못하는 일종의 사치인데, 왜냐하면 그것이 엄격한 서열의 상징이기 때문이라고 합니다. 검찰에서 평검사의 도장 지름은 11mm이하. 승진을 할수록 서류에 찍는 도장의 크기가 커집니다. 법원 역시 마찬가지여서 하급판사의 도장은 부장판사의 도장보다 작아야 한다는 것이 나름의 불문율이라 하는군요.

물론 손쉽게 직위를 구분하는 도구로만 사용된다면야 아주 간편하고 효율적인 구분 방법일 수도 있습니다. 문제는 현직에서 물러났을 때 발생하는 보이지 않는 도장의 크기와 값어치가 아닐까 하는 겁니다.

"전직 대법관이 찍는 도장값이 한 번에 3,000만 원"

작년 3월, 하창우 대한변협 회장의 작심 발언이 나왔을 때만 해도 모두가 그 액수에 크게 놀랐습니다. 그러나 어제 저희 JTBC가 취재해 전해드린 논란을 보니, 그 도장값 3,000만 원은 말 그대로 푼돈이었습니다.

홍만표 변호사, 커지는 '몰래 변론' 의혹   —JTBC 〈뉴스룸〉 2016. 05. 24.

선임계도 없이 전화 한 통 해도 돈이 다발로 들어오는 판국. 수억 원이라는 얘기까지 나왔죠. 그 옛날 공부가 가장 쉬웠다는 누군가의 한마디가 수많은 보통 학생들 가슴에 멍이 들게 했던 것처럼, 이 전직 검사장에게는 돈 벌기가 가장 쉬워서… 최저임금에 매달리고 봉급 인상 몇만 원을 위해 몇 달간 굴뚝 위에서 살아야 하는 보통 노동자들 가슴에는, 또한 멍이 들게 생겼습니다.

이미 5년 전부터 전관예우법이 시행됐지만 현장에선 전혀 먹히지 않았고, 법조인 10명 가운데 8명은 앞으로도 전관예우가 사라지지 않을 것이라 답했다고 하니… '무전유죄 유전무죄'라는 어느 범죄자의 단어는 이 땅에서 앞으로도 오랫동안 생명력을 갖게 될 것 같습니다.

그리스 신화 속의 정의를 상징하는 여신 디케는 왼손엔 저울, 오른손엔 칼을 들고 있습니다. 저울은 정의와 불의를 판단하는 기준을 상징하고, 칼은 엄정한 법 집행을 상징하지요. 그리고 디케의 눈이 가려져 있는 이유는 상대가 누구든 공정하게 일을 처리한다는 의미입니다.

우리 사법부 역시 한 손엔 법전, 다른 한 손엔 저울을 쥔 정의의 여신을 한국적으로 차용해 사용하고 있습니다. 그러나 우리의 디케는 무슨 이유인지 눈을 가리지 않았더군요. 공정을 상징하는 저울 위에서, '정의' 대신 값나가는 도장의 무게와 크기를 가늠하기 위해서는… 이 눈을 가릴 수 없었던가.

20년 전 4,000원, 그리고 126억 원 2016. 07. 21.

"휴가철 열차 암표 회사원 쇠고랑"

꼭 20년 전. 그리고 공교롭게도 딱 요맘때인 1996년 7월 28일 자 신문 사회면 한구석에 실린 기사입니다.

> 미리 사둔 열차표 1장을 피서객에게 팔아 4,000원의 부당이득을 챙긴 회사원. 이례적으로 구속 기소…
>
> —『한겨레신문』 1996. 07. 28.

40대의 직장인이었다는 그는 6,000원짜리 통일호 열차표 1장을 만 원에 팔아 4,000원의 이문을 남겼습니다. 4,000원 부당이득으로 인해 내려진 판결은 '쇠고랑', 즉 구속이었습니다. 그를 구속 기소한 검사는 이렇게 말했다고 하는군요. "피서객이나 귀향객들의 심리를 악용해 부당이득을 올리는 나쁜 범죄… 휴가철 앞두고 암표상들에게 경종을 울리기 위해 구속 기소." 알고 보니 그 남자는 암표 상습범이었다고는 하지만 4,000원에 대한 대가치고는 좀 가혹하다 싶기는 합니다.

그렇다면 그를 구속했던 그 패기 넘치던 2년차 검사의 이름은? 바로 진경준. 당시 나이는 서른이었다고 하지요. 그리고 20년 뒤에 차관급의 지위, 즉 검사장이 된 그는 한밤에 긴급체포됩니다. '특정범죄 가중처벌법상 뇌물수수 혐의'. 검찰 간부로 재직하던 중 기업으로부터 공짜 주식을 받아 126억 원의 시세 차익을 얻은 겁니다. 의혹은 꼬리에 꼬리를 물어 청와대로까지 번졌습니다. 우병우 청와대 민정수석이 진경준 검사장을 통해, 해당 기업체에 처가의 부동산을 팔았다는 의혹으로까지 뻗어나간 것이죠.

20년 전 4,000원의 부당이득에 철퇴를 내린 젊은 검사는 126억 원의 부당거래 의혹과 함께 청와대마저 흔들고 있는 셈이 됐습니다. 4,000원의 범죄를 단죄했던 젊은 검사의 일화는 20년 뒤 엄청난 무게와 파장으로 우리 앞에 돌아온 셈입니다. 그리고 가장 참담한 사람들은 '참담하다'고 말하는 법무부와 검찰 수뇌부가 아니라, 졸지에 도매금으로 취급된 일선 검사들이라는 자조도 나오더군요.

20년 전의 그 기사를 다시 한번 들여다보겠습니다.

피서객이나 **귀향객**들의 심리를 악용해 부당이득을 올리는 나쁜 범죄 … 휴가철을 앞두고 **암표상**들에게 경종을 울리기 위해 구속 기소

이렇게 바꿔 읽어도 될 것 같습니다.

기업인들의 심리를 악용해 부당이득을 올리는 나쁜 범죄를 저질렀고 부당거래를 일삼으려 시도하는 **기업**과 **검사**들에게 경종을 울리기 위해 구속 기소

"이쯤 가면 막 하자는 거지요?"

"이쯤 가면 막 하자는 거지요?"

토론의 달인이라 불렸던 고 노무현 대통령. 전국에 생중계된 그의 목소리엔 알게 모르게 노기가 서렸던 기억입니다. 막 취임한 신임 대통령이 자청해서 벌인 검찰 개혁을 위한 텔레비전 토론회.* 지금 생각하면 무척 진귀한 토론회. 이른바 토론의 달인을 노하게 만든 건 바로 대한민국의 검사들이었습니다. 살아 있는 권력에도 소신껏 할 말은 하는, 어찌 보면 당당한 모습에 국민들 사이에선 '검사스럽다'는 신조어가 회자되기도 했지요. 물론 여기에는 한편으로 부정적인 뜻도 있었습니다. 그리고 검찰 개혁의 꿈은 흐지부지 꺾였습니다.

그렇게 소신 하나로 대통령을 향해 대거리를 하던 열혈 검사들, 어찌된 일인지 다음 정권부터는 보이지 않았습니다. 대신 다시 등장한 별칭은 '정치검찰' 아니 '검찰정치'… 정치권력은 늘 그랬듯 그 검찰을 한 지붕 아래로 불러들였습니다.

급기야는 현직 검사장이 구속되는 초유의 사태가 빚어지고, 검찰 출신 청와대 민정수석까지 도마 위에 오른 상황… 이른바 신상 털기에 가까운

● 2003년 3월 9일 노무현 대통령이 정부서울청사에서 전국 평검사들과 검찰 개혁에 대해 벌인 토론회.

보도가 이어지고 있고, 그 먼지로 사방이 자욱해 보입니다.

진경준 구속영장 청구 … 한진 압력 처남회사 용역 수주
　　─『국민일보』 2016. 07. 16.

온두라스 위조 여권 샀던 우병우 막내 처제, 세인트키츠네비스로 국적 바꿨다
　　─『조선일보』 2016. 07. 21.

우병우 메르스 사태 때 자녀 해외 피신 의혹
　　─『한겨레』 2016. 07. 22.

그러나 먼지는 시간이 지나면 가라앉게 마련이고, 그 뒤의 본질은 정치와 검찰이 결합한 왜곡 현상이 아니던가… 가끔 인용하는 『중앙일보』의 권석천 논설위원의 칼럼을 오늘도 인용하겠습니다.

본질은 검찰정치다. 왜 우병우 같은 사람을 민정수석에 앉혔느냐는 물음은 핵심을 비켜 간 것이다. 그는 도덕적이어서가 아니라 검찰정치를 집행할 유능한 기술자로 간택됐다. … 우리는 인간 진경준에 대한 분노를 넘어 그의 범죄가 어떻게 가능했느냐고 질문을 던져야 한다. … 그들을 검찰정치의 아바타, 검찰권의 아바타로 만든 시스템의 책임도 끝까지 물어야 한다.
　　─「권석천의 시시각각: 우병우·진경준, 비밀은 없다」, 『중앙일보』 2016. 07. 26.

다시금 떠오르고 있는 검찰 개혁의 화두를 한국 사회는 지켜낼 수 있을 것인가. "이쯤 가면 막 하자는 거지요?" 그 진귀했던 토론의 풍경이 다시 떠오르는…

16세기 명종 때 경남 밀양에서 시작된 아랑 전설이 있습니다.

억울한 죽임을 당해 원혼이 된 아랑은 새로 부임한 사또에게 억울함을 호소하죠. 귀신을 보고도 놀라지 않은 그 '간 큰 원님'은 속 시원하게 소녀의 억울함을 풀어줍니다. 법은, 그리고 법을 손에 쥔 사람은 '억울'한 자와 '약한' 자를 위해 존재해야 한다는 만고불변의 진리를 오래된 전설은 담고 있습니다.

옛날엔 잘 몰랐습니다. 왜 검사나 판사 출신 변호사들은 개업을 하면 대개 신문 1면에 광고를 내는지… 어리숙한 저나 몰랐지 사실 알 만한 사람들은 다 아는 이유에서였지요.

몇 달 전 있었던 일입니다. 변호사로 개업하는 한 전직 부장검사가 지인들에게 문자메시지를 보냈습니다.

> "부장검사를 끝으로 변호사로 새롭게 출발. 동기들이 서울중앙지검 특수부장을 비롯, 대부분 부장으로 있는 지금이 '적기'라고 판단."
> ―『한겨레』 2016. 05. 24.

그가 말한 '적기'란 무엇을 의미할까요? 문자메시지에서 드러난 명백한 사실은 바로 '전관예우'. 관계자 모두가 입을 모아 "없다"라고 말해온 그 뿌리 깊은 악습이었습니다.

오늘 저희들이 전해드린 소식을 다시 봅니다. 구속을 막는 데 검사장 출신 변호사 최소 1억 원, 영장을 기각하는 데 판사 출신 변호사 3억 원.

검찰이 구속을 우선하는 이유는 무엇일까… 바로 그 전관예우의 먹이 고리와 연결돼 있을지도 모른다는 불합리한 상황에 대한 합리적인 의심? 이쯤 되면 법은 약자의 편이 아니라 기울어진 운동장, 그들만의 리그가 아닐까요? 이것은 납량 특집보다 더 소름 돋는 현실입니다.

그리고 이미 우리 눈앞에 드러난, 혹은 끊임없이 의혹이 제기되고 있는 검찰발 대형 사건들이 있습니다.

"거악을 척결한다면서 스스로 거악이 되었다."

— 황운하(경찰대학 교수부장)

그렇다면 억울함을 풀지 못해 나비가 된 현대판 아랑들은 어디로 가야 할까요?

앞서 개업 인사 문자메시지를 돌렸다는 그 전직 부장검사의 개업식 풍경을 전해드리면서 마무리하겠습니다. 20년 공직 생활을 마무리한 그의 변호사 개업식에는 유명 가수가 찾아와 노래를 불렀고, 개업 기념품엔 이런 문구가 새겨져 있었다고 합니다.

"억울함이 없는 세상"

"우리가 남이가"●

탄핵된 대통령의 왕실장이 한창 시절에 던졌다던, 너무나도 유명해진 말입니다. 그 말이 나왔던 복국집은 여전히 성업 중이지만 그는 영어의 몸이 되었으니… 이것도 역사의 필연인지 모르겠습니다. 아무튼 그 말은 대표적인 정치 선동 구호로 악용돼서 우리 역사에 수많은 오점을 남겼습니다.

사실, '우리가 남이가' 이 말은 틀린 말이 아닐지도 모릅니다. 비슷한 말씨를 쓰는 동향 사람이나 학교 선후배가 더 살갑게 느껴지는 것은 어찌 보면 인지상정이죠.

그래서였을 겁니다. 고려와 조선은 상피제相避制라는 제도를 만들었습니다. '서로 피한다'는 의미입니다. 조선의 법전인 『경국대전』에 따르면 의금부나 사헌부같이 이른바 권력기관일 경우 친인척이 관련되어 있으면 재판을 맡지 못하게 했고, 심지어 친척이 재판부에 있을 경우에는 소송을 멈추고 그가 다른 자리로 이동할 때까지 기다려야 했으니… "상피제 때문에 옥송이 지연된다"고 성군 세종도 푸념했을 정도로 제도는 철저하게 지

● 1992년 12월 제14대 대선을 한 주 앞두고 김기춘 전 법무부 장관이 부산 지역의 주요 기관장들을 대연동 '초원복국' 식당에 불러 모았다. 김기춘은 김영삼 민주자유당 후보의 승리를 위해 '지역감정 조장'을 대놓고 부추기자고 제안했는데, 이때 "우리가 남이가"라는 말이 처음 등장했다. 이 사건은 통일국민당 관계자의 도청으로 세상에 드러났다.

켜졌던 모양입니다. 가재가 게 편을 들지 않도록, 초록은 동색으로 물들지 않도록… 그러나 역시는 필연으로 나타나기 이전에 늘 거꾸로도 가는 모양입니다.

이미 논란의 그 사진 한 장으로 망신을 자초했던 검찰은, 얼마 지나지 않아 그를 수사했던 이들 사이에서 벌어졌다는 '돈봉투 만찬'으로 논란의 중심에 섰습니다.● '조사 겸 식사' 혹은 '식사 겸 조사'. 웃지 못할 변명으로 일관했던 그들만의 셀프 감찰에 이어서… 결국 고발된 검찰의 간부는, 이 사건의 수사를 자신의 휘하 조직에 맡기는 셀프 배당으로 그 '셀프 시리즈'는 정점을 찍었지요. "우리가 남이가" 25년 전 전직 엘리트 검사가 남겼다는 그 말은 아직도 검찰 사회에서 유령처럼 떠돌고 있었다는 것.

하필 돈봉투 만찬이 벌어진 그 식당 역시 '복국'을 파는 식당이었다 하니, 이 또한 역사의 우연인지 필연인지 헷갈릴 즈음… 기록에 남아 있는 그 다음의 말을 보니, 왜 이리도 그 말이 질기게 살아남았는지를 알 수도 있을 것 같습니다.

"지면… 영도다리에 빠져 죽자."

● '검찰 돈봉투 만찬 사건'은 당시 서울중앙지검장, 법무부 검찰국장이 주재하고 법무부·검찰 중견 간부 8명이 배석한 만찬 때 양측이 70만~100만 원이 든 수사비·격려금 명목의 돈봉투를 주고받았다는 내용이다. 이에 앞서 2016년 11월 6일, 서울중앙지검에서 검찰 조사를 받는 우병우 전 청와대 민정수석의 사진이 도마 위에 올랐다(『조선일보』 2016. 11. 07). 그는 팔짱을 낀 채 여유 있는 표정이었고, 검찰 직원 혹은 검사로 추정되는 두 사람은 그 앞에서 공손해 보이는 모습이었다.

기원전 6세기. 페르시아의 군주 캄비세스 왕의 명령은 잔혹했습니다. 그는 뇌물을 받고 부당한 판결을 내렸던 재판관 시삼네스를 잔인하게 처형했지요. 그리고 왕은 바로 시삼네스의 아들 오타네스를 후임 판관으로 임명한 뒤에 말했습니다. "어떤 의자에 앉아 판결하고 있는지 명심하라."

왕은 잔인했으나, 또한 잔인하지 않았습니다. 사람이 기댈 수 있는 마지막 보루는 바로 법이었으니, 왕은 정의롭지 못한 판결이 얼마나 부당한가를 만천하에 보여준 것이었습니다.

사람이 기댈 수 있는 마지막 보루… 세월이 지난 오늘날에도 법은 그렇습니다. 법 앞에서는 누구나 평등하다는 믿음. 그러기에 우리는 법정에 권위를 부여하고 판결에 수긍합니다. 때로는 억울할지라도…

그러나 사법행정권 남용 관련 특별조사단이 발표한 이 보고서를 어떻게 받아들여야 할 것인가.

보고서 안에는 법원행정처가 박근혜 정부 청와대와 재판을 놓고 거래를 시도했다는 정황은 물론이고, 판사들의 성향을 조사하고 뒤를 밟은 정황이 고스란히 들어 있었습니다. 현직 김명수 대법원장은 고개를 숙였고 전직 양승태 대법원장이 수사 선상에 오를 가능성마저 제기되고 있는데… 사람들이 마침내 법정까지 믿을 수 없게 된다면 세상은 과연 어떻게 될 것인가.

올해 초 많은 이들 입에 오르내린 격문 형태의 시가 한 편 있었습니다. 당시는 원세훈 전 국정원장 재판에 박근혜 정부 청와대가 영향을 행사했다는 의혹이 있었고, 이에 대해 대법관 전원이 사상 초유의 반박 성명을 냈었지요. 물론 이와 관련된 의혹은 이번 특조단의 조사 결과 더욱 짙어진 상황… 시인은 말했습니다.

너희들은 판결에만 전념하라고
비린내 나는 생선은 우리가 팔고
육중한 기계음 들리는 공장 컨베이어벨트는 우리가 지켰다
…
우리는 법을 못 배웠으니까
기꺼이 너희들을 인정하며 너희들에게 법의 칼을 쥐어주었다
　　　—김주대, 「반박 성명 발표한 대법관 13인에게 고함」

시인의 말처럼 법관은 권력의 대리자에 불과했고, 그들은 자신의 임명권자가 누구도 아닌 시민이라는 것을… 잠시 잊고 있었던 것은 아니었을까.

"어떤 의자에 앉아 판결하고 있는지 명심하라." 캄비세스 왕은 판관이 된 시삼네스의 아들을 향해 말했습니다. 그리고 대법관들을 향해서 격문을 썼던 김주대 시인 또한 이렇게 말했습니다.
"너희들의 위에 법이 있고 법 위에 우리가 있다."

곰이 울면서 말했습니다. 제가 범인이라고⋯

오늘은 우스갯소리로 시작하겠습니다. 나름 심각한 이슈인데 우스갯
소리로 시작한다고 해서 너무 나무라지는 마시길 바라겠습니다.

경찰들이 산으로 도망간 범인을 잡기 위해 역시 산으로 따라 들어갔습
니다. 며칠을 헤맸는데도 범인은 잡히지 않았지요. 그리고 마침내 그로부
터 또 며칠이 더 지난 뒤 경찰은 곰을 한 마리 잡아서 나왔습니다. 사람들
은 의아해했지요. "아니 잡겠다는 범인은 어디로 가고 곰을 잡아 왔나?" 그
때 곰이 울면서 말합니다. "아닙니다. 제가 바로 범인입니다."

곰이 범인이 된 사연은 무엇일까. 산속에선 무슨 일이 있었을까. 말씀
드리지 않아도 되겠지요. 곰도 범인으로 만들 수 있는 경찰⋯ 이를테면 검
은 농담, 씁쓸한 우스갯소리입니다.

"신문訊問도 하나의 예술⋯ 내가 손대면 다 입을 열게 되어 있다."

　　— 이근안(전 경감)

"내가 손대면 다 입을 열게 되어 있다"고 말했다는 그 시절 고문예술가
의 그 섬뜩했던 발언까지 기억에서 되살릴 생각은 없었지만⋯ 지은 죄가
없으나 지은 죄라 자백해야 했던, 그리고 권력이 그것을 요구했던 시절은

엄연히 존재했습니다. 그것은 비단 독재의 시기에 있었던 정치적 사건들에만 해당되는 얘기도 아니었습니다. 지난 2000년 '약촌 오거리 살인사건'의 목격자는 오히려 범인으로 몰려 10년간 억울한 옥살이를 했고, 경찰은 18년 뒤 진범이 잡힌 다음에야 그에게 정식으로 사과했습니다.

"경찰의 강압 수사 때문에 허위 자백했다." 1999년 '삼례 나라슈퍼 살인사건'의 누명을 쓰고 옥살이를 했던 소년들 역시, 재심 끝에 무죄가 선고되어서 검찰은 항소를 포기했습니다.

국가권력이 시민의 신뢰를 스스로 저버린 사례는 너무나 많아서 예로 들기도 벅찹니다. 각종 금품 수수 혐의로 구속된 전직 경찰청장과 치안감들의 사례가 있었고… 이른바 '사랑의 정표'를 받아 챙긴 벤츠 여검사는 물론 조희팔에게 뇌물을 받거나, 공짜와 다름없는 주식을 받아 챙긴 혐의로 논란을 일으킨 검사장도 있었습니다.

'함바 비리' 강희락 전 경찰청장 징역 3년 6개월 확정
　　 —『서울신문』 2012. 06. 29.

여검사가 받은 벤츠는 사랑의 정표
　　 —『동아일보』 2015. 03. 12.

법원, '조희팔 뒷돈' 김광준 전 검사, 재심청구 기각
　　 —『세계일보』 2017. 03. 13.

뇌물을 선물로 바꿔준 대법원의 '진경준 구하기'
　　 —『한겨레』 2018. 05. 20.

"견제와 균형으로 국민을 보호하겠다."

오늘 청와대의 발표 이후에 검경은 모두 어수선합니다. 검찰과 경찰 내부에서는 '어느 쪽이 권한을 더 가져가는 것이냐' 복잡한 셈법으로 분주하다지만 시민의 관심은 전혀 다른 곳에 놓여 있었습니다. 즉, 이것은 과연 새 출발이 될 수 있을 것인가? 억울한 곰은 산으로 돌아가고, 잡아야 할 것은 진짜 범인이어야 하는 그런 새 출발.

> **追考** 2018년 6월 21일 정부가 검경 수사권 조정안을 확정했다. 모든 사건에 대한 1차 수사권과 종결권이 경찰에 부여되고, 검찰은 경찰 수사에 대한 통제권과 기소권을 가지며 이에 필요한 보완 수사 요구권을 갖는다는 것. 검사도 직접 수사를 할 수 있지만 반드시 필요한 분야로 제한된다는 내용이 골자였다. 이후 2020년 1월 13일 국회에서 검경 수사권 조정 법안이 통과되어 2월 4일에 공포되었다.
> 그러나 경찰이라고 문제가 없었던가. 이들에게 수사를 온전히 맡겨도 되는지에 대한 의문 역시 제기되었다.

육조지, judge

비속어 같아 보이지만 표준어인 말이 있습니다.

조지다　① 망치거나 그르치다.

② 허술하게 되지 않도록 단단히 단속하다.

③ 호되게 때리다.

여러 가지 의미가 있지요. 그러나 담긴 의미가 하나같이 그리 곱지 않아서인지 비속어로 착각할 만큼 부정의 느낌을 품은 단어. 하필 이 단어가 속설처럼 자주 쓰이는 곳은 법원 주변이었습니다.

> 형사는 때려 조지고, 검사는 불러 조지고,
> 판사는 미뤄 조지고, 간수는 세어 조지고,
> 죄수는 먹어 조지고, 집구석은 팔아 조진다
> ─정을병, 「육조지」, 『정을병 문학선집 4』; 『철조망과 의지 (외)』

작가 정을병의 「육조지」라는 소설 속 내용처럼, 법의 언저리에 오게 되면 총 여섯 가지의 조지기를 당하게 되니까⋯ 방금 말씀드린 사전 속의 갖가지 경우를 모두 겪을 수도 있다는 이야기.

214 | 손석희의 앵커브리핑 2

그 호된 조지기를 감수하면서라도 시민이 법을 찾는 이유란, 힘없는 사회적 '을'들이 기댈 곳이 오로지 법 하나뿐이기 때문이었습니다. 우리는 애써 법은 '정의롭다, 공정하다'고 여기면서 그것을 존중하고 신뢰해왔던 것이었지요.

공교롭게도 영미권 국가들에서 사용하는 단어의 발음 역시 '조지다'라는 그 단어와 묘하게 닮아 있더군요.

judge   [판사] 정의를 말하는 사람

어원을 살펴보면 '정의'와 '말하다'의 의미가 합쳐져 '정의를 말하는 사람'이라는 의미가 됩니다. 심지어 대법관은 정의 그 자체인 justice라고 부를 정도이니… 사람들이 사법부에 대해 기대하는 무게란 어느 정도인지, 또한 그들이 얼마나 시민에 의해 존중받고 있는지는 단어 하나만 곱씹어 봐도 금방 짐작할 수 있을 것입니다.

그러나 오늘 공개된 그 수많은 문서들.[*] 일일이 분석하기조차 버거웠던 흔적들 앞에서 우리의 사법부는 세상을 향해 자신 있게 '법은 정의롭다' 말할 수 있을까. 어떻게든 법에 기대어보고자 했던 힘없는 자들의 고통과 눈물을 외면한 채, 재판을 정치적 거래와 흥정의 대상으로 여기면서 그들이 얻어내려 했던 것들은 무엇이었을까. 그래서 법조계 인근을 떠돌았다는 그 믿기 싫은 속설은 오늘도 다시 이렇게 회자되고 있으니…

[*] 이날 법원은 양승태 전 대법원장 시절의 '사법농단' 의혹을 담고 있는 196개의 미공개 문건을 공개했다.

형사는 때려 조지고, 검사는 불러 조지고,

판사는 미뤄 조지고, 간수는 세어 조지고,

죄수는 먹어 조지고, 집구석은 팔아 조진다

판결로 구현해야 하는 정의가 흩어진 자리에 남은 것이라고는, 마치 농담처럼 법의 주변을 맴돌았던 '육조지기'. 유독 힘없는 자들만 더욱 호되게 두드릴 것만 같은, 속되고 그악스러운 느낌의 동사 하나뿐…

追考　MBC 노동조합의 집행부였던 시절에 파업을 주도했다는 혐의로 난생 처음 구치소를 간 날, 하필이면 내가 그 독거방에서 처음으로 읽은 소설이 정을병의 『육조지』였다.

〈생 베르나르 고개를 넘는 나폴레옹(Napoleon at the Saint-Bernard Pass)〉
— 자크 루이 다비드(Jacques Louis David), 1801년 작

1800년 5월. 제2차 이탈리아 원정 당시를 그린 이 장면은 술병에도 인쇄됐을 정도로 가장 널리 알려진 나폴레옹의 초상화이기도 합니다.

알프스의 가장 험준한 협곡을 넘는 영웅의 모습은 결연하고 날카로워 보이죠. 나폴레옹 역시 그림이 마음에 들었는지 같은 그림을 여러 장 주문해서 유럽 각지에 보냈을 정도였습니다.

이제는 시대가 바뀌어 사진이 일반화되었지만 고귀하게 얼굴을 남기는 초상화의 전통이 없어진 것은 아닙니다. 우리나라에선 대통령과 국회의장, 대법원장 등 3부 요인과 역대 헌법재판소장과 검찰총장 정도가 자리에서 물러난 뒤 공식 초상화를 남긴다는 겁니다. 다시 말해 지금 시대에도 초상화는 권위와 존경의 상징물로 여겨지고 있습니다.

그래서일까. 마치 유럽의 중세, 공화국 이전의 귀족 권위를 이어받은 듯 위엄 있게 걸린 그 역대 초상화들은… 그들이 본질적으로는 민중의 아래에 있으며, 그들의 상급자이자 임명권자는 민중이라는 민주공화국의 원칙에서 유일하게 벗어난, 그들만의 성역처럼 느껴지게도 하지요. 그들은 모두 자랑스러울까…

얼마 전 KTX의 해고승무원은 대법원 대심판정 앞에 걸린 전임 대법원장의 초상화를 사진에 담았습니다. 잊지 않겠다는 의미… 실제로 최근 대법원의 초상은 그리 자랑스럽지 못합니다.

공교롭게도 오늘은 일본에 강제로 빼앗긴 사법권을 되찾은 사법부 창립 70주년이 되는 날이라는데… 전임 대법원장은 물론 빈자리가 성성했던 우울한 기념식의 한편에선, 위엄 있게 걸린 역대 대법원장들의 초상화만이 허허롭게 빈자리를 지키고 있었던 것이죠.

앞서 보여드렸던 나폴레옹의 초상.

19세기 화가 폴 들라로슈(Paul Delaroche)는 나폴레옹의 과장된 이미지를 바로잡기 위해서 고증을 거쳐 다시 그 장면을 그렸습니다. 나귀를 타고 협곡을 건너가던, 조금은 초라한 듯 보이는 영웅의 초상. 실제로 그는 그 전투에서 승리하지 못했습니다. 나폴레옹은 역사에 빛나는 초상만을 남기고 싶었겠으나… 신화와 포장이 벗겨진 역사는, 지극히 날것의 얼굴을 세상에 보이고 있었습니다.

追考   양승태 대법원의 사법농단을 뒷받침하는 문서가 추가로 발견되었다. 과거사 국가배상 제한, KTX 승무원 해고소송 등 노동문제, 전교조 판결 등 박근혜 정부의 국정 운영에 최대한 협조해왔던 것으로 드러났다.

딜레마(dilemma). 간단한 풀이는 '이러지도 저러지도 못하는 것'.
복잡한 풀이는 다음과 같습니다.

딜레마 두 조건 명제를 전제로 삼고 두 전제의 전건 혹은 후건의 부정을 결합
한 선언 명제를 새로운 전제로 삼아 처음 두 전제의 후건 혹은 전건
의 부정을 결합한 선언 명제를 결론으로 이끌어내는 논법

이 정도면 차라리 안 풀어주는 게 나을지도 모르죠. 아무튼 딜레마는
무언가 어려운 상황임에 틀림없는 것 같습니다.

아마도 역사상 가장 힘들었던 딜레마를 풀어낸 사람은 덩샤오핑鄧小平
(1904~1997)이 아니었을까. 그의 유명한 말, 검은 고양이든 흰 고양이든 쥐
만 잘 잡으면 된다고 했던 흑묘백묘론黑猫白猫論. 이 말은 당시 중국이 빠졌
던 딜레마, 즉 경제정책에서 공산주의냐 자본주의냐의 고민을 일거에 해
결했습니다. 방법은 달라도 혹은 형식은 달라도, 다만 많은 이들에게 이롭
다면 그것은 무엇이라도 상관없다는 의미.

그 정도로까지 거창한 것은 아니지만 이즈음의 우리에게도 딜레마는
있는 것 같습니다. 해외 순방 중이던 검찰총장이 급거 귀국하는 등 정치권

은 물론 검찰과 경찰의 핫이슈로 떠오른 수사권 조정안이 그것이죠.

"수사의 개시·종결이 구분되어야 국민의 기본권 온전히 보호될 수 있어…"
— 문무일(검찰총장), 2019년 5월 7일.

독점적인 검찰 권력을 나누자는 간단한 논리이긴 하지만, 이미 지난 정권들에서 실감했듯이 그리 간단한 문제가 아니었습니다. 또한 이를 바라보는 시민들에게는, 과연 그 누구의 권력이 더 커지고 더 작아진다 한들 시민 자신에게 어떤 득이 될 것인지 확신이 서지 않는 현실이기도 하지요. 잊을 만하면 터지는 사건들을 통해서 자신들에게 붙은 불명예스러운 별칭을 만들어낸 장본인은 누구도 아닌 검경 스스로였으니… 우리는 그동안 시민이 부여한 권력을 시민을 위해서 쓰지 않은 그들을 너무 많이 봐왔습니다.

마치 흑묘와 백묘처럼 어떤 방법을 쓰든 대중을 이롭게 하는 것이라면, 흔쾌히 누구든 그 권력을 가지라고 말할 수 있는 것이겠지만… 흔쾌함 대신 착잡함이 더 자라나는 것은 이 땅에서 수십 년 살아온 경험의 산물이랄까. 그래서 또다시 빠지게 되는 풀기 어려운 딜레마…

이른 봄날, 햇빛이 이제 갓 돋아난 나뭇잎 위로 부서지던 날. 소년은 면회를 위해서 구치소를 찾았습니다.

난생 처음 가본 감옥의 면회소. 거기서 그가 본 것은 면회에도 이른바 급행료가 있다는 사실이었습니다. 밝은 햇빛 아래서 벌어지던 어두운 행태들… 무엇보다도 범법을 벌하는 공간에서 벌어지고 있는 범법.

50년 전의 일화입니다. 사법의 말단에서 일어나고 있던 자그마한 일탈이랄까… 아이에겐 충격이었겠으나 그것은 정말 아무것도 아닌 일탈이었을지도 모르지요.

그리고 대략 35년쯤 전에 네 글자 제목의 글이 신문에 실렸습니다.

인사유감

헌법상 보장된 바 없는 법관에 대한 처벌의 도구로 쓰는 셈…
그런 인사는 사법부의 자상 행위요, 비인사에 다름 아닌 것이다.

—서태영(판사), 『법률신문』 1985. 09. 02.

'인사유감' 짧은 제목은 얼핏 보면 평범했지만 그 내용은 너무나 묵직했습니다. 사법부가 권력에 굴종했던 암흑의 시대… 청와대 정무비서관에게 일종의 충성 서약까지 올렸던 당시의 대법원장은 '투철한 국가관에 의

한 판결'을 강조하며 고분고분하지 않은 판사들을 대거 좌천시켰습니다.

"사법부의 수장은 정치적, 공안적 사건에서는 정부에 협력해야 …"
— 유태흥(전 대법원장), 박철언의 『바른 역사를 위한 증언』 중에서

말하자면 '인사유감'이라는 글은 사법부의 암울한 현실을 외부에 알리
고자 했던 시도였는데, 당연히 그 시도는 좌절됐습니다.

"나라에서 나보다 높은 사람은 대통령밖에 없다. 새카맣게 젊은 판사가 … 비
판하는 것을 가만둘 수 없었다."
— 유태흥(전 대법원장), 서태영의 『피고인에게 술을 먹여라』 중에서

아마도 그것은 지우고 싶었을 대한민국 사법부 굴종의 역사였습니다.
그리고 그 역사는 참으로 끈질기게 계속되어서 2019년 5월 29일 오늘은
헌정사상 처음으로 전직 대법원장이 재판을 받은 날입니다. 바로 같은 층
에서는 전직 법원행정처 차장 임종헌의 재판도 있었으니 … 말하자면 오늘
은 '재판거래'를 '재판'받은 날쯤이 됐습니다.
물론 그들은 승복하지 않았습니다.

"검찰이 재판 프로세스에 … 전혀 이해가 없는 듯"
"조물주가 창조하듯 … 공소장을 만들어냈다."
"정말 소설의 픽션 같은 이야기"
— 양승태(전 대법원장)

숨길 수 없는 '역정'이 묻어나는 발언들이었지요.

'재판을 너무 모르는' '조물주가 창조한 공소장'에는 '소설 같은 이야기'가 넘쳐난다지만… 적어도 대법원장이 권력에 충성 서약을 했던 시대에서 이만큼이나 멀리 와 있는 지금, 이제는 그런 일은 없을 것이라고 믿었던 21세기의 한복판에서 벌어졌던 장면들.

그래서 다시 돌이켜 생각해보면 구치소 앞마당 나뭇잎 위로 부서지던 햇살과, 그 밑에서 벌어지던 일탈들은 정말 아무것도 아닌 일이었지요.

칼잡이의 칼에는 눈이 없다

칼은 그들에게 분신이자 연장된 손이자 흉기이자 친구였다.
— 김중혁, 「피가 아니라 향기가 된다, 칼의 노래!」, 『한겨레』 2007. 05. 30

지난 2007년, 작가 김중혁은 요리사 네 명을 만나서 바로 그 칼에 대한
이야기를 들었습니다. 요리사들의 손에는 하나같이 무수한 흉터가 있었는
데, 모두 칼과 벗하면서 생긴 흉터들이었지요. 어쩔 수 없이 찍히고, 방심
해서 찔린 상흔들… 칼은 수많은 흉터의 기억과 함께 그들의 요리 안으로
스며들었습니다.

무사가 휘두르면 피를 부르지만, 요리사가 쥐면 향기로워지는 물건
'칼'. '칼을 잘 사용하는 사람'이라는 의미의 '칼잡이'라는 호칭은 과거에는
백정이나 망나니 같은 하층민을 의미했지만, 오늘에 이르러서는 실력 있
는 요리사나 의사 등을 일컫는 말이 됐습니다. 그 단어 안에는 칼로 사람을
이롭게 한다는 자부심이 담겨 있기 때문입니다.

한자는 다르지만 음이 같은 '검檢(검사할 검)'이라는 글자 때문일까. 검사
들 역시 스스로를 '칼(劒: 칼 검)'에 비유하여 표현하곤 하지요. 수사 실력이
출중한 특수통 검사를 '칼잡이'라 부르고, 강단 있는 수사로 이름난 선배
검사는 수사 원칙을 칼에 비유해서 말하기도 했습니다.

1. 칼을 찌르되 비틀지 마라.

⋮

10. 칼엔 눈이 없다. 잘못 쓰면 자신도 다친다.

— 심재륜(전 부산고검장), 「수사 10결」

검사의 칼은 지위의 높고 낮음을 가리지 않으며, 자신의 유불리를 가리지 않고 사용되어야 함을… 강조하고 또 강조한 말들일 것입니다.

조국 장관 후보자를 향해서 그 칼을 빼든 지 한 달, 바로 그 칼을 두고 논쟁이 벌어진 지도 한 달이 됐습니다. 검찰이 그의 집을 압수수색하면서 논란은 최고조에 달하고 있습니다. 과잉 수사인가 아니면 정당한 절차인가. 이 형국에서 강자는 누구이고 약자는 누구인가. 2019년 여름에서 가을을 관통하는 이 논쟁은 그 어느 때보다도 강렬합니다.

어찌 되었건 칼은 이제 다시 넣을 수 없게 됐고, 칼을 겨눈 사람이건 겨눔을 당한 사람이건 그 칼에 다칠 수도 있게 되어버린 상황입니다. 공교롭게도 양쪽 모두 촛불의 광장에서 힘을 받았던 존재들이기 때문에… 사뭇 비극이 되어버린 이 현실에 온 국민이 시선을 모으고 있는 가운데, 칼의 방향은 아직 예측하기가 쉽지 않습니다.

그렇다면 진짜 칼잡이, 즉 요리의 달인들이 전하는 칼에 대한 생각은 어떠할까.

"방심하다 베면 기억에 남을 정도로 크게 다치는 법"　　　—안효주

"칼을 어떻게 대느냐에 따라 재료의 맛이 달라진다."　　　—윤정진

"요리에 따라 재료에 따라 칼을 놀리는 방법이 달라야 …"　—이연복

　눈을 감고도 칼을 다룰 경지에 이르렀지만 그들은 늘 칼이 두렵고 어렵다고 했습니다. 누군가 휘두르면 험악해지지만, 또 다른 누군가가 쥐면 향기로워지는 물건 '칼'. 모두가 숨죽이며 바라보고 있는 그 칼은… 세상을 험악하게 만들 것인가, 아니면 세상을 향기롭게 만들 것인가.

13. 두 개의 달… 그러나

남과 여, 노인과 젊은이, 부자와 가난한 자, 보수와 진보, 남과 북… 세상은 모두
두 편으로 나뉜다. 그 두 편 말고는 존재하지 않으며, 게다가 그 두 편은 첨예하게
대립한다. 심지어는 하나밖에 없는 대상도 '관점의 차이'라며 둘로 나눌 수 있다.
마치 '두 개의 달'처럼.

정치는 대립을 부추기고 이용해서 자기 주머니를 채우는 것이 '전략'으로 미화되
는 세상. 그들은 디지털 세상이 등장하기 훨씬 전부터 각자의 진영으로 사람들을
몰아가, 갈수록 더 깊게 빠지게 만드는 '알고리즘'을 터득하고 실행하고 있었던
것이 아닐까. 그러나 우리가 아는 한… 달은 하나다.

So sorry… 리퍼트 쾌유 기원과 '과공비례' 2015. 03. 10.

'과공비례過恭非禮'. 지나친 공손, 즉 과공은 오히려 예의에 어긋난다는 의미입니다. 8년 전인 지난 2007년 4월에, 저는 당시 이태식 주미 대사와 방송에서 논쟁 아닌 논쟁을 벌인 적이 있었습니다.

> "한국 정부와 국민을 대표해 사죄를 표한다. 슬픔을 나누고 자성하는 뜻에서
> 32일 동안 금식을 하자."
> ─이태식(주미 대사), 2007년 4월 17일

기억하시죠? 한국계 조승희가 저지른 버지니아 공대 총기 난사 사건, 그때 얘기입니다. 한인회 주최 희생자 추모 예배에 참석한 주미 대사가 'apology' 그리고 'humble'● 이렇게 한국을 대표해 사죄를 표한 겁니다. 물론 기도회에서 나온 발언이었지만 논란은 상당 기간 이어졌습니다.

조승희는 엄연한 미국인인 데다 당시 우리 정부도 '위로와 애도'는 했지만 '사죄'는 하지 않았던 것에 견주어볼 때, 주미 대사의 사과는 적절치 않다는 비판이 나왔습니다. 미국 내에서도 "왜 한국이 사과를 하느냐"는

● apology : ① 사과 ② 양해를 구하는 말
   humble : ① 겸손한 ② (예의상 자기를 낮추는 표현에서) 초라한

반응이 나왔습니다. 다민족국가인 미국의 입장에서 보자면, 미국에서 자랐고 미국 국적을 가진 조승희가 저지른 범죄를 왜 한국이 사과해야 하는지 이해할 수 없다는 것이었겠지요. 8년 전의 논쟁을 다시 떠올린 이유. 오늘 퇴원한 리퍼트(Mark Lippert) 주한 미 대사를 둘러싼 '과공' 논란 때문입니다.

미안한 마음이 지극해서였을까요? 요 며칠 서울 도심은 'I love America'라는 구호가 넘쳐났습니다. 리퍼트 대사 쾌유 기원 촛불문화제가 등장했고, 부채춤과 난타 공연이 펼쳐졌습니다. 대통령의 제부가 직접 나서서 단식과 석고대죄까지 하면서 "So sorry". 너무나 미안하다고 했습니다.

2015년 서울 한복판에서 벌어진 때아닌 진풍경을 외신들도 놓치지 않았습니다. AP통신, 뉴욕데일리, 폭스뉴스 등 외신이 앞다퉈 이 장면을 소개했지요. 특히 『뉴욕타임스』의 기사는 미국을 대등한 우방으로 두고 싶어 하는 한국인들에게 당혹감을 안겨줍니다. 이 신문은 한국 내에 있는 여러 시민과 전문가의 말을 인용해서, 숭배에 가까운 이런 과한 행동들이 되레 역풍을 불러왔다는 비판을 전하고 있습니다. 한국 정부와 지지자들이 이번 사건을 정치적으로 이용하고 있는 것이 아니냐는 비난이 나오고 있다는 것이지요.

● 2015년 3월 5일 세종문화회관에서 열린 행사에 참석 중이던 마크 리퍼트 미국 대사가 진보 성향 단체의 대표로부터 공격을 받아 오른쪽 얼굴을 12cm 정도 베이고 손과 손목 부위를 크게 다친 사건이 일어났다.

"당시 발언에 대해 부정확한 기억으로 청취자를 오도한 점, 사과드린다. 다시 확인해보니 사과의 뜻을 포함한 표현을 했다."

— 이태식, 2007년 4월 25일

8년 전 미국에 대리 사과를 한 것이냐 논란을 낳았던 이태식 당시 주미 대사가, 제가 진행하던 라디오에서 논쟁 아닌 논쟁을 벌인 후에 며칠 지나지 않아, 청취자들에게 보내왔던 말입니다. 그는 이렇게 깨끗하게 정리했던 것이지요.

아마 지금쯤 이태식 전 주미 대사는 좀 억울할지도 모르겠습니다. 최근에 벌어진 이른바 과공에 비하면 과거에 그가 했던 말은, 그야말로 예의 차리기 정도였을 테니까요.

너는 어느 쪽이냐고 묻는 말들에 대하여

"역사교과서 국정화에 찬성하는가."

한 화장품 회사 신입 사원 면접에 등장한 질문입니다. 순간 지원자들의 머릿속엔 어떤 생각이 오갔을까요? 찬성이냐 반대냐를 다그치듯 물었다던 그 회사는 공식 사과했다지만 논란은 수그러들지 않았습니다.

또 몇몇 언론사에서는 역사교과서 국정화 반대 서명에 참여하면 인사상 불이익을 주겠다는 공지도 있었다고 들립니다. 물론 언론인의 불편부당不偏不黨을 위해서라면 맞는 말일 수도 있겠지만… 그것이 인사 불이익으로까지 이어진다는 것에는, 직업인이기 이전에 사유와 행위의 주체로서의 인간에 대한 불신이 느껴지기도 합니다.

'너는 어느 쪽이냐고 묻는 말들에 대하여'

어느 산문 제목이기도 합니다.

사실 이 질문은 우리에게 낯설지 않습니다. 인민군이 들어오면 '인민군 만세', 국군이 들어오면 '국군 만세'를 외쳤다던, 살기 위해 안간힘을 썼던 그 시절을 떠올리지 않더라도… 나와 생각을 공유하는 사람은 '우리' 그렇지 않은 사람은 단순한 '타인'이 아니라 총부리를 겨눌 '적'으로 만들어버리는, 사회 내면 깊숙이 자리 잡은 그 폭력의 언어들…

너는 어느 쪽이냐고 묻는 말들에 대하여

편가름을 통해 정치적 이익을 취해왔던, 그리고 지금도 얻으려 하는 우리의 정치인들에게 이 말을 옮겨드립니다.

"그냥 놔두게. 그도 프랑스야."

— 샤를 드골(Charles De Gaulle)

알제리가 프랑스의 지배를 받던 시절. 철학자 사르트르는 알제리 독립운동을 몰래 지원합니다. 프랑스 입장에서 본다면 명백한 반역 행위였겠지만, 그를 단죄해야 한다는 주장이 나오자 드골 대통령은 이렇게 답했습니다. "그냥 놔두게, 그도 프랑스야." 그래서 지금 우리가 기억하는 역사 속에서 드골도 사르트르도 공존할 수 있는 것이겠지요.

아이들의 교과서를 둘러싼 어른들의 전쟁. 시작은 있으되 끝은 기약이 없습니다. "너는 어느 편이냐…" 어쩌면 우리는 우리가 물려받은 가장 비뚤어진 유산을 다음 세대에게까지 물려주려 하는 것인지도 모르겠습니다. 그리고 언젠가 오늘이 역사가 되었을 때. 우리는 미래 세대로부터 똑같은 질문을 받게 되지나 않을까 문득 불안해지는…

우리가 바라본 제각기 달랐을… 두 개의 달

무라카미 하루키村上春樹의 소설 『1Q84』의 하늘에는 두 개의 달이 뜹니다. 노란색 달 뒤편에 희미하게 떠 있는 초록빛의 또 다른 달…

이 두 개의 달은 두 개의 다른 세계를 상징합니다. 연결되어 있긴 하지만 결코 건너갈 수 없는 두 세상은 공존하기 어려운 초월적인 시간과 공간으로 존재하지요.

그리고 그날 저녁 역시 달은 두 개였는지도 모르겠습니다.

겹겹이 세워진 성처럼, 견고한 3중의 차벽이 세워졌습니다. 공권력은 거리로 나선 시민과 그렇지 않은 이른바 순수한 시민을 '벽'을 세워서 구분했습니다. 인체에 얼마나 유해할지 가늠조차 힘든, 짙은 농도의 최루액이 시위 시민을 향해 조준 발사됐고… 발사 규정을 위반한 물대포는 60대 노인을 쓰러뜨렸습니다.

그렇습니다. 원칙 잃은 일부 시위대의 폭력 또한 부인할 수는 없습니다. 일선 경찰들은 부상했고 성처럼 버티고 있던 경찰버스는 파손됐습니다. 강경 진압이 시위대의 폭력을 유도했다고 주장해도, 그런 사실을 알았다면 더 조심했어야 한다는 지적이 따라붙습니다. 거리에서도 양쪽으로 갈라져 서로를 비난했던… SNS에서도 서로가 서로를 쓰러뜨린, 마치 전쟁과도 같았던 우리의 자화상.

우리가 바라본 하늘은, 달은… 제각기 달랐을 테지요. 서로를 향해 손가락질하는 정치권도 한쪽 면만 부각해서 전달하려 하는 일부 언론도. 우리는 어쩌면 두 개의 달을 가진… 서로가 함께할 수 없는 두 개의 다른 세상을 살고 있는 것인지도 모르겠습니다.

그런데 그 혼돈의 와중에 한 장의 사진이 사람들의 마음을 움직였습니다. 차벽을 세운 경찰버스 뒤에서 있었던 일이었습니다. 경찰의 눈에 들어간 최루액을 씻겨주는 한 시민의 모습. 서로를 향한 증오와 폭력의 이면에서 발견한, 인간에 대한 최소한의 예의가 아니었을까. 그리고 바로 이 지점에서, 과연 그 두 개의 다른 세상을 만들고 부추긴 이들은 누구일까도 생각해봅니다.

철옹성같이 세워진 차벽. 차벽의 이쪽과 저쪽을 가르고, 순수한 시민과 이른바 불순한 시민으로 나누고… 그리하여 우리가 서로 다르다 말하고, 이러한 비극을 통해 이익을 취하려 하는 이들은 과연 누구인가 하는 생각들…

또 하나의 푸른 달이 떠오른, 눈물과 함성이 범벅이 되었던 그날 밤.
오늘은 그 달마저 보이지 않는… 비 내리는 밤입니다.

追考 그해 11월 14일 백남기 농민이 서울 도심에서 열린 민중총궐기 집회에 참가했다가 경찰이 쏜 물대포에 맞았다. 그 때문에 1년여간 혼수상태로 있다가 2016년 9월 25일 사망했다. 한 달 후 태블릿 PC로 임계점에 다다랐던 국정농단 정국의 전야였다.

가을비가 메마른 땅을 적셔준 하루였습니다. 최악의 가뭄. 물이 너무나도 아쉬운 계절이었기에 더욱 반가운 가을비였습니다.

그러나 물은 또 다른 얼굴도 갖고 있습니다. 한 방울 한 방울 똑똑 떨어지는 작은 물방울… 시간이 지나면 그 처마 밑 바위는 움푹 패이게 됩니다. 쉼 없이 떨어지는 물방울이 만든 힘이지요. 지구상에서 가장 단단한 물질인 다이아몬드 역시 '워터젯(water jet)', 즉 물의 압력을 높여 만든 절단기를 이용하면 반으로 갈라집니다. 물은 유연하지만 그만큼 강하고 두려운 존재라는 이야기입니다.

2015년 11월. 한국 사회에서는 그 '물'이란 단어에 또 하나의 위압적인 단어가 붙은 합성어가 운위됩니다. '물대포'.

처음 물대포가 시위 진압에 사용된 것은 1960년대 미국에서였습니다. 최루탄이나 곤봉보다 물이 훨씬 더 안전하다는 이유에서였지요. 그러나 시위대가 물살에 나가떨어지는 모습이 언론에 비치면서 인권침해 논란이 일었고, 독일에서는 물대포를 맞아 실명했던 사례도 나왔습니다.

2011년 런던 폭동을 겪은 보리스 존슨(Boris Johnson) 시장 역시 "내가 직접 맞아보겠다"라고까지 말하며 물대포 도입을 주장했지만, 정부는 승인을 거부했습니다. 눈과 같은 급소를 직접 타격하거나 물줄기로 인해 쓰러져 치명상을 입는 등 무려 67가지의 문제점이 발견됐고, "국민의 동의를 바탕으로 하는 경찰의 전통이 훼손되어선 안 된다"는 이유에서였습니다.

그러나 우리의 공권력은 물대포에 매우 명확한 입장을 갖고 있습니다.

"물대포는 경찰봉보다 안전하다. 물대포 맞고 부상당했다면 거짓말"

지난 2008년 물대포의 안전성 논란이 벌어졌을 때, 당시 서울 경찰청의 입장이었습니다. 그랬으면 좋았겠습니다. 아시는 것처럼 그 이후로도 물대포로 인한 크고 작은 부상이 이어졌습니다. 급기야 지난 주말에는 그 물대포를 직격으로 맞은 노인이 닷새째 사경을 헤매는 중입니다.

상대를 적으로 간주했을 때 발사하는 '대포'. 그리고 세상은 온통 대결적 단어들로 넘쳐납니다. '전문 시위꾼' '폭력 시위'. 또 반대편에선 '폭력 경찰' '살수테러'… SNS에서도, 정치인들의 입에서도. 극단으로 달려간 대결적인 언어들은 물이 아닌 '말대포'가 되어 서로를 겨누고 있지요.

11월 최대 강수량이라는 가을비가 이어지고 있습니다. 그러나 지난 여름, 비가 너무나도 귀했던 탓에 가뭄은 아직도 해갈되지 않았습니다. 그 가뭄 속에 벌어진 처절한 물의 전쟁… 최루액 섞인 그 물 위로 가뭄을 적셔주는 빗물이 내립니다. 그리고 다시 떠오르는 영국 내무 장관의 말.

"국민의 동의를 바탕으로 하는 경찰의 전통이 훼손되어선 안 된다."
—테리사 메이(Theresa May, 영국 내무 장관)

추적추적 늦은 봄비가 내리던 날에 행사장에는 지붕이 없었습니다. 어버이날을 이틀 앞두고 열린 행사.● 흩뿌리는 비에 의자는 젖어 있었고, 우비를 받아 든 노인들은 지붕 없는 야외 행사장에서 비에 젖은 도시락으로 점심을 대신했습니다.

'100세 시대'라는 말이 유행가 가사에도 나오는 요즘. '호모 헌드레드(Homo hundred)'라 칭해지는 신인류는 이렇게 새로운 고민에 빠졌습니다. 독거노인 144만 명 시대. 생계를 위해서 폐지를 주워야 하고, 자선단체의 무료 식사를 먹기 위해서, 혹은 500원의 동전을 받기 위해서 순롓길에 나서는 사람들.

노년은 전투가 아니다. 대학살이다.

— 필립 로스(Philip Milton Roth), 『에브리맨』

미국의 작가 필립 로스가 이렇게 칭했듯… 나이듦과 존엄, 원숙함과

● 대한노인회가 서울 용산가족공원에서 진행한 제44회 어버이날 기념식에 참석한 노인들에게 식사를 대접했는데, 이들이 빗속에서 밥을 먹는 현장 사진이 논란이 되었다. 이보다 몇 달 전인 1월 21일 〈뉴스룸〉 '밀착카메라'는 여러 곳의 종교단체에서 나눠주는 500원을 받기 위해 순롓길을 떠나는 서글픈 노년의 풍경을 보도한 바 있었다.

연륜이 가득해야 할 노년은 치열한 '생존'과의 싸움과 고립되지 않으려는 '욕망'으로 변모했습니다. 그 안간힘 속에서 그들의 이름 '어버이'란 단어는, 때로는 존경이 아닌 비아냥의 대상으로 변모하게 된 것인지도 모르겠군요.

정황은 갈수록 뚜렷이 드러납니다. 오늘 〈뉴스룸〉이 전해드린 내용에 따르자면 어버이연합과 유착된 의혹을 받는 청와대 행정관들, 그들이 과거 몸담았던 보수단체에 어디선가 수십억 원의 돈이 지원되어왔다 하고… 정부의 자금 지원도 끊이지 않았습니다.

관제 시위. 그 낡은 이름을 위해서 누군가는 경제적으로 기층에 있고 사회적 관계에서 고립돼 있는 노년들을 단돈 2만 원짜리 부품으로 사용했습니다. 아니 '누군가'라고 에둘러 얘기할 필요도 없이 그들은 자신들의 기득권을 지키기 위해 경제·사회적 최약자를 싼값에 이용한 바로 그 사람들… 우리는 다 압니다.

그러는 사이 이런 최약자들이 '어버이'라는 이름을 스스로 강조하는 세상에서, 어버이날 그리고 어버이라는 이름은 대한민국에서 본의 아니게 두 가지의 다른 뜻을 갖게 된 현실.

비옷을 입은 채 젖은 도시락을 손에 쥔 어버이, 그리고 뜨거운 아스팔트에서 고성을 지르는 어버이… '호모 헌드레드' 시대를 사는 그들의 머리 위에는, 하나같이 뜨거운 태양과 비바람을 막아줄 지붕이 없었습니다.

경상북도의 내륙 성주는 언제부터인가 섬이 되었습니다.

누군가가 던진 '외지인' 프레임 탓이었을까… 사람들은 조금 움츠러들었고, 여름의 시작을 뜨겁게 달궜던 사드 배치 문제는 어느새 성주 그곳 한 지역만의 문제가 되어버린 듯합니다. 매일 밤 촛불문화제가 열리고 주민들은 목소리를 높이고 있지만, 그 주변에 쳐진 깊은 도랑 탓일까… 그들의 목소리는 섬의 바깥으로 나오지 못하고 있습니다.

"배를 버리지 않겠다."

이석태 세월호 특조위원장은 광화문 천막 안에서 단식으로 무더운 여름의 중심을 통과했습니다. 어느새 잊혀가는 그 죽음들… 위원장은 아직 인양조차 하지 못한 세월호의 특조위 기간 연장을 요구하면서 7일간의 단식을 했지만… 광화문의 그 천막은 마치 섬처럼, 항상 그곳에 있었던 풍경처럼, 잊혀가는 것 같습니다.

그리고 또 하나의 섬이 있습니다.

'정의기억연대'. 잊지 않기 위해서 시민들이 만든 단체입니다. 일본 내에서는 오늘도 전해드린 것처럼 다시 극우 정치인들이 득세하고 있으며, 그래서 소녀상과 10억 엔이 또다시 같은 등가의 선상에서 운위될 때… 국가는 '화해와 치유'라는 이름의 재단을 만들어 불가역으로 잊어야 할 것을 말할 때… 소녀들은 오늘도 잊지 않기 위해서 뜨거운 한낮 거리에 나섰습니다.

'화해와 치유' '정의와 기억'. 그 향기로운 단어들이 섬처럼 서로 마주 서서, 각기 다른 곳을 바라보는 생경한 풍경…

사람들은 무더위로 지쳐갑니다. 분주한 걸음으로 거리를 지나치고 쉼을 얻고자 떠난 사람들도 있습니다.

그러나 이 여름, 단지 섬으로 내버려두어서는 안 될 섬들이 있습니다.

그래도라는 섬이 있다.
…
그래도 부둥켜안고
그래도 손만 놓지 않는다면
언젠가 강을 다 건너 빛의 뗏목에 올라서리라.
…
그래도 거기에서 만날 수 있으리라.
　　—김승희, 「그래도라는 섬이 있다」

별이 빛나는 밤에… "간절히 바란다면"   **2017. 02. 01.**

지금 이 시간 우리의 머리 위 하늘에는 달과 화성, 금성. 제각기 다른 중력과 공전주기를 갖고 있는 세 개의 천체가 나란히 열을 맞추어 함께 빛나고 있습니다. 마치 고흐의 그림 속 풍경과도 같은 아름다움…●

사람들이 그 반짝임을 마음에 담아두고자 하는 이유는 규칙과 질서가 서로 다른 모두가 한 공간에서 나란히 자리하는 것, 그것이 너무나도 쉽지 않음을 알고 있기 때문일 겁니다.

설 명절날 밥상머리에서 예기치 못하게, 혹은 이미 예상했던 대로 마음의 상처를 입은 사람들은… 일상으로 돌아온 지금도 그 불협화음의 말들이 한편에 남아 속을 끓이곤 합니다. 그래서 이렇게 되뇌곤 하지요.
"그래, 가족끼리라도 정치 얘기는 하지 말자."

"거짓말은 처음에는 부정되고 그다음에는 의심받지만, 되풀이하면 결국 모든 사람이 믿게 된다."
— 파울 요제프 괴벨스(1897~1945)

그렇습니다. 누군가는 그것이 분명 정치적 의도임을 알면서도 집요하

● 빈센트 반 고흐, 〈삼나무와 별이 있는 길〉, 1890.

게 지속된 선전에 그만 귀를 빼앗겼고, 누군가는 그것이 가져온 관계의 파괴를 안타까워했습니다.

함께 마음을 모으는 것. 우리 앞에 쏟아진 분열의 말들 앞에서 그것은 쉬운 일이 아니었고… 설 전에 던져진 누군가의 덕담처럼 오붓한 분위기를 갖는다는 건 당초부터 불가능했는지 모르지요.

"국민 여러분께서 오붓한 분위기 속에서 즐거운 명절 보내시길 기원하겠습니다." ―박근혜 대통령, 〈정규재TV〉 2017. 01. 25.

증거와 증언과 수사를 통해 밝혀지고 있는 그 모든 사실은 뒤로한 채, 이른바 조작설을 앞세운 선전은 이어지고… 사람들의 우주는 흔들리고, 행성은 분열하고 반목합니다. 급기야 말한 사람은 부정했으나 들은 사람은 맞다고 주장하는 이 말까지 나왔다고 하지요.

"탄핵 기각되면 국민의 힘으로 언론과 검찰이 정리될 것."

사람들 사이에 금을 그어서 그 일부라도 움켜쥐고 싶은 누군가의 욕망은… 그 일부를 제외한 대다수가 변질된 것 같다는 엉뚱한 인상비평만 남기고 떠나버린 누군가의 미련과 어떻게 다른지 궁금해지는 오늘.●

●반기문 전 유엔 사무총장이 이날 "정치 교체를 이루고 국가 통합을 이루려 했던 순수한 뜻을 접겠다"며 대선 불출마를 선언했다. 그는 '순수한 애국심과 포부'가 '인격 살해 가까운 음해, 각종 가짜뉴스'로 인해 실종됐다 했고, "현재 우리가 안고 있는 문제들을 해결하는 데 있어서 나 아니면 안 된다는 유아독존식의 태도도 버려야 한다"고 덧붙였다.

일직선상에 놓인 달과 화성과 금성. 제각기 있어도 총총하게 빛날 것 같지만 세 개의 반짝임이 공존해서 더 밝아진 오늘 밤. 하늘 밑 세상도 그럴 수 있기를…

바로 그 누군가가 말했던 대로, 우리가 간절히 바라고 바란다면… 오늘 같은 날 온 우주가 도와주지나 않을까. 별이 빛나는 밤에…

　　팝스타 아델(Adele)은 시상대에 올라가 트로피를 절반으로 쪼개버렸습니다. 얼마 전 그래미 시상식에서 있었던 일입니다. 아델은 이렇게 말했습니다. "정말 감사하지만 나는 이 상을 받을 수 없다. 비욘세(Beyoncé), 당신은 나와 내 흑인 친구들이 살아 있음을 느끼게 해준다."

　　후보에 나란히 올랐던 비욘세를 향한 말이었지요. 비욘세는 함께 눈물을 흘렸습니다.

　　너무 하얀 그래미(#GrammysSoWhite) ─ 『뉴욕타임스』 2017. 02. 13.

　　이런 말이 나왔을 만큼 그래미상은 유독 흑인음악에 인색했습니다. 더구나 지금은 극심한 인종 갈등을 부추기는 트럼프의 세상이기도 합니다.

　　"청룡영화상은 정말 상을 잘 주죠?"

　　배우 김혜수 역시 2년 전 청룡영화상 사회를 보는 도중 이렇게 말했습니다. 역사와 전통을 지닌 대종상 영화제가 편향 심사 논란에 휩싸였던 바로 그 시기. 좋은 영화가 후보작에조차 오르지 못하던, 당시는 석연치 않았으나 지금은 익히 짐작이 가는 그때의 상황을 고스란히 담아낸 일침이었습니다. 웃으며 던진, 그러나 사람들의 귀에 선명하게 꽂힌 그 한마디는 지금까지도 회자되고 있습니다.

재치 있게, 유쾌하게 자신의 생각을 전했던 팝가수와 배우. 그들은 상대방을 '조롱'하거나 '독설'로 말하지 않았습니다. 그리고 그것은 긴 겨울을 견뎌내는 중인 광장에서 시민 모두가 보여줬던 '품격'과도 다르지 않았습니다. 굳이 미셸 오바마의 이 말을 다시 기억하지 않더라도…

"그들은 저급하게 가도 우리는 품위 있게 가자!"

조롱과 독설, 심지어는 위협의 시간과 공간을 극복하고 유사 이래 이런 적이 있었던가 싶을 정도로 절대 다수로 나타나는 시민의 생각들…

무엇보다도 이른바 가짜뉴스에 좌지우지되지 않았던 합리적 이성이 있었기에 가능한 일이었습니다. 누군가를 지지하든 지지하지 않든, 이런 결과는 아마도 시민 개개인의 깊은 고뇌의 산물일 것이라는 믿음을 우리는 가질 만하지 않은가.

이제 막바지로 향하는 발걸음. 지금 그 한 발 한 발은 무엇보다도 신중하고 조심스러워야 할 시기… 그래서 다시 떠올리는 품격 있는 저항. 아델의 그래미상과 김혜수의 청룡영화상.

> **追考** 2015년 제52회 대종상 시상식은 파행이었다. 영화제 측이 '참석하지 않은 배우에게는 상도 없다'며 대리 수상 불가 방침을 발표하자, 남녀 주연상 후보 9명이 모두 불참을 통보했다. 당시 대종상 영화제는 가장 오래된 영화제이지만 가장 보수적으로 편향돼 있다는 비판을 받고 있었다.

그의 이름은 이윤상이었다

소년은 돌아오지 않았습니다. 심부름을 나갔던 중학생 아이는 학교 선생님에게 납치되어서 결국 죽임을 당했습니다. 1980년 11월, 도박 빚에 시달리던 교사가 저지른 이윤상 군 유괴살해 사건. 당시 대통령이었던 전두환 씨까지 나서서 사건을 빨리 해결하라고 독촉했습니다.

"살려 보내면 너도 살고, 죽여 보내면 너도 죽는다."

범인을 향한 특별 대국민 담화문도 무척 그답긴 했습니다만… 세간을 떠들썩하게 만들었던 이 잔인한 사건은 이청준의 소설 「벌레 이야기」의 모티브가 되었고, 영화●로도 기억이 됩니다.

잘 알려지지 않은 이야기이지만, 그가 이름에서 성을 떼어낸 이유는 그것 때문이었습니다.

"비슷한 나이였던 … 납치된 그 어린이와 이름이 같아서…"

— 윤상(작곡가·가수)

● 박찬욱 감독 영화 〈친절한 금자씨〉(2005년 작), 이창동 감독 영화 〈밀양〉(2007년 작).

어린 그에게 비슷한 또래의 비극적 죽음은 본인의 의지와 상관없이 하나의 트라우마로 작용했던 것 같습니다. 이름을 이윤상이 아닌 윤상으로 바꾸어서 대중 앞에 나선 한 음악가의 이야기였습니다.

어제 불쑥 등장한 지적은 그래서 더욱 난데없어 보였습니다. "윤이상, 윤기권, 윤상원 … 이들 중 누구와 가까운 집안입니까?"
자신들이 '반反대한민국 세력'이라 규정한 이들과 똑같은 윤 씨 성을 가졌으니 윤상 씨의 사상 또한 의심스럽다는 주장.

"본명이 이윤상입니다만…" — 김형석(작곡가)

더구나 사실관계조차 엉망이었던 비방성 의혹들은 결국 그의 성이 윤 씨가 아닌 이 씨라는 간단한 한 줄로 정리되고 말았습니다만… 그저 해프닝이라고 넘기기에는 깊은 씁쓸함을 남겼습니다. 그 주장대로라면 차라리 걱정을 해야 할 사람들은 북쪽의 사람들이 아닐까. 작곡가 윤상과 함께 갈 조용필, 백지영, 레드벨벳, 정인 등의 가수들은 자본주의의 토양 속에서 자라난 대중예술인들이니 말입니다.

연필 끝에는 지우개가 달려 있다.
연필이 잘못 쓰면 지우개가 지워주고
우리들 마음에도 지우개를 달자
잘못된 생각을 지워버리게
— 이윤상 군이 초등학교 5학년 때 쓴 동시(『동아일보』 1981. 02. 27)

앞서 말씀드렸던 비극의 주인공 이윤상 군이 초등학교 시절에 남긴 동시의 한 구절입니다. 소년의 시간에서 멈춰야 했던 동심은, 오늘의 이 웃지 못할 논란을 어떻게 보고 있을까.

追考 2018년 4월 1일 평양 동평양대극장과 4월 3일 류경정주영체육관에서 남측 예술단의 공연이 열렸다. 예술단장 겸 음악감독을 윤상이 맡았다. 1일 공연의 부제목은 〈봄이 온다〉. 적어도 아직은 그 봄이 오진 않았다.

"레드가 들어가는 것에 대해 혹시…"

기자의 조심스러운 질문에 윤상 음악감독은 웃었습니다. 평양에 가서 공연하는 걸그룹의 이름은 레드벨벳. 공교롭게도 그들의 인기곡 역시 〈빨간 맛〉이었으니… 사회주의국가인 북한에서 빨강으로 공연해도 괜찮겠냐는 질문이었습니다.

하긴 우리에게는 빨간색만 봐도 두려웠던 이념의 기운이 분명히 존재합니다. 빨강은 갈라진 이념이 상징하는 핏빛의 두려움… 분단과 전쟁 이후에도 그 선명한 색깔은 '레드 콤플렉스'라는 이름으로 서로 다른 생각을 옥죄고는 했으니까요. 그러나 지금의 세상에서도 빨강은 정말 그러할까?

"분홍은 대개 남자아이의 색으로, 파랑은 여자아이의 색으로 간주된다."

잘못 들으신 게 아닙니다. 1897년도 『뉴욕타임스』 기사입니다. 남자아이는 분홍, 여자아이는 파랑이라니… 당시 분홍은 지금과는 달리 빨간 피를 연상시키는 남성적인 색으로 인식되어서 남성이 즐겨 입는 색이었습니다.

문화학자 개빈 에번스(Gavin Evans)의 책 『컬러 인문학』에 따르면 중세시대의 노랑은 예수를 배반한 유다의 망토 색으로 그려질 정도로 비겁함을 상징했지만, 중국 왕조시대의 노란색은 황제의 권위를 나타냈고…

초록색 또한 평화의 의미로 널리 쓰이지만 셰익스피어는 그의 작품에서
초록을 질투의 색으로 표현했습니다.

"오, 나의 군주시여. 질투를 조심하소서! 자신이 먹고사는 고리를 조롱하는
초록 눈의 괴물일지니…" ─셰익스피어, 『오셀로』

색깔에 의미를 부여하고 이념을 덧씌우는 것은 누구도 아닌 사람의 마
음이라는 이야기가 되겠지요. 자, 그렇다면 이것은 어떨까요?

"겉은 오렌지색이면서 속은 빨간 '자몽 헌법' … 아주 벌겋다."
─홍지만(자유한국당 대변인), 3월 21일

청와대의 개헌안에 대해서 자유한국당은 논평했습니다. 물론 지방분
권, 토지공개념, 4년 연임제 등 쟁점이 되는 사안에 대한 의견 제시는 당연
합니다. 그러나 자신과 다른 생각이 등장하면 습관적으로 덧씌우는 빨간
빛의 단어들…

빨갱이 / 벌겋다 / 적화통일 / 청와대 주사파 / 종북좌파 정권

90년대 이후 출생한 걸그룹 노래에 담긴 빨강은 여름을 상징하는 상큼
함이 담겨 있었습니다. 그들은 빨강에서 누구보다 자유로워 보였지요. 그
들의 빨강이 젊음과 자유로움을 상징하듯… 이제는 낡은 편견에 잡혀 있
었던 빨강을 놓아줄 때도 되지 않았을까.

이곳에는 콜라… 콜라가 필요하다

드와이트 아이젠하워(Dwight Eisenhower). 1943년 제2차 세계대전 당시의 연합군 총사령관이었던 그는 본부에 긴급한 전보를 칩니다.

"이곳에는 콜라… 콜라가 필요하다."

무려 300만 병의 콜라를 주문한 총사령관. 조금 황당하게 들릴지 모르겠지만, 포성 자욱한 전쟁터에서 콜라는 유일한 위안이었던 모양입니다.

찌르르~ 하니 톡 쏘는 음료, 탄산에 중독된 것은 그들의 적군도 마찬가지였습니다. 독일 내 콜라 공장 직원들이 모두 도망가자, 어떻게든 콜라가 마시고 싶었던 히틀러는 독일식 탄산음료인 환타를 만들게 했고… 냉전 시기 소련의 영웅이었던 게오르기 주코프(Georgy Zhukov)는 스탈린 몰래 '제국주의 음료수'인 콜라를 마시기 위해 색깔을 뺀 위장 콜라를 들여왔다는 후일담도 있습니다.

속 시원한 청량감. 답답한 속을 뻥 뚫어주는… 그래서 전쟁통은 아니라 하더라도 세상이 답답하고 맘에 안 들 때 누군가의 한마디가 속 시원하면, 우리는 '사이다 발언'이라고도 하지요.

그러나 함정도 있습니다. 한 번의 속 시원함은 두 번째에는 좀 더 강한 자극을 원하기 마련. 세 번째, 네 번째는 더… 말은 점점 독해지고, 그렇게 해서 중독돼가는 것이겠지요. 지지자들에게는 사이다 발언일 수도 있겠지만 다른 사람들에게는 막말이 되는 현상은 바로 그 때문이 아닐까.

그러고 보면 마약이 별건가. 분명 잘못되었다는 걸 알면서도 도저히 빠져나오기 힘든 중독성… 점점 더 강한 것을 원하게 되는 그 속성은 바로 막말과 닮아 있습니다. 요 며칠 사이 모두가 공분한 세월호 유가족을 향한 막말들도 초기부터 지금까지 점점 더 험악해져왔으니까요.

"기본적으로 교통사고"
"AI가 터지면 책임은 대통령인가"
"시체장사"
"진짜 징하게 해 처먹는다"

"이곳에는 콜라… 콜라가 필요하다."
그 '이곳'이 전쟁터가 될 수도 있고 우리의 일상이 될 수도 있겠지만, 그저 콜라면 될 일… 혹시 누군가의 막말이 청량음료처럼 느껴진다면, 그것은 이미 중독의 경고등이 켜졌다는 것… 마약처럼 말입니다.

감염의 경로

김포와 강화까지 침투하면서 남하 중인 돼지열병은 바이러스가 원인 이지요. 바이러스는 약으로는 쉽게 죽이기 어렵고 몸 안에 있는 면역 체계 가 이겨내야 하는 것입니다. 그런 의미에서 본다면 번지는 돼지열병은 우 리가 모른 체했던 가축 사육 방식이 얼마나 위험한가를 거듭 알려준 계기 가 되었고, 결과는 산 채로 땅에 묻혀 방역 처리를 당하는 돼지의 비명과 함께 우리 앞에 다가왔습니다.

면역력이란 외부 침입으로부터 몸을 보호하는 방어 시스템을 말합니 다. 한 번 싸워 이겨낸 뒤에 만들어진 자연면역과 예방주사를 맞아 생기는 인공면역도 있지만, 평소에 차곡차곡 면역력을 쌓으면 병에 잘 걸리지 않 는다 하니… 환절기에 코가 맹맹할 즈음 뒤늦게 찾아오는 생각은 '평소에 건강관리 좀 잘해놓을 걸' 따위의 뒤늦은 후회라고나 할까.

그러나 앞당겨 차곡차곡 대비를 해도 또 아무리 고생을 겪었어도, 견 딜 수 없이 우리를 괴롭히는 바이러스도 존재합니다. 주장의 터무니없음 도 잘 알고 있고 목적이 무엇인지도 선명하게 보이지만, 이 바이러스는 당 최 쉽게 면역이 되지 않는데… 그것은 잊을 만하면 창궐하는 모욕의 발언 들이었습니다.

"매춘의 일종 … 한번 해볼래요"

"극우는 테러하는 안중근 같은 사람"

"일제의 강제 침탈론은 거짓"

　　　— 류석춘(연세대 사회학과 교수)

조용히 무시하고 싶지만 상처받는 이들은 분명히 존재하고… 급기야 가장 약한 곳을 파고들어서 누군가를 어김없이 전염시키고 마는 치명적인 전투력. 소녀상에 침을 뱉고 모욕한 청년들도, 또 연구의 결과라는 미명하에 차마 옮길 수 없는 단어들로 일본군 '위안부'들을 모욕하는 이들도… 그 끈질긴 바이러스에 감염된 우리 사회의 가장 약한 고리가 아니었을까.

그리고 지금도 끊임없이 어디선가 감염자는 발생하고 있으니… 마치 죽어도 죽지 않는 좀비들마냥 허공을 배회하고 있는 것들로 인한 '피로감', 그 끝없는 재방송에 대처할 수 있는 방법이 있기는 한 걸까.

돼지를 먹지 않을 수 없다면 조금 더 비용을 들이더라도 깨끗이 키워야 한다는 것이 답이겠지만… 아무리 모욕감을 느끼더라도 그들과 함께 가야 하는 것이 민주주의라면… 이를 위해 치러야 할 사회적 비용은 대체 얼마일까.

'사나이'…성 군기 행동 수칙, 여군만 고립?   2015. 02. 05.

'사나이'. 사전적으론 혈기 왕성한 남자를 이르는 말입니다.

그런데 군대에서 이 '사나이'라는 말을 가급적 삼가는 것을 검토 중이라고 합니다. 〈진짜 사나이〉라는 노래를 못 부르게 되는 것은 아니지만, 앞으로 새로 만들어지는 군가에서는 이런 단어를 사용하지 않겠다는 것이지요.

마지막 금녀의 구역이었던 육군 3사관학교에서도 처음으로 여생도를 선발하는 등, 여군 1만 명 시대에 발맞춰 가겠다는 군의 조치가 있었습니다. 더 이상 군은 '사나이'만의 전유물이 아니라는 의미입니다. 실제로 미군도 지난 2008년 100년 역사의 육군사관학교 교가에서 '남성들(the men)'을 '장병들(the ranks)'로 '우리 아들들(we sons)'을 '부대(the corps)'로 단어를 바꿨습니다.

그러나 '사나이'란 단어가 사라지고 있는 반면, 난데없이 등장한 단어가 하나 있습니다. '아가씨'입니다. 군 내 성폭행 사건에 대한 여파가 계속 이어지고 있는 중에 얼마 전 육군 장성 출신의 현역 국회의원이 이런 표현을 사용했습니다.

"하사 아가씨" ─송영근(새누리당 의원)

논란 끝에 해당 의원은 '아가씨' 발언을 사과했습니다.

그런가 하면 육군 주요 지휘관 회의에서 "여군들도 싫으면 명확하게 의사 표시를 해야 한다"는 말이 나왔다는 인권단체의 주장도 있었습니다. 이에 대해 군은 "여군도 자신을 보호하기 위한 차원에서 의사 표현을 분명히 하도록 교육시켜야 한다"는 뜻에서 말한 것이라 반박했지요. 이러한 논란을 지켜보는 마음, 씁쓸한 이유는 무엇일까요?

지난해 군인권센터가 여군 100명을 상대로 한 설문 결과, 10명 중 9명이 '성 관련 피해를 당해도 대응하지 않겠다'고 답했습니다. 대응해도 소용이 없어서(38.6%), 또 불이익 때문(36.9%)이라는 것이 주된 이유였습니다. '여군의 주적은 남자 군인이다' 이런 말이 나올 정도라고 하니, 상명하복의 군대 문화에서 여군이 처한 현실은 결코 쉽지 않아 보입니다.

쏟아지는 비난 탓인지 육군이 '성 군기 관련 행동 수칙'을 검토 중이라는 이야기도 나왔습니다.

- 남녀 군인 단둘이 차량 이동 금지
- 이성 군인과는 한 손 악수만 허용
- 남자 군인 혼자서 이성 관사 출입 금지
- 남녀가 단둘이 사무실에 있어서는 안 되며, 부득이한 경우에는 출입문 열어놓기

어떤 생각이 드십니까? 인식이 바뀌지 않는 한, 위에 말한 대책은 100 가지를 내놓아도 소용없을 겁니다.

군에서 점차 사용을 줄여나가겠다는 사나이라는 단어. 그러나 우리 군은 여성 동료를 '대한민국 군인'이 아닌 '군인 아가씨'로만 대하고 있는 것은 아닐까요?

"여군은 초콜릿을 좋아하지 않는다."

여군의 인권 현실에 대해 지적해온 대한민국 1호 여군 헬기조종사, 피우진 예비역 중령이 한 말입니다. 저도 군에 있을 때 여군을 많이 봤습니다. 제가 아는 한 여군은 남군 못지않게, 혹은 그 이상으로 용감한 사람들이었습니다. 피우진 예비역 중령도 그런 사람 중의 하나였습니다.

우리는 이미 들켜버렸습니다

섬마을의 선생님. 그는 배를 타고 경찰서를 찾아가서 그 끔찍했을 악몽을 세상에 알렸습니다. 숨겨졌던 범죄들은 추가로 드러났고, 미안함보다 줄어들 관광객을 더 걱정하고 있다는 마을 사람들의 이야기마저 전해졌지요.

당황한 교육부가 맨 처음 내놓은 대책은 간단했습니다. '여교사 대신 남교사 파견'. 전국 도서·벽지에 근무하는 여교사가 3,000명이라는데, 일선 학교에서 구경하기도 어렵다는 남자 교사들을 죄다 도서·벽지로 보내겠다는 것인지… '여자' 대신 '남자'를 보내겠다는 그 발상은 성폭행의 원인을 제공한 주체가 '여성'이라는 인식과 겹쳐 보이면서, 낙후된 그 섬에서 벌어진 그 일들만큼이나 낙후된 것으로 보였습니다.

공교롭게도 대통령의 첫 해외 순방에서 논란에 휩싸였던 인물 또한 다시 등장했더군요. 그는 무고하게 상처를 입었다는 자신의 영혼을 논하면서 "억울하다"고 세상에 외치고 있습니다.* 기억하시겠습니다만 당시에도 청와대가 내놓았던 처방은 여자 인턴이 아닌 남자 인턴의 채용이었습니다.

---

* 2013년 5월 박근혜 대통령의 방미 일정을 수행하던 청와대 대변인이 여성 인턴을 성추행했다는 의혹이 불거져 물러났다. 청와대는 "불미스러운 일에 연루됨으로써 고위 공직자로서 부적절한 행동을 보이고 국가의 품위를 손상했다"고 경질 사유를 밝혔다. 당사자는 의혹을 부인하고 있다.

문제의 원인인 '여성'을 없애면 간단히 해결된다는 그 낙후한 생각들…

그리고 덧붙여진 설상가상의 이야기는 또 있습니다. "용모 중요. 예쁜 분." 대통령의 프랑스 순방 당시 통역사를 모집하면서 붙인 조건입니다.

"대통령이 오는데 나는 왜 예뻐야 하나?" 프랑스에 살고 있는 한 통역사는 모국의 낙후된 성적 인식에 비판을 가했습니다. 청와대 행사에서 모집하는 통역사의 기준조차 실력보다 외모가 우선이라면, 모국의 여성들은 어떠한 편견 속에서 살아가는 것인가… 통역사는 절망했습니다.

섬마을의 선생님과 '내 영혼의 상처', 그리고 '예쁜 분' 우대…

온 섬마을의 선생님을 모두 남자로 바꾸든, 너무나 억울하다는 그 누군가의 영혼의 상처가 음모론의 힘을 빌려 봉합되든, 예쁜 분 우대를 갑자기 통역 실력 우대로 바꾸든… 아주 솔직하게 말해서, 우리는 이미 들켜버렸습니다.

19세기 프랑스의 화가 에드가 드가(Edgar Degas, 1834~1917)는 '무희의 화가'라고 불릴 만큼 발레리나를 즐겨 그렸습니다. 날아갈 듯 가벼운 매혹의 순간은 물론이고 무대 뒤 고단한 모습의 무희들은 오늘날의 우리에게도 말을 걸고 있는 것 같습니다.

묘하게도 드가의 그림에 등장하는 무희들에게서는 아련한 슬픔과 고통이 묻어납니다. 그것은 화려한 무대 위의 모습과는 다른… 가려진 그들의 삶 때문은 아니었을까.

그 시절의 발레리나들은 주로 빈곤한 집안의 소녀들이었습니다. 혹독한 훈련과 인고의 시간을 거쳐야 무대 위에 오를 수 있었지만, 삶은 여전히 나아지지 않았지요. 심지어 공연 관람객의 일부는 생계를 미끼로 그들을 성적으로 착취하곤 했습니다.

"공연장은 세련된 탐욕과 헐벗은 희생자를 엮어주는 곳"
—루이 엑토르 베를리오즈(Louis-Hector Berlioz, 작곡가)

이런 말까지 나올 정도였다고 하니… 드가의 작품 속 무희는 그저 아름다운 무희가 아니라, 고통과 슬픔을 가진 인간의 모습이었습니다.

"30~40대가 되어서도 '장자연은 배우다'라는 말을 듣고 싶습니다."

— 장자연(배우)

서른을 앞둔 배우의 꿈은 이러했습니다. 어린 시절 아버지를 여의고, 연예계에 데뷔할 무렵 어머니마저 잃었던 신인 연기자. 사람들은 그 무명의 간절함을 이용해 접대를 요구하고 폭력을 휘둘러 마음을 벼랑으로 내몰았습니다.● 그 모든 것이 자연스러웠던 잔인하고 차가운 세상…

10년 가까운 시간이 지나, 잊힌 사건을 되짚으려는 노력은 시작되고 있는데…

'고故 장자연 사건', 재수사 검토

— 『중앙일보』 2017. 12. 26.

"눈에 멍들고…" 수사 기록 속 '폭행' 정황

— JTBC 〈뉴스룸〉 2018. 01. 09.

그렇다면 세상은 달라졌을까? 달라지지 않은 돈과 힘의 논리는 거의 10년 전 사건 당시가 아닌, 어쩌면 19세기 프랑스와 비교해보더라도 마찬가지가 아니었을까.

● 장자연 리스트 논란. 2009년 3월 배우 장자연이 자살 전 남긴 일명 '장자연 문건' 등으로 사회문제화되었다. 2017년 12월 25일 검찰 과거사위원회의 검토 대상 사건에 올라 논란이 점화되었다.

19세기 드가의 그림은 150년이 지난 지금도 우리에게 전해져서 강자의 욕심과 약자의 고통을 이야기하고 있습니다. 그리고 또 다른 한 명의 가수이자 배우는 이런 말을 남기기도 했습니다.

"진실은 태양과 같다. 잠깐 막을 수는 있지만 사라지지는 않는다."

— 엘비스 프레슬리

영화 〈굿 윌 헌팅(Good Will Hunting)〉의 주인공, 청소부 윌은 뛰어난 두뇌를 가지고 있었지만 늘 세상과 불화했습니다. 어린 시절 양아버지의 폭력에 고통당하면서도 오히려 자신을 책망했던 소년. 마음속 깊이 담아 놓았던 그 상처 탓이었을까… 세상을 향해 굳게 닫혀 있던 그의 마음을 녹인 한마디는 별다른 것이 아니었습니다.

"It's not your fault."

"It's not your fault."

"It's not your fault."

수없이 반복된 위로의 말을 들은 윌은 끝내 울음을 터뜨리게 되지요. 무언가 해결책을 내어준 것도 아니었고 달라진 상황은 하나도 없었지만 그는 바뀌기 시작했습니다. 자신의 잘못이 아닌 불가항력으로 인한 고통. 항상 자책해왔지만, 그것은 자신의 잘못이 아니었기에…

"결코 당신의 잘못이 아니라고 말해주고 싶습니다."

어제 〈뉴스룸〉에서 만난 서지현 검사는 그렇게 말했습니다.
기억하고 싶지 않았을 그 일을 겪은 이후 긴 시간 그를 괴롭혀온 것은…

'나는 무엇을 잘못했는가'라는 질문이었습니다.

> "모두가 모른 척 … 내가 환각을 느끼는 게 아닐까"
> "남자 검사 발목 잡는 꽃뱀이라 비난 …"
> "인사 불이익 … 직무감사 …"
> ─서지현(검사), 〈뉴스룸〉 2018. 01. 29.

항변할 수조차 없이 모든 것이 자연스러웠던 당시의 상황. 문제를 제기하는 사람을 오히려 문제시했던 조직의 분위기…

성폭력 범죄의 경우에 가해자와 동조자 혹은 방관자들이 만들어내는 가장 비겁한 방법은 피해자의 수치심을 이용하는 것이라고 하죠. 그렇게 해서 '문제는 너에게 있다' '잘못은 너에게 있다'는 가해자의 논리를 피해자의 머릿속에 집어넣는 것입니다.

> "술을 마셔 기억나지 않지만, 그런 일 있었다면 사과드린다."
> ─안태근(전 검사)
> "보고 받은 적도, 덮으라 말한 적도 없다."
> ─최교일(당시 검찰국장)

검사 서지현 역시 8년이라는 시간 동안 불가항력으로 자신을 지배했던 가해자의 논리와 싸워야 했지만, 결국 진정한 사과를 받아내지 못했습니다. 어찌 보면 이것은 검사 서지현 한 사람이 겪어낸 부조리가 아니라… 세상의 곳곳에서 지극히 평범하고 힘없는 또 다른 서지현 들이 겪었고 당했고, 참으로 강요당하고 있는 부조리일지도 모르겠습니다. 오랜 시간 마음을 다쳐온 그는, 자신 스스로를 향해… 그리고 똑같은 괴로움으로 고통당했을 또 다른 서지현 들을 향해서 말했습니다.

그건 너의 잘못이 아니다.
그건 너의 잘못이 아니다.
그건 너의 잘못이 아니다.

追考 2018년 1월 29일 검사 서지현은 검찰 내부 통신망에 자신이 서울북부지검 검사 시절이던 2010년에 상관에게 성추행을 당했다는 글을 올렸고, 〈뉴스룸〉에 출연하여 인터뷰했다. 국내 미투운동의 시발점이었다. 다른 책에 썼지만, 사실 그날 그의 인터뷰는 약간의 우연이 작용했다. 뉴스 시간이 10여 분 비어 있었던 것이다. 우리는 주저 없이 그를 섭외했고, 그는 아마도 고심 끝에 나왔을 것이다.

"원하는 바는, 여성이 아닌 사람이 되고 싶었습니다."

어제 제게 온 메일의 한 구절입니다. 그는 가느다란 체구였지만 단단한 심성을 가졌고, 늘 세상의 따뜻한 순간들을 담아내고 싶어 하는 사진작가 지망생이었습니다.

그는 2013년 어느 날 성폭력의 피해자가 됐습니다. 오랜 고심 끝에 그가 자신의 아픔을 세상에 드러내 보인 것은 그로부터 3년이 지난 2016년. 돌아온 것은 가해자로부터 명예훼손 소송이었습니다.

기억하시겠지만 당시는 문학계에서부터 본격적으로 시작돼서 예술계 전반의 성폭력 피해자들이 세상에 나섰던 시기였습니다. 그러나 피해자의 대다수는 도리어 가해자로부터 보복성 고소를 당했고, 지금도 그 지난한 싸움은 이어지고 있습니다.

"아직까지 많은 피해자와 그의 지인들에게 보복성 고소가 진행되고 있습니다. 괴로움에 자살을 시도한 사람까지 … 그 모든 피해는 진행 중입니다."

아름다운 세상을 담아내고 싶어 했던 사진작가 지망생… 그 역시 아픔을 치유받기는커녕 지금껏 변화가 보이지 않는 나날의 연속일 뿐입니다.

"저는 그 사건을 겪으면서 많은 사람들과 이별했고, 그들을 사랑하는 저의 마음과도 이별했습니다."

더구나 그를 가장 고통스럽게 했던 것은 문제가 불거진 이후에도 아무런 거리낌 없이… 아니, 예전보다 더욱 활발히 활동하는 가해자의 근황과 그런 가해자에게 한없이 관대해 보이는 세상의 분위기였습니다.

며칠 전 저희에게 똑같은 얘기를 해준 사람이 있었지요. "까마득한 터널 안에 있는 기분이었습니다." 8년의 고뇌 끝에 마침내 터널을 빠져나온 검사 서지현은 말했습니다. 그리고 아직도 터널 안에 갇혀 있는 또 다른 세상의 서지현 들…

제게 메일을 보낸 사진작가 지망생. 그는 저의 학교 시절 제자였습니다. 1년 전 그가 고통 속에서 저를 찾았을 때 남겨주고 간 책 『참고문헌 없음』. 고립되었던 개개인이 모여서 피해자들의 고통을 세상에 알리는 기록서… 그들은 말합니다.

이제부터 우리의 서사를 우리가 직접 쓸 것입니다.
지금은 당신이 우리의 서사를 들어야 할 시간입니다.
— 이성미, 『참고문헌 없음』

그러나 저희는 귀담아듣지 못합니다. 문제가 불거진 시기는 2016년 10월. 공교롭게도 세상에 태블릿 PC가 등장했던 그 시기와 맞물려 있었고… 거기에 집중해야 했다는 변명만으로 저희는 정작 같은 시기, 봇물 터지듯 쏟아진 피해자들의 아픔을 뒤편으로 제쳐놓았습니다.

그리고 어제 제자로부터 받은 메일에 답장은 아직 쓰지 못했습니다.

히틀러는 '아직' 달에 산다

위기를 맞은 히틀러와 나치 잔당들은 숨겨둔 비밀 로켓을 타고 우주로 향합니다. 도착한 곳은 달의 뒤편. 그들은 비밀 기지를 차리고 다시 지구 정복을 준비한다는 다소 좀 황당한 이야기. 영화 〈아이언 스카이(Iron Sky)〉로도 만들어진 이 스토리는 히틀러의 죽음을 믿지 않았던 사람들의 상상력이 만들어낸 음모론이었습니다.

달의 뒤편. 볼 수 없고 갈 수 없는 곳이기에 인류는 한없는 궁금증을 품었지요. 〈The dark side of the moon(달의 어두운 뒤편)〉. 핑크 플로이드(Pink Floyd)는 1973년에 발매한 이 음반을 통해서 현대사회가 감춰둔 혼돈과 어두움을 드러내기도 했습니다.

존재하고 있으나 가려져 있었던 세상. 한 사람의 용기에서 비롯되어 조금씩 윤곽을 드러낸 그곳 또한 마찬가지였습니다.

"이 세상에 얼마나 많은 열일곱 살의 유용이가 있을지 … 참담한 심정으로 고소장을 제출합니다. … '신유용 사건'으로 많은 사람들이 봤으면 …"
　　—신유용(전 유도 선수)

자신의 이름을 밝히고, 아예 자신의 이름을 딴 사건으로 불러달라고 요구한 또 다른 피해자. * 그는 단 하루도 고통 없는 시간이 흐른 적이 없었다고 말합니다.

"폭로해도 결국 덮인 적이 많아 …"
"두려웠겠죠, 그들도."

보름달처럼 빛나는 메달의 뒤편에 가려진 복잡한 억압의 사슬은 견고해서, 동료들조차 자신의 생존을 위해 증언을 꺼려왔다 하니… 독재자는 여전히 달의 뒤편에 살고 있었습니다.

한편, 얼마 전 중국 쓰촨성에서 발사된 창어 4호(Chang'e 4, 嫦娥四号)가 달의 뒷모습을 보내왔습니다. 그동안 인류가 달의 뒷면을 탐사하지 못했던 이유는 다름 아닌 통신의 문제였죠. 즉, 지구와 교신이 끊기기 때문이었습니다. 이를 이어줄 통신 중계 위성을 쏘아 올린 인류는 이제야 비로소 달 이면과 교신을 시작했고, 달은 감춰놓았던 그 뒷모습을 비로소 내어놓았습니다.

그리고 거대한 벽 뒤에 갇혀 숨죽인 피해자들 역시… 하나둘 세상과 교신을 시작한 것이죠.

---

* 쇼트트랙 국가대표 심석희 선수가 전 코치의 성폭행 가해를 고발한 이후, 용기를 낸 또 다른 성폭력 피해자들의 체육계 미투가 줄을 이었다. 전직 유도 선수 신유용도 실명을 밝히며 코치의 성폭력을 고발했다. 해당 코치는 성폭행과 강제 성추행 혐의로 유죄가 확정됐다.

미스 황이라 불러주세요

"미스 황이라 불러주세요." —『경향신문』 1953. 07. 22.

그는 얼굴을 붉히며 직원들에게 부탁했습니다. 우리나라 최초의 여성
판사인 황윤석(1929~1961) 씨의 일화입니다. 그는 1953년 검사 시보로 근
무를 시작하자마자 세간의 주목을 받았습니다.

영감이란 존칭어에 얼굴 붉히는 25세 노처녀   —『경향신문』 1953. 07. 22.

당시엔 판검사 같은 직업을 관례상 '영감님'이라고 불렀는데. 직원들
이 '황 영감님'이라고 부르자 그가 얼굴을 붉히며 '미스 황'으로 불러달라
고 했다는 것입니다.

미쓰 황이라고 불러달라고 애원하는 표정은 … 순진한 처녀의 자체를 엿볼
수도 있는 듯하다.   —『경향신문』 1953. 07. 22.

사회에 진출한 여성이 흔치 않았던 그 옛날 시대에 벌어진 웃지 못할
일화였지요. 어찌 됐든 언어는 시대를 담아내고 있었고… 미스 황이 살아
내야 했던 시대는 그랬습니다.

세상은 달라져서 이제는 직업 앞에 '여' 자를 붙이지 말아야 한다는 요구가 나왔고, 앵커브리핑만 해도 '그녀'라는 단어를 쓰지 않고 여성이든 남성이든 '그'라고 표현한 지가 오래됐습니다.

"엉덩이춤을 출 수 있느냐." 프랑스인 진행자는 축구인에게 주는 발롱도르 상을 받으러 나온 선수에게 가볍게 제안했습니다. 그러나 웃음 지으며 대화를 이어가던 수상자는 단호한 표정으로 말했지요.

"NO!(아니요!)" ─아다 헤게르베르그(Ada Hegerberg, 노르웨이 축구선수)

첫 여성 발롱도르 상이 "트워크(Twerk: 엉덩이를 흔드는 춤) 출 수 있느냐"라는 질문 탓에 퇴색됐다. ─『가디언(The Guardian)』 2018. 12. 04.

진행자의 가벼운 의식은, 세상이 그의 생각보다 훨씬 커다란 무게로 변화하고 있다는 것을 눈치채지 못했습니다.

정당 행사에서 진행된 낯 뜨거운 퍼포먼스가 내내 입길에 오르고 있습니다. 행사 장면이 외부로 알려지기 전까지는 누구도 'NO!'라고 말하지 않았던 자리… 무심코 내뱉는 언어가 의식의 지배를 받은 결과물인 것처럼, 몸의 언어 역시 몸의 주인이 품고 있는 생각들을 고스란히 드러내고 있는 것은 아니었을까.

"미스 황이라 불러주세요."

세상이 여성을 낮춰 보았던 시절에 그는 얼굴을 붉히며 사람들에게 부탁했습니다. 그는 판사였으나 '미스 황'이라는 별칭으로 불렸겠지요.

그 낡은 시대로부터 벌써 시간은 66년이나 흘렀는데, 아무도 그 춤을 거부하지 않았던 그 자리…

追考　자유한국당의 여성 당원 행사 '2019 자유한국당 우먼 페스타(Woman Festa)'에서 일부 여성 참석자들이 엉덩이춤을 춰 논란이 되었다. 당 여성위가 마련한 이 행사의 목적은 여성의 정치 참여를 늘리자는 것이었다고 한다. 그렇게 해서 늘려지겠는가.

이다음에 나 같은 사람이 나더라도

"그는 오해라는 허울의 폭력 속에서 허우적대며
생의 가장 빛나는 계절을 흘러보냈다."

— 김별아(작가)

후배 작가들은 1920년대를 살아간 작가 김명순(1896~1951)을 이렇게
기억합니다. 그는 한국 여성 최초의 소설가, 처음으로 시집을 낸 여성 시인,
평론가, 기자, 5개 국어를 구사한 번역가였지만⋯ 평생 보이지 않는 전쟁을
치러야 했습니다.

당시의 세상은 그의 작품이 아니라 그를 둘러싼 소문과 억측에만 집중
했습니다. 어머니가 기생이었다는 사실만으로도 조롱당했고, 잔인한 성폭
력의 피해자였으나 오히려 방종한 여자로 취급되어서⋯ 당대의 어느 인기
작가는 김명순을 비하하는 소설까지 연재하며 조롱하였습니다.

정조 관념에는 전연 불감증인 연실이 ⋯ 모성애라는 것도 결핍 ⋯
부끄럼에 대한 감수성은 적게 타고난 사람 ⋯

— 김동인, 「김연실전」

'더러운 여자' '남편 많은 처녀'로 낙인찍혀 마감된 작가의 삶.

"김명순은 방정환과 차상찬을 명예훼손으로 고소…
자신에게 성폭력을 가하는 기사에 대해 적극적으로 항의"
— 김경애(전 동덕여대 교수)

견디지 못한 그는 자신을 모욕해온 이들을 고소했지만, 싸움은 맥없이 마무리되었고… 쓸쓸히 잊혀간 그가 유언처럼 세상에 남긴 시구는 다음과 같습니다.

조선아 … 이 사나운 곳아
— 김명순, 「유언」

반짝이는 스물다섯의 젊음… 그에게도 오늘의 세상은 사납고 또 사나운 곳이었는지도 모르겠습니다. 익명의 숲에 숨어 책임 없이 난사하는 잔인한 가해는 연예인, 특히 여성에게는 더욱 가혹해서 끊임없는 생채기를 만들었지만… 그는 오히려 악플을 달았던 또래의 청년을 감싸고자 했습니다.

"악플러지만 동갑내기 친구를 전과자로 만드는 게 미안해서 …"
— 설리(가수, 배우)

그러나 달라지지 않는 세상을 보면서 그는 혹시 후회하고 있었을까… 누군가 잃어버린 '생의 가장 빛나는 시절'과, 잃어버리고 나서야 후회하는 세상의 미련함은 늘 그렇듯 뒤늦습니다.

100년 전, 1920년대를 살아간 작가는 약자에게 가혹한 시대를 한탄하면서 이렇게 말했습니다.

조선아
···

이다음에 나 같은 사람이 나더라도
할 수만 있는 대로 또 학대해보아라
···

이 사나운 곳아 사나운 곳아.
　—「유언」

다음 세상에서는 무언가 달라지길 소망하는 역설적인 외침. 100년이 지난 오늘의 우리는 그때로부터 얼마나 달라졌을까. 나아지긴 했나···

> **追考**　가수이자 배우인 설리가 2019년 10월 14일 갑작스럽게 사망했다. 비극적 죽음 이후에 과거 그에게 쏟아졌던 악플들, 그리고 언론을 '참칭'하는 축들의 자극적인 기사들에 대해 비판하는 분위기도 있었지만, 늘 그렇듯 잠시였다.

14. One Sweet Dream

싱가포르는 정말 무더웠다. 흔히 하는 말로 '머리털이 빠질 정도'로 더웠다. 실제로 싱가포르처럼 더운 나라에는 정수리에 머리숱이 별로 없는 사람이 꽤 많다는 그럴듯한 얘기가 있다. 그러나 참을 수 있었다. 최초의 북미회담과 이를 전후로 열린 남북회담 등으로 남·북·미는 어느 때보다 뭔가를 해낼 것 같은 분위기였으니까… 그것이 비즈니스와 쇼로 잔뼈가 굵은 초강대국 수장에 의해 정말로 비즈니스와 쇼로 귀결되기 전까지는 적어도 그랬다. 아니, 그걸 전혀 몰랐던 것도 아니었다. 하지만 알면서도 끌려 들어가는 처연함을 그래도 내색하고 싶지 않았던 것일지도 모른다. 늘 그랬듯이 실낱같은 희망을 버릴 수 없었을 뿐이다.

6월의 싱가포르 더위를 겪고 난 후 서울 더위쯤은 얼마든지 참을 수 있다고 생각했다. 그러나 그해 서울은 40도 가까이 치솟는 기록적인 무더위였다. 남·북·미의 미래가 트랙을 벗어나 마구 달려갔듯이 날씨도 그랬다.

삐라와 땔감… 남북한 갈등의 불씨 되나

오늘 아침 오래된 책을 하나 꺼내 들었습니다. 지난 1995년에 나온 구효서 작가의 『라디오 라디오』라는 소설입니다. 1960년대 휴전선 인근에 살던 열한 살 강병태가 주인공입니다. 당시 휴전선 근처 마을 사람들에게 가장 인기 있었던 땔감이 하나 있었는데, 바로 '삐라'였습니다.

> 어떤 날은 한여름에도 계곡이 흰 눈으로 뒤덮인 것처럼 삐라가 쏟아져 쌓였다. … 누구네 부엌엘 가든 거기엔 삐라가 가득가득 넘쳐흘렀다. 땔나무의 반은 삐라였다.
>
> ─구효서, 『라디오 라디오』

어찌 보면 이름부터 요상한 '삐라'의 어원은 분명치 않습니다. 전단이나 포스터를 뜻하는 영어 'bill'에서 나왔다고도 하고, 펄럭인다는 의미의 일본어 '비라비라(びらびら)'에서 비롯됐다는 설도 있습니다. 어찌 되었건 이 삐라는 첨예한 이념 대결의 현장에 예외 없이 등장해왔습니다. 한국전쟁 당시 유엔군이 북한에 살포한 삐라의 총량은 25억 장. 다 펼치면 한반도를 스무 번 뒤덮고 지구를 열 바퀴 돌고도 남을 양이었습니다. 1950년 세계 인구가 25억 명이었으니 한 사람에게 한 장씩 나눠줄 수 있을 정도였지요.

그러나 삐라를 동원한 심리전 효과는 시간이 갈수록 줄어들고 있었습니다. 독일이 동·서독으로 분리되어 있던 시절에 서독의 심리전 총책임자였던 오트빈 부크벤더(Ortwin K. Buchbender) 박사가 이런 말을 했더군요.

"1972년까지 다량의 전단을 동독에 뿌렸지만,
더 큰 효과를 발휘한 건 텔레비전 광고였다."

시대가 바뀌면서 삐라는 박물관에서나 볼 수 있는 박제가 되어버린 겁니다. 우리 역시 지난 2004년 남북회담에서 상호 비방을 중지하기로 하면서 공식적인 삐라 살포를 중단한 지 10년이 넘었습니다.

이번에 문제가 된 것은 민간단체의 삐라 살포였지요. 정부가 "민간단체의 자율적이고 현명한 처신이 필요하다"며 개입을 꺼리는 사이에, 경기도 연천 주민들은 동네로 날아든 실탄에 가슴을 쓸어내려야 했습니다.● 보내는 이들은 통일의 '땔감'으로 쓰이고픈 마음에 삐라를 보냈는지는 모르겠지만… 원치 않는 삐라는 오히려 남북한 갈등을 유발하는 '불씨'가 되어버린 셈입니다.

다시 구효서의 소설 『라디오 라디오』의 한 구절로 돌아갑니다. 삐라를 연필로 바꿔준다는 소식에 삐라를 주워 간 아이들은, 북쪽에서 보낸 삐라

● 2014년 10월 10일 남한 시민단체들에서 날린 대북전단 기구를 향해 북한이 고사총을 발사했다. 우리 군의 대응 사격과 북한의 응사, 재응사가 이어졌다.

만 쳐주는 경찰 아저씨를 이해하지 못합니다. "남에서 보낸 삐라는 불온 문서가 아니다." 경찰 아저씨들은 이렇게 말합니다.

삐라. 이 어원도 불분명한 존재는 어찌 보면 남북 분단과 체제 경쟁 속에서 서로에게 내밀었던 답안지였는지도 모르겠습니다. 물론 상대방에겐 불온 문서가 될 수밖에 없었지만 말입니다.

지금 체제 경쟁은 이미 답이 나와 있지요. 분단 60년을 넘긴 지금, 그걸 모를 리 없는 그들에게 남에서 보낸 삐라는 마치 총탄처럼 느껴졌던 모양이고… 그들이 보내온 답안지는 실제 총탄이었습니다.

ⓒ김필규

"앗! 빚쟁이다"

제가 아주 어렸을 때 60년대 중반으로 기억합니다만, 신문 만화에서 본 기억을 재구성하여 다시 그려봤습니다. 제가 그린 건 아니고요, '팩트 체크'를 맡고 있는 김필규 기자가 그려줬습니다. 냉면이 이런 용도로 쓰인 다는 풍자가 재밌기도 했고, 모두가 못살던 시절의 한 풍경으로 머릿속에 남아 있기도 합니다. 여기서 냉면은 빚쟁이를 막아주는 단절의 기능을 하지요.

그런데 이런 냉면도 있습니다.

북측에서 회담이 열릴 때는 평양냉면이,
남측에서 열릴 때는 물냉면과 비빔냉면이 제공됐다.
　　—백현석·최혜림, 『냉면열전』

　　1970년대 초반에 적십자회담의 점심 메뉴로 등장한 것은 다름 아닌
'냉면'이었습니다. 평양에서도 서울에서도 하나같이 냉면 한 그릇을 내놓
았다지요. 여기서 냉면은 단절이 아닌 소통의 냉면입니다.

　　냉면 한 그릇에 담긴 마음은 무엇이었을까요. '이산가족 상봉'을 주제
로 남북이 처음 만난 1970년대. 서로 총부리를 겨눴던 기억이 생생하던 때
였습니다. 상대방을 향한 적대감은 아마 말로 표현하기 힘들었을 겁니다.
그런 서로에 대한 적의를 풀어준 것, 바로 음식이었습니다. 당시 생존해 있
던 실향민은 줄잡아 1천만 명. 남북으로 나뉘어 있지만 한때는 밥상을 함
께한 식구였다는 것… 고향이 같다는 건 입맛을 공유하고 있다는 말일 수
도 있습니다.

　　그리고 다시 수십 년이 흘러 2015년. 강强 대 강强 일촉즉발의 상황은
반복되고 있습니다.

　　"인정하고 대화하라."　—에곤 바르(Egon Bahr, 전 서독 경제협력부 장관)

독일 '동방정책'의 설계자였던 에곤 바르의 말입니다. 바로 지난주에 세상을 떠난 그는, 서독과 동독이 서로를 인정한 뒤 '토론하고 토론하고 토론'하면서 서로 간의 접점을 찾아나가야 한다고 말했습니다.

오늘도 판문점에서는 남북 간의 멀고도 긴 대화가 이어졌습니다. 문득 이런 생각을 해봤습니다. 그들의 테이블에도 냉면이 올라오곤 했을까? 여름이니까 물냉면이었을까? 그렇다면 그 냉면은 단절을 위한 냉면일까, 소통을 위한 냉면일까? 이런 생각을 하는 것이 상황의 엄중함에 비춰볼 때 너무 한가한 것일까요?

남과 북의 냉면을 이야기한 음식칼럼니스트 박찬일 셰프는 얼마 전에 이런 말을 했습니다.

냉면 한 그릇 나눠 먹자는데 ─『경향신문』 2015. 08. 21.

얼굴을 붉힐 수는 없을 테니까요. 또한 남과 북은 원래 서로 빚쟁이처럼 피해야 할 사이도 아니니까 말입니다.

追考 2015년 여름 남북은 긴장 속에 있었다. 목함지뢰, 포격 사건 등 군사적 긴장 상황을 논의하는 남북한 간 고위급 접촉이 8월 22부터 24일까지 열렸다. 남북 고위 당국자 회담 개최, 비무장지대 남측 지역에서 발생한 지뢰 폭발에 대한 북측의 유감 표명 등을 골자로 한 6개 항이 8월 25일 전격 합의되었다. 냉면? 글쎄… 테이블에 올랐다면 소통의 역할을 한 셈이 될 것이다.

오늘은 제 얘기로 시작하겠습니다. 갓 입사해서 사회 초년병이었을 때 제가 입사했던 회사에서는 신입 사원들을 상대로 이른바 앙케트라는 걸 돌렸습니다. 질문은 이랬던 것으로 기억합니다.

"20년 뒤, 당신의 모습은 무엇이길 바랍니까?"

흔히 던질 수 있는 질문이지만, 막상 받고 보면 대답하기가 수월하지 않은 질문이기도 하지요. 진지하게 대답하자니 여러 가지를 고려해 합리적으로 추론해서 말을 해야 할 것 같고… 그냥 생각나는 대로 가볍게 대답하면 마치 장난처럼 들리기 때문입니다.

그래서 저는 일단 신입 사원답게 진지하게 답을 구해보기로 하고, 이른바 장고에 들어갔습니다. 그래서 나온 답은, 제가 입사한 방송사의 평양지국장이 되겠다는 것이었습니다. 서슬 퍼렇던 전두환 정권 시절에 평양 운운하는 것이 가당찮아 보일 것 같기도 했고, 게다가 그 나름 장고 끝에 나온 답이기는 했어도 남들이 보면 장난처럼 느껴질 것이라 생각도 했지만… 속된 말로 한번 꽂히고 나니 다른 답이 별로 떠오르지 않아서 그렇게 써넣고 말았지요. 물론 장고는 했다지만 그 어떤 합리적이고도 과학적인 미래 예측은 불가능했으므로 그냥 희망 사항이라고 하는 것이 맞겠습니다.

"저는 한마디로 통일은 대박이다. 이렇게 생각을 합니다."

—박근혜 대통령, 2014년 신년 기자회견

당시 대통령이 무슨 낱말 풀이하는 것처럼 말했던 이른바 '통일 대박론'. 그마저도 그의 40년 지기 최순실의 작품일 가능성을 놓고 논란도 있습니다만… 그 말이 나온 것을 전후해서 북한에 대한 정보가 상당 부분 왜곡돼 있었다는 사실이 오늘 알려졌습니다.

하긴 그 이전의 대통령 당시에는 갑자기 통일기금을 조성해야 한다는 계획이 나와서 마치 금방이라도 통일이 될 것 같은 분위기가 조성됐었지요. 물론 북한은 그 시간에 열심히 핵실험 준비를 하고 있었고 말입니다. 만일 계획대로 그 기금이 조성됐더라면 어찌 됐을까? MB 정부 당시의 해외자원 펀드 1,084억 원이 모조리 날아갔다는 소식을 접하면서 잠시 아득해지는 오늘…

돌이켜 생각해보면 30여 년 전 신입 사원 시절에 제가 장담했던 방송사의 평양지국장 자리도 어찌 보면 통일 대박론이었는데… 일개 젊은이의 통일 대박론과 일국 대통령의 통일 대박론을 같은 선상에 놓고 얘기할 수는 없겠지만, 그래도 생각할수록 둘 다 허황됐던 건 맞지 않은가. 그래서 또 한 번 잠시 아득해지는…

비무장지대··· 의도치 않은 무진기행

손으로 잡을 수 없으면서도 그것은 뚜렷이 존재했고 사람들을 둘러쌌고
먼 곳에 있는 것으로부터 사람들을 떼어놓았다.

— 김승옥, 『무진기행』

김승옥의 작품에 등장하는 가상의 도시 무진霧津은 한자 그대로 '안개
나루'라는 의미를 품고 있었습니다.

사람들로 하여금 해를, 바람을 간절히 부르게 하는 무진의 안개.
그것이 무진의 명산물이 아닐 수 있을까!

— 『무진기행』

무진의 안개는 작은 도시를 신비로움으로 감싸는 한편, 모호함으로 가
득한 미래를 암시하는 듯 낮게 깔려 작품 전체를 지배합니다.

안개는 아름답지만 때로는 재앙으로 다가오기도 합니다. 2년 전 인천
영종대교에서 벌어진 106중 추돌 사고의 원인은 시야를 뒤덮은 지독한 안
개 때문이었고··· 태평양전쟁의 시작을 알린 일본의 진주만 공격 역시 중
기무가 짙게 긴 바다의 안개가, 전쟁사에서 보기 드문 대규모의 기습공격
을 가능하게 만들었습니다.

오늘 새벽, 사람이 살지 않아 인적이 드문 그곳 역시 자욱한 안개에 가려져 있었습니다. 파주의 시정은 0.87km. 여기에 중국발 미세먼지까지 겹쳤으니, 분단의 상징인 비무장지대를 방문하려 했던 두 사람의 여정은 의도치 않은 무진기행이 되어 엇갈렸습니다. 그 자욱했던 안개는 명쾌한 답을 찾기 모호한 남과 북의 관계를 상징하는 듯 시야를 어지럽혔고… 여기에 더해 중국에서 불어닥쳤다는 누런 미세먼지는 우리가 결코 무시할 수 없을 중국의 존재를 상징하는 것 같기도 했습니다.

"사람들로 하여금 해를, 바람을 간절히 부르게 하는 무진의 안개"
『무진기행』 속 안개는 도시의 명산물이라 칭할 만큼 아름다웠겠지만… 시야를 어지럽히는 희뿌연 안개는 끝내 벗어나고 싶었을 무엇이었던 것입니다.

작가 한강은 『뉴욕타임스』 기고문을 통해 비무장지대, 흙으로 가득한 그곳이 "때때로 바다와 같이 느껴진다"고 했던 동료 작가의 말을 전했습니다.

비무장지대가 때때로 바다와 같이 느껴진다고.
마치 우리가 반도가 아닌 섬에 살고 있는 것처럼…
— 한강, 『뉴욕타임스』 2017. 10. 07.

수십 년간 한국인의 내면에 축적된 긴장과 불안, 단조로운 대화 속에서 짧게 번뜩이는 공포. 남과 북은 마치 섬처럼 분리되어서 함께 있되 함께 있지 않은 사람들이었고… 오늘날의 한반도 상황과 미·중 사이에 얽힌 우

리의 처지를 보여주기라도 하는 듯, 비무장지대를 감싸고 있었던 안개의
바다… 그리고 중국발 미세먼지.

追考　2017년 11월 8일 한국을 방문한 트럼프 미국 대통령이 문재인 대통령과
함께 비무장지대(DMZ)를 '깜짝 방문'하려다가 짙은 안개로 포기해야 했다. 비무
장지대 안개는 트럼프의 유난스러운 쇼맨십 혹은 호기심도 허락하지 않았다.

그날 밤 서울의 야경은 휘황찬란했습니다.

1972년 9월 14일 밤, 가족들은 모두 손을 잡고 남산을 올랐지요. 물론 요즘의 서울 야경에 비하면 보잘것없는 정도의 수준이었지만, 그날 남산에서 내려다본 서울 야경은 그때까지의 모습과는 비교될 수 없는 것이었습니다. 다음 날 대부분의 신문들은 바로 그 서울의 야경으로 대문짝만 하게 장식됐습니다. 제목은 '서울엔 밤이 없다'.

그날 무슨 일이 있었던 것일까. 그렇습니다. 바로 북한 적십자회 대표단이 분단 이후 처음 공식적으로 서울에 내려와 있던 때였습니다. 박정희 정부는 그해 7·4 남북공동성명으로 남북 관계의 물꼬를 튼 뒤 적십자회담을 통해 이산가족 상봉을 추진하고 있었습니다.•

물론 바로 이어진 10월 유신, 즉 영구 집권을 위한 정지 작업이었다는 의심을 받게 되기는 합니다만⋯ 아무튼, 그날 정부는 서울 시내 모든 건물에 한밤중에도 불을 켜도록 유도했습니다. 체제 대결이 극심하게 이뤄졌던 시기에 우리 정부는 그렇게 해서라도 체제의 우위를 보여주고 싶어 했던 것이지요.

• 제2차 남북적십자회담 : 1972년 9월 12~16일, 서울.

그것은 북한 정권도 마찬가지였습니다. 민통선 근처의 위장 가옥은 이제 화젯거리도 안 됩니다만… 자신들의 처지를 부풀려 선전하는 것은 기본이었고, 체제 경쟁과 관련해서는 거의 모든 경우에 그런 부풀리기 혹은 불리하면 숨기기가 계속됐습니다. 아마도 자위를 위해 개발했다는 핵무기는 그러한 체제 경쟁의 결정판일 것입니다.

그러나 우리 모두는 압니다. 오늘날 우리에게 그 체제 경쟁이 얼마나 부질없는 것인가…

이제 다시 참으로 오랜만에 남과 북이 작은 통로나마 열어놓고 오가게 된다면… 우리에겐 더 가릴 것도 더 과장해서 보여줄 것도 없으며, 그저 있는 그대로를 보여줘도 거리낄 바 없다는 것을… 우리는 광장을 거쳐 여기까지 와 있으며, 그 광장에서 공화국을 진정 공화국으로 만든 시민이라는 것을… 그래서 서울의 야경은 누가 켜라 하지 않아도 이미 밝다는 것을 말입니다.

追考　북한의 평창동계올림픽 참가 문제를 논의할 남북 고위급 회담이 2018년 1월 9일 판문점 우리 측 '평화의 집'에서 열렸다. "그날 밤 서울의 야경"은 내가 고등학교 1학년 때의 일이었으며, 머릿속에 워낙 인상적으로 남아서인지 도시의 야경만 보면 생각나는 장면이다. 체제 경쟁이 가져다준 트라우마랄까…

널문리, 문이 다리가 되는 곳

왜군이 조선 땅을 침범했던 1592년 4월. 선조 임금은 서둘러 피란길에 올랐습니다. 파주를 거쳐서 의주로 향하던 길. 임금은 출렁이는 임진강 앞에서 멈춰 서야만 했습니다. 어가를 가로막은 건널 수 없는 강… 그러나 그곳에서는 문이 다리가 되었습니다. 백성을 버리고 도망가는 임금이었지만 난처한 어가를 그냥 두고 볼 수 없었던 백성들은 자기 집 대문을 뜯어내고 널빤지를 이어 다리를 놓았지요. 백성이 문을 부수어 다리를 만들었던 그날 이후에 그곳은 '널문리'라는 이름으로 불리게 됐습니다.

너른 길가에 초가집 몇 채가 드문드문 놓인 한적한 시골 마을. 이곳 널문리가 전 세계의 주목을 받게 된 것은 지난 1951년 10월 25일의 일이었습니다. 한국어, 영어, 중국어를 공용어로 사용했던 휴전회담. 남과 북 양측은 38도선에서 가장 가까운 널문리 주막 앞에 천막을 쳤습니다. 중공군 대표들이 찾아오기 쉽도록 순우리말인 널문리를 고집하는 대신 한자인 판문점板門店이라고 표기하면서 대화는 시작되었고… 이후에 이곳의 지명은 널문리가 아닌 판문점이 되었습니다.

'경기도 파주시 진서면 어룡리'인 동시에 '황해북도 개성특급시 판문점리'라는 두 개의 주소를 가진 곳. 남과 북의 정상은 11년 만에 이곳에서 한자리에 마주 앉게 됩니다. 어쩌면 '휴전'이라는 단어 대신 '종전', 즉 전쟁을 끝낸다는 단어가 등장할 것이라는 전망도 나오는 지금… 소설가 이호철의 말을 빌리자면 "가슴패기에 난 부스럼 같은" 분단을 이고 살았던 사람들은, 스미듯 일상이 된 전쟁의 불안에서 벗어날 수 있을 것인가.

2백 년쯤 뒤 판문점이란 단어는 고어가 될 것이다. 그때 백과사전에는 이렇게 쓰일 것이다. 1953년에 생겼다가 19××년에 없어졌다. 지금의 개성시의 남단 문화회관이 바로 그 자리다.   —이호철, 『판문점』

지난 1961년에 「판문점」이라는 작품을 발표했던 작가 이호철은 말했습니다. 그의 희망대로라면 판문점은 세기가 바뀌기 전에 사라진 옛말이 되어야 마땅했지요. 기대와 불안을 동시에 품은 사람들은, 평범한 백성이 문을 놓아서 다리를 만들었던 그 낡고 오래된 문 앞에서 긴 숨을 고르고 있는 중입니다.

널문리. 1592년의 4월, 문이 다리가 되어서 왜군에 쫓겼던 선조 임금이 건넜던 다리.
판문점. 2018년의 4월, 남과 북은 어떤 모습으로 건널 것인가.

追考 2018년 4월 27일, 남북정상회담이 판문점 공동경비구역 남측 구역 내에 있는 '평화의 집'에서 열렸다. 두 정상이 손을 잡고 군사분계선을 오가는 모습이 가장 큰 화제가 되었다. 도보다리 회담도. 그날은 날씨마저 좋았다. 도보다리에 쏟아지던 햇빛은 그래서 마치 갈라진 두 나라의 미래처럼 보이기도 했다. 그리고… 파주 지역의 땅값이 올랐다.

이 맛을 못 본 이요! 상상이 어떻소!

아, 이 반가운 것은 무엇인가. 이 히수무레하고 부드럽고 수수하고 슴슴한 것
은 무엇인가. … 이 조용한 마을과 이 마을의 으젓한 사람들과 살틀하니 친한
것은 무엇인가. 이 그지없이 고담하고 소박한 것은 무엇인가.

　　─백석, 「국수」

　평안북도 정주가 고향인 백석에게도 이렇게 길고 긴 설명이 필요했던
것, 냉면입니다. 저로 말씀드릴 것 같으면 열 살 무렵에 어머니와 난생 처
음 냉면집을 갔던 날을 기억합니다. 대체 어른들은 이걸 무슨 맛으로 먹는
걸까… 누런 놋그릇 안에 담긴 밍밍하고 슴슴한 맛. 처음 먹으면 뭔지 모
를 희미한 국물이지만, 북녘식 표현에 따르면 냉면은 국물을 들이켜면 '쩡
한' 맛이 난다고 하는군요. 그 맛을 알아내는 데는 좀 더 세월이 필요했습
니다.

　나라는 두 쪽으로 갈라져서 말글도 조금씩 달라지고 시간마저 다르게
사용하는 두 개의 세상.● 그러나 이 설명하기 어려운 맛에 대해서는 경계
선이 없었습니다. 북녘의 국수, 즉 냉면은 일제강점기를 거치면서 대중화

● 북한은 2015년 8월 15일부터 일본과 같은 표준시를 쓰지 않겠다면서 독자적 표준시인 평양시를 적용했다.
　동경 135도를 표준시로 정한 우리보다 30분 늦었다. 2018년 남북정상회담 이후 북한은 '북과 남의 시간부
　터 통일하자'며 평양표준시 대신 서울표준시로 통일해 사용키로 했다.

되었고… 전쟁 이후에는 북에서 남으로 이동하여 팔도의 산맥을 뛰어넘는 음식으로 널리 퍼졌던 것입니다.

같은 말과 같은 식성을 지니고 있다는 사실은 퍼렇게 날이 선 마음을 누그러뜨리기도 했습니다. 1948년 4월에 어떻게든 분단을 막아보고자 38선 넘어 김일성을 만났던 김구 선생 역시, 냉면 앞에서는 풀어지는 마음을 어찌할 수 없었습니다.

> 선생은 … 평소 입에 대지 않던 소주까지 곁들이셨다. 내내 경계심을 늦추지 않았던 선생도 평양냉면 앞에서는 마음이 절로 풀어지는 듯했다.
> ─선우진, 『백범 선생과 함께한 나날들』

그렇습니다. 선생은 황해도 해주 출신이었습니다.

이틀 뒤, 정상회담 만찬상에 냉면이 오른다고 하지요. 냉면은 분명 차가운 음식이지만 알고 보면 뜨겁습니다. 척박한 땅에서도 잘 자라는 메밀은 가난한 시절 좋은 식재료였고 추운 겨울밤 배고픈 이들의 속을 든든히 채워주는 따뜻함이 있었습니다. 백석의 말처럼 '히수무레하고 부드럽고 수수하고 슴슴한 것' 혹은 또 다른 작가의 말처럼 '속이 클클할 때라든지 화가 치밀어 오를 때'(김남천, 「냉면」) 막힌 속을 풀어주는 시원함 그리고 뜨거움.

이틀 뒤면 평양 옥류관의 냉면 요리사가 판문점 만찬장에 온다는데…

그가 만들어낸 냉면 역시 그런 시원함과 뜨거움으로 남북의 만남을 풀어낼 수 있을까.

"평양냉면의 이 맛을 못 본이요! 상상이 어떻소!"
 ─ 김소저, 『별건곤』 1929년 12월호

냉면에 입문한 지 50년이 넘은 저도 그 맛이 궁금합니다.

개나리 소굴, 진달래 소굴 그리고 천막들

1960년대 초·중반, 서울의 남산.

저희 같은 꼬맹이들은 학교가 파하거나 쉬는 날이면 마치 뒷산 오르듯이 남산을 섭렵하고 다녔습니다. 봄이면 개나리와 진달래가 무리 지어 피어났지요. 우리들은 그런 골짜기마다 개나리 소굴 혹은 진달래 소굴이라 이름을 붙이고, 꽃잎이 시들어 그 소굴들이 사라져갈 때마다 가는 봄을 아쉬워하곤 했습니다.

그 골짜기마다 눈에 띄는 것이 또 있었으니 바로 대형 천막들이었습니다. 언뜻 보기에도 군용처럼 보이는 대형 국방색 천막들. 그들은 그 평화로웠던 개나리와 진달래 소굴 속에 있었습니다. 듣기로는 한국전쟁 때 피란을 내려온 사람들이 딱히 머물 데가 없어서 남산골에 들어와 천막을 친 것이라 했습니다. 하긴 전쟁이 끝난 지 기껏 7, 8년이 되었을 때이니 아직도 그 상흔은 곳곳에 널려 있었습니다. 그러니까 이 천막들은 우리 아이들에게는 불과 몇 년 차이로 다행히 비껴간 전쟁의 비극을 아주 간접적으로나마 느끼게 해주는 존재들이었던 셈입니다.

그것은 가난과 불안, 그리고 공포… 전쟁을 겪은 세대와 그 직후 베이비붐 세대인 저희는, 비록 겪어보진 못했지만 그런 가난과 불안 그리고 공포를 마치 유전자처럼 공유하고 있었던 것… 아니, 그것은 정도의 차이는 있지만 따지고 보면 모든 세대에게 해당되는 것은 아닐까.

우린 두렵다. … 고조되는 전쟁 위협이 진짜 전쟁으로 번질까 두렵다.
살아 있고 싶으니까. 사랑하는 사람이 곁에 있으니까.
　　—한강, 「미국이 전쟁을 말할 때 한국은 몸서리친다」, 『뉴욕타임스』 2017. 10. 07.

나이로 치면 베이비붐 세대보다 한참 아래인 1970년생 작가 한강이
『뉴욕타임스』에 쓴 글을 오랜만에 다시 꺼내 봅니다. 그는 북한과 미국이
한창 이른바 말폭탄을 주고받던 시기에, 전쟁을 겪은 한 70대 노인의 공포
를 모티브로 공포가 늘 내재되어 있는 한국인들의 삶을 자조했었지요.

지난 금요일 남북정상회담 이후에 남과 북은 또 다른 변화를 만들어가
는 중입니다. 결국은 이 모든 것이 한낱 봄날의 꿈처럼 허무해질지도 모른
다는 불안은 늘 우리의 것이지만, 이것이 꿈으로 끝나면 안 된다는 기대와
당위 역시 우리의 것이기에… 작가 한강이 쓴 글의 마지막 부분을 다시 전
해드립니다.

이 세계에 태어난 약하지만 순수한 존재로서 …
누가, 우리에게, 평화가 아닌 시나리오를 말할 것인가?

그 평화의 시나리오가 현실이 될 수만 있다면… 개나리와 진달래 소굴
속에 웅크려 있던 대형 천막들에 대한 기억도 한결 가벼워질 것 같은…

I shall go to Korea. 내가 한국에 갈 것이다 2018. 05. 28.

"I shall go to Korea. (내가 한국에 갈 것이다)"

미국 제34대 대통령 선거일을 열흘 앞둔 1952년 10월 24일, 공화당의 대통령 후보였던 드와이트 D. 아이젠하워는 그렇게 말했습니다.

아이젠하워는 그해 초까지만 해도 정치에는 발도 디뎌본 적 없었던 정치 신인이었지만, 그가 대통령 후보에까지 오를 수 있었던 배경에는 다름 아닌 한국전쟁이 있었습니다. 미국인들은 2년 넘게 이어지는 전쟁에 피로를 느끼고 있었고, 이를 간파한 공화당과 아이젠하워는 한국전쟁의 명예로운 조기 종식을 이뤄내기 위해서 한국에 직접 가겠다고 선언했던 것이죠. 그는 선거에서 승리했고, 대다수의 정치평론가들은 훗날 "선거는 그날 밤 끝난 것이나 다름없었다"는 평가를 내렸습니다. 66년 전에 있었던 일이었습니다.

"정상회담은 열리지 않을 것이다. 마음이 바뀌면 연락달라."
— 트럼프 대통령이 김정은 위원장에게 보낸 공개서한, 2018년 5월 24일 (현지 시간)

이런 편지로 시작된 주말 사이의 출렁임은 훗날 남·북·미 정치사에 또 한번 매우 극적인 페이지들로 장식될 것입니다. 반전과 반전이 이어졌고, 우리는 불과 며칠을 지나면서 앞으로 또 다른 반전이 있다 해도 별로 놀라

14. One Sweet Dream | 301

지 않을 만큼의 내성이 생겼다고나 할까요? 이른바 강대국 대통령의 한마디 한마디에 한반도의 운명이 왔다 갔다 하는 것을 눈으로 보았고, 그가 또 무슨 말을 하는지 그의 트위터를 들여다보고 있어야 하는 현실.

생각해보면 우리는 늘 그런 불확실성의 시대를 살아왔고, 앞으로의 시간도 확실한 것은 하나도 없다는 것. 66년 전, 아이젠하워가 정치권에 등장하기도 전부터 시작되었던 휴전협상도 2년이라는 시간 동안 160번 가까운 지리한 만남이 있었으니… 오래된 두터운 벽이 하루아침에 내려앉을 것이라는 바람은 애초부터 낭만적 감상이었는지도 모르겠습니다. 그렇게 아직 확실한 것은 무엇도 없지만…

"Go to Korea." 한국에 직접 가서 전쟁을 마치겠다고 말한 아이젠하워의 그 발언처럼… 지난 주말 한반도를 뒤흔들었던 그 주인공들 역시, 우리가 바라는 그 장소에서 만나 그토록 길어질지도 모를 협상의 시간을 최소한 시작이라도 하게 될 것인가.

알려드릴 사실은 또 한 가지 있습니다. 아이젠하워가 했던 그 발언 "Go to korea"는 당시 유행어처럼 관용어가 되어서 다음과 같은 의미로도 사용되었다고 전해집니다.

Go to Korea   난제를 정면으로 돌파하다

追考　2018년 6월 12일 싱가포르에서 열린 북미 첫 정상회담은 브리핑에 쓴 것처럼 우여곡절 끝에 성사되었다. 돌이켜보면 트럼프는 세간의 평대로 철저한 장사꾼이었으며, 장사의 법칙을 국가 간의 관계에도 그대로 적용했던 인물이다. 그것은 힘을 갖고 우위에 있는 자가 협상을 좌지우지한다는 법칙이었고, 그는 그 법칙을 적용하는 데 일말의 예의도 없었다.

잠시 숨을 고르고 있을 당신께

2018. 06. 14.

지난 며칠은 말 그대로 역동적인 날들이었습니다.

엊그제 밤까지는 적도의 나라 싱가포르에서, 바로 하루 뒤인 어제는 서울에서 서로 다른 내용의 특보를 전해드렸으니까… 우선은 저부터가 정말로 흔치 않은 경험을 불과 며칠 사이에 겪어내고, 오늘 다시 앵커브리핑을 여러분과 함께 나누게 되었습니다.

오늘은 잠시 숨도 돌릴 겸 특별히 두 곡의 노래와 함께하겠습니다. 미리 말씀드리자면 이 두 곡은 이미 〈뉴스룸〉의 마지막을 장식했던 노래이기도 합니다.

> 지금 힘든 것은 아무것도 아니야
> 저 위 제일 높은 봉우리에서 늘어지게 한숨 잘 텐데 뭐
> 허나 내가 오른 곳은 그저 고갯마루였을 뿐
> 길은 다시 다른 봉우리로…
> ─김민기, 〈봉우리〉

누군가 자신이 아는 가장 높은 봉우리를 향해 죽을힘을 다해 올라갔지만… 오르고 보니 그곳은 그저 고갯마루였을 뿐, 길은 더 한참 이어져 있었다는 이야기. 그는 뒤늦게 깨달은 세상의 이치를 나지막한 읊조림으로 전하

고 있었습니다. 또한 지금 우리가 발을 딛고 서 있는 이곳 역시 그가 말한 고 갯마루는 아니었을까… 주고받은 말들과 약속들을 현실화하기 위해 서로 애써야 할 과제들은 이제부터 시작이었고, 오랜 분단의 유전자를 지닌 우리 가 감내해야 할 숙명 같은 시간은 생각보다 더디 흘러갈 수도 있겠지요.

혹시 우리 손 놓쳐도 절대 당황하고 헤매지 마요
더 이상 오를 곳 없는 그곳은 넓지 않아서
우린 결국엔 만나 오른다면 …
— 정인, 〈오르막길〉

김민기가 삶의 끝없음을 봉우리에 올라 비로소 깨달았다면, 그의 후배 윤종신이 가수 정인의 목소리에 담은 〈오르막길〉은 결국 오르고야 말 아 득한 저 끝을 노래하고 있습니다. '그때까지는 혹 서로 손을 놓치더라도 걱정하지 말자. 결국 우리는 다시 만난다.' 이 가사 하나만으로도 우리 예 술단 평양 공연의 첫 자리에 놓일 만한 자격이 있는 노래였습니다.

그렇습니다. 북미회담도 끝났고 지방선거도 끝났지만, 결국 끝난 것은 아직 아무것도 없다는 것. 우리의 삶을 지금보다 나아지게 하기 위해서는 길고도 구부러진 길이 기다리고 있다는 것…

그러나 그래도 오늘쯤에는 낮고 야트막한 언덕에 올라서 흐르는 땀과 함께 잠시 숨을 고르는 하루를 원하신다면. 당신의 등 뒤로는 시원한 바람 이 불어왔으면…

　　1994년에 개봉한 영화 〈포레스트 검프〉는 발달장애를 가진 주인공이 자신의 삶을 일궈나가는 이야기를 펼쳐냅니다.

　　영화는 포레스트 검프의 시선을 통해 미국 현대사의 주요 장면들을 등장시키는데, 예를 들면 이렇습니다. 무엇이든 열심히 하는 검프가 베트남전쟁 중에 동료를 구출하다가 총상을 입었고, 병원에서 우연히 탁구에 대한 재능을 발견하여 중화인민공화국까지 가게 된다는 식의 설정이었지요. 그가 기여한 1971년 미·중의 핑퐁외교 덕분에 견고한 냉전의 벽을 쌓아왔던 미국과 중공은 몇 년 뒤 극적인 수교를 맺게 된다는 이야기였습니다.

　　IQ 75에 불과한 포레스트 검프는 사회 통념상 '바보'라 불리기도 했지만 결코 바보가 아니었습니다. 주어진 환경 속에서 무엇이든 열심히 했고 멈추지 않았으며, 그저 끝까지 달렸기 때문입니다.

　　오랜만에 남북한 탁구 단일팀이 이뤄졌습니다. 오늘부터 열리는 코리아 오픈 대회에서입니다. 남북의 정상이 만난 지 벌써 석 달이 다 되어가고 북미의 정상이 손을 잡은 지도 한 달이 훌쩍 지났지만, 되는 일도 안 되는 일도 없는 것 같은 요즘… 일각에서는 비핵화 협상이란 그저 "돼지에게 립스틱 칠하기 같은 포장이다"[*] 이런 맹비난마저 등장한 상황에서 남북이 함

[*] 미국 MSNBC 방송에서 빅터 차(Victor Cha) 미국 조지타운대 교수(CSIS 한국석좌)가 한 발언.

께하는 탁구는 뭐가 그리 대단할까.

더구나 핑퐁 게임. 때로 그 의미는 서로 간에 아무런 득도 없이 허무하게 반복되는 행위를 일컬어 쓰이기도 하는 마당에… 남쪽 땅의 한구석에서 그저 몇 명의 선수들이 모여 단일팀을 만들고 한반도기를 흔들어댄다한들 뭐가 그리 대단할까. 그것마저도 돼지에게 립스틱을 칠해놓은 역겨운 포장이며, 지난 분단의 역사 속 핑퐁처럼 허무하게 반복된 행위에 지나지 않는다고 일갈하면… 그것이 오히려 더 이성적이고 냉철한 논리로 들리는 지금…

그러나 작은 탁구공 하나는 생각보다 거대한 힘을 가지고 있어서, 그 작은 공은 마치 나비의 날갯짓처럼… 그로부터 8년 뒤 견고했던 미국-중국 간의 벽을 깨뜨린 바 있었습니다.* 또한 남북이 만든 단일팀 가운데 탁구 단일팀은 우리의 기억 속에도 특별히 선명해서, 합쳐졌을 때와 갈라져 있을 때의 우리가 어떻게 다른가를 명료하게 가르쳐줬지요.

"'작은 통일'을 한 것 같다." ─현정화

"현정화는 내가 가장 사랑하는 사람" ─리분희

그래서 역사적 사실들을 소재로 쓰면서도 그것들을 씨줄과 날줄로 엮는 데는 도통 논리적이지 않았던 영화 〈포레스트 검프〉를 떠올린…

---

* 1971년의 미·중 핑퐁외교는 1979년 덩샤오핑과 지미 카터의 만남으로 이어졌다.

One sweet dream

석 달 전에 북미정상회담 중계를 위해서 싱가포르에 갔을 때, 점심을 먹었던 한 식당에서 틀어놓은 노래가 유독 귀를 잡아끌었습니다.

Is it getting better or do you feel the same?
기분이 나아지고 있나요, 아니면 같나요?

그룹 U2의 명곡 〈One〉이었습니다. 노래를 고른 식당의 주인은 무언가를 알고 있었을까. 아니면 그저 우연의 일치일까…

1991년 발표된 이 곡이 녹음된 시기는 1990년 10월. 장소는 독일 베를린의 한자 스튜디오(Hansa Studios)였습니다. 당시 U2의 멤버들은 해체를 고민할 정도로 갈등이 심했다고 전해지죠. '정통 록을 고집할 것인가', '실험적인 전자음을 강조할 것인가'를 두고 급기야 주먹다짐까지 벌일 정도로 갈등은 심각했지만… 그곳 베를린에서는 정반대의 일이 진행되고 있었습니다. 같은 시기, 견고했던 동·서독 간의 장벽이 무너져서 사람들은 미움 대신 통일을 이야기하고 있었던 것입니다.

But we're not the same. We get to Carry each other Carry each other.
그러나 우리는 같은 것은 아니죠. 우리는 가까이 가까이 서로에게 다가갑니다.

U2의 명곡 〈One〉은 바로 그 자리에서 30분 만에 곡조가 만들어졌고, 보컬이자 리더인 보노(Bono)가 가사를 붙여서 완성되었습니다.

"한국에서 가장 부르고 싶은 노래가 바로 〈One〉이다."
　　　　—보노, 'U2 베를린장벽 붕괴 20주년 기념 공연', 2009년 11월 5일

그들 역시 대부분 분단과 전쟁의 아픔을 겪은 아일랜드 사람이니까요.

물론 돌파해야 할 난관은 앞으로도 많겠지만 오늘의 결과물은 달라진 서로의 관계를 실감하게 하고 있습니다. 역사적 소명이라든가 민족의 대장정 같은 무거운 단어들을 동원하지 않고서도 그저 별일 없이 서로 돕고, 그래서 함께 윤택해질 수 있는 지극히 평범한 세상. 철조망이 거둬진 철새의 땅과 다시 만나게 될 헤어진 사람들, 그리고 기차를 타고 대륙으로 향하는 아득한 꿈 같은 것들 말입니다.

그룹 U2의 〈One〉을 듣고 나온 식당의 바로 옆 가게는 아이스크림 등을 파는 디저트 가게였는데, 그 가게의 선전 문구는 공교롭게도 이랬습니다.

Sweet dreams are made of this!
달콤한 꿈은 이것으로 만들어진다네!
　　　　—Eurythmics, 〈Sweet Dreams〉

유리스믹스의 명곡이었습니다.

追考 9·19평양공동선언이 나온 날. 문재인 대통령이 2018년 9월 18일부터 20일까지 평양을 방문하여 남북정상회담을 진행했다. 백두산을 오르고 능라도경기장에서 15만 평양시민을 상대로 연설도 했으니, 대통령 개인뿐 아니라 남북 관계에서 이런 일이 다시 있을까 싶기도 하다.

이 회담에서는 김정은 위원장이 가까운 시일 내에 서울을 방문하기로 합의했지만… 글쎄, 실현 가능성에 대해선 별로 믿는 사람이 없었다는 게 오히려 자연스러운 것 아니었을까. 아무튼 이날의 브리핑은 용케도 싱가포르에서 접했던 노래(〈One〉과 〈Sweet dreams〉)를 떠올렸는데, 이 둘을 합쳐 브리핑의 제목(One sweet dream)으로 쓴 것도 나름 절묘했다. 자화자찬을 용서하시길…

집으로 돌아갑니다

열렬한 환영을 받았던 평양의 가두 퍼레이드도, 15만 명이 운집한 능라도 5·1경기장의 열기도, 백두산의 맑고 푸른 하늘과 천지의 물도… 내 집 같은 온전한 편안함은 아니었을 것입니다. 그것은 필경 얼마간의 혹은 그보다 큰 긴장을 동반한 것이었겠지요. 또한 그것은 지난 4월 겨우 몇 걸음 남쪽으로 내려왔던 상대방의 얼굴에서도 드러났고, 그보다 두 달 전인 지난 2월 평창동계올림픽 경기장에 앉았던 그의 동생 김여정의 얼굴에서도 확연히 알 수 있는 것이었습니다.

이제는 다시 집으로 돌아온 시간. 그리고 우리도 이제 집으로 돌아가는 시간을 준비하고 있습니다.

이르면 내일부터 시작되는 추석 연휴. 그동안 세상과 부딪히며 긁히고 다친 몸을 누일 수 있는 '쉼'의 시간이 우리를 기다리고 있습니다. 유별나게 타들어갔던 지난여름을 겪어냈으니 며칠 동안의 쉼표는 더욱 소중한 시간이 될 것입니다.

그러나 쉽지 않은 현실은 엄연히 존재하고 있어서 올라간 것은 집값이요, 떨어진 것은 일자리라… 집으로 돌아왔고, 또 돌아갈 것이지만 마음마저 온전히 편하지는 않을 것입니다. 추석을 홀로 보내는 이른바 '혼추족'이 늘어난 것도 달라진 세상의 모습을 그대로 비쳐주고 있습니다.

집이란, 그립지만 한편으론 벗어나고 싶은 공간. 때로는 서로를 옭아매서 상처가 되고 마는 공간… 오늘의 앵커브리핑은 그 모든 복잡한 마음을 품고 집으로 향하는 모든 분께 전하고픈 이야기입니다.

19세기 일본의 작가 나쓰메 소세키夏目漱石(1867~1916)는 대학에서 영문학을 강의하던 시절에 고민에 빠졌습니다.

I love you. 그 시대에는 차마 수줍었던, 그리고 모두가 그 고백에 서툴렀던 이 말을 어떻게 번역해야 좋을까… 한참을 머뭇거리던 작가는 결국 이런 문장을 내놓았다고 하죠. "달이 참 밝네요." 하긴, 깊은 밤 함께 달을 바라보는 사이라면 그것으로 족했을 겁니다.

각자 집으로 향할 그 서툰 마음들과 위로받고 싶은 마음들에게, 단지 며칠 동안만이라도 평안한 쉼이 있기를… 서울에도 평양에도, 그리운 고향 마을에도… 휘영청 떠오를 저 달이 서툰 우리의 마음을 대신 전해줄 것입니다.

"멀다고 하면 안 되갔구나."

지난 4월 27일의 남북정상회담 중 화제의 말은 김정은 북한 국무위원장이 은연중에 내뱉은 이 말이었습니다. 평양에서 판문점까지의 거리 147km는 그의 말대로 멀다고 하면 안 되는 거리였지요. 이 말이 왜 나왔을까. 바로 냉면 때문이었습니다. 그의 말에 따르자면 '어렵사리 평양에서 가져온' 그래서 제법 먼 길을 온 냉면을 소개하다가 문득 '멀다 하면 안 될 길'임을 자각했던 것이겠지요. 그는 본의였든 아니었든 중의법을 구사한 셈이었습니다.

그렇게 4월이 지나고 기록에도 남을 뜨거웠던 여름을 힘들게 지나오면서… 냉면은 남쪽의 사람들에게는 줄을 서서라도 먹고 싶은 피서 음식이 되었습니다. 물론 냉면 맛을 모를 리는 없었지만 그것은 뭐랄까, 한여름의 시원함과 함께 북미와 남북 관계가 잘 풀려나가기를 바라는 간절함을 내포한… 그러니까 중의적 뜻을 가진 음식이 되었던 것.

그 옥류관 냉면에 대한 자부심이 너무 지나쳐서였을까.

"냉면이 목구멍으로 넘어갑니까?"

— 리선권(북한 조국평화통일위원회 위원장)

북측의 고위급 인사가 내뱉었다는 이 말이 진위 논란에 휩싸였습니다.[•] 안 그래도 그는 말본새가 그리 곱지 못한 것으로 회자되던 터라… 이번에도 아마 그렇게 말하고도 남았을 것이라는 의심을 사기에 충분한 지경이긴 합니다. 물론 말이라는 것이 그 나름대로 갖가지 배경과 맥락이 있는 만큼 달랑 한 문장만 놓고 평가하기에는 무리가 있고, 또 실제로 현장에선 그런 말은 못 들었다는 얘기도 들려오긴 하지만 말입니다.

"사실관계가 확정되지 않은 것으로 보인다."
— 김의겸(청와대 대변인)

"발언은 별것이 아니었다. 질책할 위치도 아니었다."
— 당시 식사 자리에 있었던 한 기업인

"총수 몇 명에게 직접 전화해 확인했지만 그런 일 없다고 말했다."
— 홍영표(민주당 원내대표)

그러나 따지고 보면 북미 관계는 미국의 정치적 상황에 따라 왔다 갔다 하고 있고, 한국 정부는 그나마 남북 관계를 지렛대로 겨우겨우 북한과 미국을 붙잡아놓고 있는 것이 현실이라면… 재벌 회장들 아니라 누구라도 냉면이 쉽게 넘어갈 것 같지는 않군요. 그래서 지난여름 시원함과 간절함의 중의적 의미를 담았지만, 이제쯤엔 졸지에 무례함과 답답함의 중의적

[•] 리선권 북한 조국평화통일위원장이 9월 19일 평양 남북정상회담을 수행한 이재용 삼성전자 부회장 등 우리 측 기업 총수들에게 "냉면이 목구멍으로 넘어갑니까?"라고 한 말이 뒤늦게 알려져 논란이 일었다. 남북 경협 속도가 기대보다 느린 데 불만을 표출한 것이 아니냐는 해석이 나왔으나, 발언 여부가 정확히 확인되지는 않았다.

의미를 지니게 돼버린 냉면의 팔자…

그러고 보면 냉면이란 것이 본래 두 얼굴의 음식이긴 합니다. 누구는 아무리 먹어도 무슨 맛인지 모르겠다 하고, 누구는 거의 중독되다시피 하니까요. 그러고 나서도 냉면은 또 한 번의 반전이 있으니…

겨울철 제철 음식으로 … 냉면이 있다.
—『동국세시기東國歲時記』

『동국세시기』에 따르면 냉면의 또 다른 얼굴은, 그것이 본디 겨울 음식이라는 것.

"겨울밤 온 가족이 둘러앉아 먹던 냉면이 따뜻한 추억으로 남아 있습니다."
—이호철(작가)

함경도 원산이 고향인 작가 이호철도 겨울냉면을 그리워했다는데, 올겨울 냉면은 또다시 그 어떤 간절함을 담아낼 수 있을까…

15. 창백한 푸른 점

뜬금없이 들릴 수도 있지만 나의 어릴 적 꿈은 천문학자였다. 그 꿈은 내가 수학을 잘 못한다는 이유로 강제로 포기당할 수밖에 없었지만… 별을 공부하겠다는 건 중학 시절 어느 날 하늘을 올려다본 뒤부터 갖게 된 생각이었다. 앵커브리핑에도 썼듯이, 지금 우리가 보는 별은 이미 몇백 년 이상 빛으로 달려와 당도한 것이므로 실제로 존재하지 않을지도 모른다는 좀 엉뚱한 상상 때문이었다.

우주는 내게 그런 존재였고, 수학을 못한다는 현실 때문에 더욱 접근을 거부당한 신비한 존재였는지도 모른다. 그 밑에서는 역사도, 현세의 인간사도 찰나로 지나갈 일이라는 것. 그러나 그런 상념들은, 그러니까 우리에게 주어진 시간들을 더 진지하게 들여다보게 하는 역설을 낳기도 했다.

또한 그것은 필연적으로 종교로 이어지는 통로가 되기도 한다. 이 장의 후반부 앵커브리핑들은 그 얘기들을 담고 있다. 별은 우리에게 빛의 속도로 왔지만 우리는 어차피 빛의 속도로 갈 수 없다면, 그 머나먼 별이 아닌 차라리 우리의 이웃에게 닿는 것이 온당하다는 말. 그것이 종교가 우리에게 가르쳐준 뜻이 아닐까. 그럼에도 이 땅의 종교인이라 자칭하는 일부는 이웃이 아닌 자기 자신에게만 닿으려 하는 것이 아닐까.

1990년 2월 14일. 우주를 떠돌던 탐사선 보이저 1호는 태양계를 벗어나기 직전 반짝이는 작은 점이 찍힌 사진 한 장을 지구로 전송합니다. 그것은 자신이 떠나온 고향, 지구였습니다. 천문학자 칼 세이건(Carl Sagan)은 이 모습을 'PALE BLUE DOT(창백한 푸른 점)'이라 표현했습니다. 사진 속 지구는 외로워 보입니다. 우주라는 광활한 공간 안에서 희미하고 보잘것 없어 보이기도 하지요. 그러나 조금만 가까이 당겨 본다면 그 창백한 푸른 점 안에서는 오늘 참으로 많은 일이 진행됐습니다.

맑고 투명한 날씨였습니다. 가시거리는 길었고 기온은 포근했지요. 하지만 오늘은 수험생 63만 1,187명이 일제히 시험을 치른 날. 가족과 지인과 선생님은 마음을 졸였을 것이고, 대학이란 틀을 거부하고 시험을 치르지 않기로 결정한 많은 동년의 젊음들은 누구보다 복잡한 심경으로 거리에 나섰을 겁니다. 그리고 그날 2014년 4월 16일. 그 일이 없었다면 오늘 시험장에 있었을 250명의 아이들까지…

어쩌면 우리는 모두 넓은 은하계 한구석에 희미하게 웅크린 창백한 푸른 점 하나였는지도 모르겠습니다. 그러나 그 희미한 점은 그저 보잘것없는 것이 아니라 우리가 상상할 수도 없는 엄청난 질량을, 한없는 밀도를, 무한한 가능성을 품은 곳일 수도 있습니다. 그리고 그 희미한 시절을 버텨

낸 이들은 이런 응원의 말을 건넵니다.

"웅크린 사람은 … 뛰려는 사람이다."

— 김중혁(소설가)

급한 건 세상만으로 충분하다고 … 그저 성실하게 주름을 만들 듯 천천히 내 속도로 그렇게 가라고 말입니다.

원래 지구 같은 행성을 뜻하는 단어 Planet은 그리스어의 'Planetai(헤매는 사람)'에서 연유한다고 합니다. 전부인 것만 같은 오늘은, 태양 빛 속에 부유하며 헤매며 떠도는 지구처럼 … 광활한 시간 속에 담긴 하루일지도 모르겠습니다. 그러므로 고생하며 헤매며 달려왔을 아이들에게나 또한 어른들에게나, 당신에게 관대한 밤이 되길 바라는 오늘 …

'낭만'. 지금부터 시작할 이야기입니다.

조금은 낯간지럽거나 촌스러운 말일 수도 있겠죠. 한자로 풀이하면 이렇습니다. 물결 '랑浪'에 흩어질 '만漫'. 미묘하게 일렁이는 마음의 파동. 언어로는 쉬이 표현하기 어려운… 사람만이 갖는 고유한 감정, 바로 낭만입니다.

저도 궁금했습니다. 과연 누가 이길 것인가. 창조자와 피조물의 대결에 사람들은 열광하고 경외하는 한편으로 두려운 마음도 가졌던 것 같습니다. 쏟아지는 관심 한가운데 그의 마음 역시 매우 출렁였을 겁니다.

> "바둑의 낭만을 지키는 대국 펼칠 것"
>
> ─ 이세돌(바둑 기사)

경기를 앞두고 그는 이렇게 말했지요. 사람들의 기대는 무너졌지만, 어찌 보면 결과는 중요하지 않을지도 모르겠습니다. 아무리 명석한 두뇌라 하더라도 단순한 계산기의 연산 속도를 이겨내지는 못하듯… 바둑 하나에만 프로그래밍된 AI는 마침내 인류를 이겨 세상을 놀라게 했습니다. 그러나 정작 중요한 것은… 이렇게 첨단화된 세상 속에서 사람의 역할이란 무엇인가 고민하는 마음의 일렁이는 파동, '낭만'이 아닐까.

최소 2,500년 이상의 역사를 가졌다는 바둑. 상대의 마음속 파동을 읽어내고 그 생각의 결을 더듬는 행위… 대국에서 이겼다 해도 혹은 진다고 해도 상대방의 마음을 헤아리는 예의를 갖춰야 하는 바둑의 세계에서… 오직 '이기는 것'만 입력되어 있을 인공지능의 승리는 글자 그대로 '승리'일 뿐일지도 모르겠습니다. 기계는 2,500년 넘게 인류가 쌓아온 경험과 직관 그리고 매우 아날로그스러울지도 모를 그 미묘한 마음의 결을 헤아리는 '낭만'마저 이겨낼 수 있는 것인가.

여기까지입니다. 이세돌 9단과 우리 자신을 위한 앵커브리핑은…

지금부터는 사족 아닌 사족입니다.

올해는 '인공지능'이란 말이 사용된 지 딱 60년이 되는 해입니다. 인정하든 인정하고 싶지 않든 60년의 성취가 2,500년의 역사를 이겨낸 오늘. 인류는 또 다른 미지의 세계로 들어갑니다.

追考 인공지능 바둑프로그램인 알파고(AlphaGo)와 이세돌이 격돌한 딥마인드 챌린지 매치(Google Deepmind Challenge match)는 2016년 3월 9일부터 15일까지 서울에서 이루어졌다. 모두 다섯 번 대결하여 알파고가 네 번 이겼다. 그러나 나만의 생각인지는 모르겠으나, '이세돌은 한 번도 지지 않았다.'

알파고, 그리고 카인의 후예

저는 이세돌 9단을 네 번 인터뷰했습니다. 그에 대해서는 두 번 놀랐습니다. 우선 그의 가느다란 목소리에 놀랐고, 그다음은 그 가느다란 목소리에 실려 나오는 강단과 자존심 때문에 놀랐던 기억입니다.

우주의 운행을 담았다는 바둑. 그는 그 우주에서 늘 살아 돌아온 사람이었기에… 한편으론 설마하는 마음이 있었지만 대부분의 사람들은 이 청년의 압승을 자신했습니다. 그러나 설마가 혹시로, 혹시가 역시로 드러나자 그 충격은 바둑계는 물론 전 세계를 전율하게 했죠. 프로바둑 기사들조차 이해할 수 없는 알파고의 바둑 '행보'였습니다.

인간만이 가지고 있다 믿었던 직관과 통찰이 알파고의 무한대에 가까운 수읽기에 몰리자… 과연 '인간이란 무엇인가' 근원적인 질문들이 쏟아져 나오기 시작했습니다. 창의력, 윤리의식… 인간과 인공지능을 애써 구분 지으려는 담론들이 쏟아지는 가운데 한쪽에선 AI포비아, 즉 인공지능 공포증까지 제기됐죠.

"인류의 최대 위험" ─스티븐 호킹(물리학자)

"핵보다 위험, 악마 불러내는 것" ─일론 머스크(Elon Musk, 테슬라 CEO)

대한민국이 '알파고 쇼크'로 들썩이는 사이, 평택에서 실종됐던 일곱 살 아이는 싸늘한 주검으로 우리에게 돌아왔습니다.[●] 화장실에 감금된 채 결국 차디찬 욕실 바닥에서 홀로 죽음을 맞이한 아이… '인류 최대의 위협', '핵보다 위험한 악마'는 인공지능이 아닌 인간, 바로 우리 자신이 아니던가.

성경 속 질투와 이기심에 눈이 멀어 동생 아벨을 죽인 카인의 이야기. 그 카인의 후예일지도 모를 우리는… 인공지능의 도래를 보면서 그것을 만들어내고 시험하고 있는 인간의 맨얼굴을 두려워하는 것일지도 모르겠습니다. 그리하여 알파고가 던져준 그 많은 질문 속에 우리가 꼭 답하고 싶은 한 가지… 인간을 배워가며 인간을 닮아가는 인공지능이 성경 속 카인의 '인간'은 닮지 않기를 바란다는 것이겠지요.

내일 또다시 가느다란 체구와 가느다란 목소리를 가진 한 청년은 우주로 나갑니다. 그가 우리의 답을 갖고 있는 이상, 그는 늘 그랬던 것처럼… 다시 살아서 돌아올 것입니다.

● 경기도 평택시에 살던 일곱 살 어린이가 의붓어머니의 상습 학대로 사망한 뒤 야산에 암매장되었다. 아이는 욕실에 20시간 넘게 감금되었다가 세상을 떠난 것으로 밝혀졌다.

호킹지수… 고개를 숙여서 발밑을 보라 2018. 03. 15.

'호킹지수(Hawking Index)'라는 것이 있다고 하는군요. 책을 구입한 독자가 실제로도 책을 읽었는가를 따져보는 수치라고 합니다. 화제가 된다하니 너도나도 구입하긴 했지만 정작 몇 장 넘기지 못한 책일수록 호킹지수는 낮아지는 방식이지요.

그런데 왜 하필 '호킹'이란 이름이 붙었을까. 1천만 부 이상이 팔린 스티브 호킹의 저서 『시간의 역사』 역시 실제로 읽은 사람은 극히 드물다고하니까, 쌓여 있는 책들을 보면서 괜히 뜨끔한 마음이 드는 건 저뿐만이 아닐 것 같습니다.

"스티븐 호킹(1942~2018), 별로 떠난 과학자"
"같은 시대에 살아서 영광이었다."

사람들은 그의 죽음을 슬퍼했습니다. 장애를 극복하고 이룬 성취였기에 결과물은 더욱 빛나 보였습니다. 그러나 지금부터는 호킹지수로 상징되는 우리의 현실입니다.

"허망함을 느꼈다."
지금으로부터 딱 10년 전 한국인 최초로 우주 비행을 떠났던 이소연

15. 창백한 푸른 점 | 325

씨가 바로 얼마 전에 했던 말입니다. 그가 우주에 올라간 첫날 수행했던 중요 일과 중 하나는 다름 아닌 '바느질'.

"옆에서 묻는 거예요. 이걸 왜 우주인이 꿰매고 있냐고요. … 미국의 경우 정부 부처명이 건물의 돌에 새겨져 있어요. 안 바뀐다는 의미죠. … 러시아도요."
—이소연, 과학 잡지 『에피』 인터뷰

사업 당시 '과학기술부'가 '교육과학기술부'로 이름이 바뀌었는데 모든 우주복과 실험 장치에 그 바뀐 명칭을 새로 달아야 했다는… 웃지 못할 기억이었습니다.

우주인 사업을 계획한 책임자와 마무리한 책임자가 달랐던 나라. 그러니까 정권이 바뀌고 부처의 이름이 바뀌고 책임자가 갈리는 사이, 3년짜리 단기 사업에 불과했던 대한민국 최초의 우주인 사업은 결국 초라하게 막을 내렸습니다. 화제가 된다 하니 책을 샀지만, 결국 첫 장 정도 읽어보고 먼지만 쌓이게 된다는 호킹지수와도 같이 말입니다.

오늘의 사족입니다.
오늘의 사족은 어찌 보면 호킹지수에 대한 우리 스스로의 변명이 될지도 모르겠습니다.

"고개를 들어 별을 보라. 숙여서 발을 보지 말라."

호킹 박사는 우주를 바라보면서 말했습니다. 그러나 자꾸만 발밑으로 시선이 가는 것은 어찌 된 까닭일까…

극심한 청년 실업의 한편에서는 어느 공기업의 신입 사원 대부분이 부정입사자였고… 그 와중에 수백억의 비자금, 그와 비교할 수도 없는 차명재산 의혹 속에 전직 대통령은 검찰을 오가는[•] 이 땅에 발 딛고 있는 우리 처지에… 그 머나먼 별이라니…

> **追考** 이소연은 이른바 '먹튀' 논란에 시달렸다. 막대한 돈을 들여 첫 우주인으로 만들어줬는데, 그 이후 별 기여를 한 바 없다는 것. 그러나 정부가 오직 홍보 목적만 있었지 유인 우주개발에 대한 의지는 없었다는 것이 그의 주장이었다.
> 1997년에 미국 워싱턴에서 홈리스 문제를 취재한 적이 있는데, 그때 어느 홈리스가 했던 말을 붙여둔다. "정부는 화성에 우주선 보낸다고 수억 달러를 쓰지요. 하지만 여기 땅 위를 보세요. 저처럼 집도 없는 사람이 얼마나 많은가…"

[•] 강원랜드가 2012년과 2013년 채용한 신입 사원 518명 전원이 사전 청탁 등을 통한 부정채용이었다는 사실이 알려졌다. 이에 따른 구직 피해자는 800여 명에 달한 것으로 조사됐다. 청와대는 2018년 3월 15일 부정청탁 등이 확인된 전원을 직권면직하기로 했다고 밝혔다. 한편 검찰에 피의자 신분으로 출석한 이명박 전 대통령은 다스 비자금과 차명재산 의혹 등과 관련해 검찰 조사를 마치고 같은 날 귀가했다.

오늘 밤 당신의 머리 위에서 빛나는 별들이 실제로는 지금 이 순간에 존재하는 것이 아니라면? 이것이 틀린 얘기는 아니지요. 빛이 1년 동안 달렸을 때 도달하는 거리가 1광년이라고 하는데, 우리 눈에 보이는 별들은 짧게는 4.3광년부터 길게는 헤아릴 수 없는 그 이상까지…

그러니까 우리 눈에 도달한 별들은 같은 시간에 존재하지도 않지만, 동시에 또한 존재하는 모순의 존재들입니다. 인간의 감성을 한없이 아름답게 끌어낼 수 있는 별들을 이런 식으로 분석한다면… 그 수많은 감성은 어떻게 되는 것일까.

이제 석 달 뒤면 인간이 달에 발을 내디딘 지 꼭 50주년이 되는 날인데… 50년 전의 그날 1969년 7월 21일 저녁에 저는 장독대에 올라서서 달을 바라보고 있었습니다.® 같은 시간, 마루에 놓인 흑백텔레비전에서는 닐 암스트롱(Neil Armstrong)이 황량한 달 표면에 첫발을 내디디면서 '이것은 한 인간에게는 아주 작은 발자국이지만…' 뭐라 뭐라 이렇게 하는 그 유명한 말을 남기고 있었지요.

● 1969년 7월 20일 닐 암스트롱 등이 탑승한 아폴로 11호가 인류 최초로 달에 착륙했다. 나사(NASA)는 당시 세계인구 36억 명 중 5억 넘는 사람들이 그 장면을 텔레비전으로 지켜본 것으로 추정한다. 한국 시각으론 하루 뒤인 21일의 일이었다. 한국 정부는 7월 21일 이날을 임시공휴일로 지정했다.

"이것은 한 명의 인간에게는 작은 한 걸음이지만 인류에게는 위대한 도약이다."
—닐 암스트롱(우주비행사)

그러니까 저는 암스트롱이 최초로 달에 발을 내디딘 그 역사적인 순간, 텔레비전뿐만 아니라 육안으로도 동시에 달을 바라본 그리 많지 않은 지구인 중의 하나였다는 얘기… 다음 날부터 사람들은 그렇게 말했습니다. '달에는 계수나무와 방아 찧는 토끼는 존재하지 않는다.' 그러니 달에 대한 낭만의 시대는 갔다고 말입니다. 별과 달에서 그렇게 과학은 낭만과 신화를 지워갔습니다.

그리고 이어지는 이런 얘기. 1756년 여름, 인도 콜카타의 후글리 강변. 벵골의 태수인 시라지(Siraj ud-Daulah)의 군대에 포로로 잡힌 영국인들은 매우 어둡고 비좁은 감옥에서 단 하룻밤을 보내면서도 숨 막히는 무더위에 대부분 죽고 말았는데… 그 악몽의 방 이름은 바로 '블랙홀(BLACK HOLE)'.

그로부터 150여 년이 지나서 아인슈타인은 머나먼 우주에 모든 것을 집어삼킨다는 블랙홀의 존재를 주장했지만, 실제로 본 사람은 아무도 없었지요. 그래서 이론물리학자 킵 손(Kip S. Thorne)의 말처럼, 블랙홀은 그 이름의 연원부터가 좀 공포스럽긴 해도 신화의 영역에 더 어울리는 존재였을지도 모릅니다.

"블랙홀은 실제 우주보다 공상과학과 옛날 신화의 영역에 더 어울리는 것처럼 보인다." —킵 손

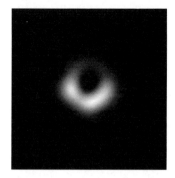

블랙홀. 2019년 4월 10일 공개

그러나 이것도 역시 신화로 남기엔 틀렸습니다. 과학은 그 존재를 이렇게 공개해버렸으니까요. 자, 이렇게 다 들여다보았으니 이제는 무엇이 기다리고 있는 것일까. 돌이켜보면 윤동주는 왜 동시에 존재하지 않았던 별들을 헤었고 아이들은 왜 달에 사는 토끼를 꿈꾸었을까.

"저 창백한 푸른 점을 보세요. 저것이 우리가 사는 지구입니다. …
멀리서 찍힌 이 사진만큼 인간이 어리석다는 걸 잘 보여주는 건 없을 겁니다."
— 칼 세이건(천문학자)

그리고 그 거대한 우주의 한 점에도 이르지 못하는 우리는… 무엇 때문에 이렇게 애달프고 분노하고, 탐욕을 키우는가…

追考 2019년 4월 10일 최초로 블랙홀 영상이 공개되었다. 인류가 최초로 관측에 성공한 블랙홀은 처녀자리 은하단의 거대 은하 M87 중심부에 있으며, 지구로부터 5,500만 광년 떨어져 있고, 질량은 태양의 약 65억 배에 달한다. 그런데 이걸 알아서 어쩌겠다는 거지?

휘파람을 불다

청년은 휘파람 부는 것을 좋아했습니다. 우주로 나간 첫 번째 인간, 소
련의 우주비행사 유리 가가린(Yurii Gagarin, 1934~1968)의 이야기입니다.

"지구는 파랗다. 얼마나 멋진가. 얼마나 놀라운가."
　　—유리 가가린

1961년 4월 12일 그는 우주선 보스토크 1호를 타고 약 두 시간가량 지
구 궤도를 한 바퀴 돌았는데, 스물일곱 살의 그 청년은 푸른 지구를 바라보
면서 휘파람을 불었습니다.

조국은 듣는다. 조국은 안다.
그의 아들이 어느 곳을 날고 있는지.
다정한 손길과 애정 어린 사랑으로⋯ ♪
　　—노래 〈The Motherland Hears, The Motherland Knows〉

깜깜한 우주 한가운데 흐르듯 스며들었을 인간이 내는 아름다운 소리⋯

청년이 우주에서 휘파람을 불었던 그 시간보다 8년이 앞선 시간⋯ 참
혹한 전쟁을 잠시 멈춘 어느 전장에서도 노래는 울려 퍼졌습니다.

총성이 멈추자 모두가 노래를 부르고 환호합니다. 중공군도 마찬가지입니다.
곳곳에 광명이 비춘 듯합니다.

　　— 폴 버크(Paul Burke)

한국전쟁에 참전한 영국 소년병 폴 버크의 편지에는 이유도 모른 채 싸
워야 했던… 먼 나라에서 온 젊은이들의 모습이 생생하게 박혀 있습니다.

무슨 일이든 일어날 것만 같은 분위기가 싫습니다. …
어머니의 애플파이가 너무도 그립습니다.

그것은 지금으로부터 딱 69년 전의 오늘, 우리가 발 딛고 사는 이곳에
서 벌어진 참혹한 비극이었습니다. 모두를 두렵게 했던 그 총성이 멈춘 순
간, 그 수많은 젊은이들의 노래와 휘파람 역시 광활한 우주 어딘가로 흩어
져… 유리 가가린의 휘파람 소리처럼 지금 이 순간에도 오래오래 유영하
고 있지 않을까.

며칠 후면 미국의 트럼프 대통령이 와서 그의 전임들이 그랬던 것처럼
전쟁이 멈춘 그곳을 다시 찾는다고 하지요. 잡힐 듯 잡히지 않는 북핵 문제
의 해법과, 더디게 나아가다 멈춰선 협의로 모두가 지쳐갈 무렵. 지구상에
하나 남은 분단의 선을 찾을 그에게 시선을 보낼 수밖에 없는 이유…
그 역시 66년 전 전쟁이 멈춘 자리에서, 그의 젊었던 선대들이 새로운
희망으로 불었던 휘파람 소리를 들을 것이기 때문에…

그것이야말로 "잘 알지도 못하는 나라와 한 번 만나본 적도 없는 사람들을 지켜주기 위하여 나라의 부름에 응한"● 선대들로부터 그에게 전해진 메시지가 아닐까…

追考 6월 29일 트럼프가 한국에 와서 다음 날 판문점으로 갈 테니 김정은도 오라 했다. 마지못해 온 건지, 예의상 온 건지 아무튼 김정은 위원장도 내려왔다. 트럼프는 군사분계선을 넘어 현직 미국 대통령으로서는 처음으로 북한 땅을 밟고 사상 첫 남·북·미 3국 정상 회동을 했다. 그러나 그것으로 끝이었다. 그리고 우리가 아는 한 트럼프가 그 휘파람 소리에 관심을 가졌을 리 없다.

● 워싱턴DC 한국전쟁 참전용사 기념관(Korean War Veterans Memorial)의 비에 새겨진 문구이다. 전문은 다음과 같다. "Our nation honors her sons and daughters who answered the call to defend a country they never knew and a people they never met."

우리가 빛의 속도로 갈 수 없다면 **2019. 12. 26.**

13년 전의 오늘, 2006년 12월 26일. 모든 신문 1면의 주인공은 바로 이 사람들, 고산과 이소연이었습니다.

한국 최초의 우주인 후보가 정해졌다는 소식에 모두가 가졌던 첫 번째 생각은 아마 '우리도… 언젠가'였을 것입니다. 물론 결말은 해피엔딩으로 남지 못했지요. 몇 년 지나지 않아서 희망은 가라앉았고 우주는 다시 우리 삶으로부터 멀어졌습니다.

그보다 더 오래전인 1977년 천문학자 칼 세이건은 구리로 만든 LP판 모양의 '골든 레코드'를 보이저 1호와 2호에 실어서 우주로 보냈습니다. "안녕하세요? 지구인입니다." 이 골든 레코드는 서로 다른 55개의 언어로 녹음한 인사말과 인류가 사랑한 음악과 사진을 품은 채로, 지금 이 시간에 도 우주를 유영하고 있을 터인데. 칼 세이건의 그 소망처럼 우리는 언젠가 새로운 우주를 만날 수 있을까…

그들은 분명히 알 것이다. 우리가 희망과 인내를 … 그리고 우주와 접촉하고 자 하는 뚜렷한 열의를 지닌 종이었다는 사실을
　―칼 세이건, 『지구의 속삭임』

"하지만 우리가 빛의 속도로 갈 수 없다면, 같은 우주라는 개념이 대체

무슨 의미가 있나?' 과학을 전공한 SF작가 김초엽은 작품을 통해 질문을 던졌습니다. 바로 곁에서 살아가는 이들의 말조차 귀 기울이지 않는 반면에, 또다시 새로운 누군가와 소통하기 위해서 수많은 비용과 노력을 낭비하고 있는 것은 아이러니다, 하는 것이죠. 작가는 어느 시대와 공간을 살아가든 서로를 이해하려 하지 않는다면 "아무리 우주를 개척하고 인류의 외연을 확장하더라도 우리는 점점 더 우주에 존재하는 외로움의 총합을 늘려갈 뿐"이라고 말합니다.

"안녕하세요." 한국어로도 녹음이 되어 있는, 보이저호에 실린 지구인의 인사말. 그러나 천문학자들에 따르면 그 메시지가 실제로 외계 생명체에 닿을 확률은 매우 희박합니다.

"이 메시지는 지구인을 위한 것이기도 하다."
—문홍규(한국천문연구원 책임연구원)

그것은 오히려 오늘을 사는 우리, 지구인 스스로를 향해 존재해야 한다는 의미였습니다.

끊임없이 새로운 영역을 꿈꾸고 소망하지만… 우리가 우주를 향하여 어차피 '빛의 속도로 갈 수 없는 것'이라면, 먼저 나의 옆 사람에게 당도하라는… 그것이 없다면 우리의 삶은 얼마나 피폐한 것인가. 13년 전의 떠들썩함이 이만큼이나 허무한 것처럼 말입니다.

한국작가회의 이사장 이시영 시인이 이런 말을 했습니다.

"일금 오만 원이나 삼만 원의 시 한 편 원고료에도 소득세와 부가세가 붙는데, 왜 고액 소득의 개신교 목사들에게 과세를 유보해야 하나."

논의만 무성했던 종교인 과세는 올해도 무산됐습니다. 과세하겠다는 쪽과 세금을 낼 수 없다는 쪽의 논리는 참 오랫동안 부딪쳐왔습니다. 결과는 늘 같았지만 말입니다.

때마침 영화 한 편이 개봉했습니다. 우여곡절이 많았습니다. 시사회조차 난항을 겪었고, 한 대형 교회는 자신의 교회가 나오는 부분을 모두 지우라고 엄포를 놨습니다. 영화의 제목은 〈쿼바디스(Quo Vadis)〉. 라틴어로 '어디로 가시나이까'라는 의미.

영화에는 몇 개의 숫자가 등장합니다. 먼저 3,000억 원.
강남 노른자위 땅에 들어선 사랑의 교회 건축비 추정액입니다. 특혜 의혹 등으로 논란인 이 거대 예배당이 문을 열던 날 담임목사는 이렇게 말합니다.

"이제 주님만을 더 기쁘시게 하는 사역하겠고 주님을 두려워하는 사역을 하 겠다." ―오정현(목사)

그러나 사랑의 교회 설립자 고 옥한흠 목사의 아들 옥성호 씨는 이렇 게 말합니다.

"이 건물의 머리말에 이렇게 쓰고 싶다. '한국 교회는 이렇게 침몰했다.'"

또 다른 숫자가 있습니다. 7만 8,000개, 그리고 2만 5,000개.

무엇을 뜻하는 걸까요? 7만 8,000개는 한국 개신교 교회의 숫자고, 2만 5,000개는 한 집 걸러 하나씩 있다는 전국의 편의점 숫자입니다. 교회가 전국 편의점 개수의 세 배가 넘는다는 얘깁니다. 한 해 거둬들이는 헌금이 약 17조 원가량이라는 추정마저 나옵니다.

물론 성전의 크기가 크다고, 교회의 숫자와 헌금의 액수가 많다고 해 서 특정 종교를 비판하는 것은 적절치 않습니다. 그러나 자녀에게 교회 재 산을 물려줘서 송사에 휘말린 목사, 성폭행으로 처벌받은 목사가 10억 원 넘는 전별금을 챙겨 나간 뒤 다시 새 교회를 차린 모습. 그리고 세습 논란 을 피하기 위해 중간에 전문 경영자를 끼워 아들에게 편법으로 물려주는 사례는 850만 개신교 신자들은 물론 바라보는 모두를 불편하게 합니다.

영화를 만든 김재환 감독은 한국을 대표하는 교회 목사를 따라가며 이 렇게 질문합니다. "정말 예수 믿는 사람 맞습니까?" 참고로 김재환 감독은 모태신앙에다 독실한 개신교 신자라고 합니다.

몇 달 전 창립 90주년을 맞은 한국기독교교회협의회가 기념예배를 진행했습니다. 소득세를 자진 납부하고 있고, 교회 자정운동을 펼치고 있는 단체입니다. 예배 주제는 바로 이것이었습니다.

흔들리는 교회, 다시 광야로

다시 오늘의 주제 쿼바디스로 돌아갑니다. 박해를 피해 도망치던 베드로는 십자가를 지고 걸어오는 예수에게 이렇게 물었습니다.
"쿼바디스." 어디로 가시나이까.

논란을 빚고 있는 영화가 왜 이 말을 제목으로 썼는지는 굳이 설명드리지 않아도 될 것 같습니다.

> **追考** 종교인 과세에 가장 적극적으로 반대했던 이들은 개신교 쪽이었다. 우여곡절 끝에 2018년 1월 1일부터 과세가 시행됐다. 그러나 쟁점이었던 종교인 소득 범위를 소속 종교단체로부터 받은 소득으로만 제한했고, 논란이었던 종교활동비를 비과세 소득으로 유지하여 반쪽짜리로 전락했다는 비판이 제기됐다.

"상자 속으로 던져 넣은 돈이 짤랑하고 소리를 내는 순간 구원받는다."
탐욕의 막장은 16세기 독일의 '주교 선거'에서 시작됐습니다. 독일 마인츠
의 대주교가 되기 위해 엄청난 선거비를 탕진한 알브레히트(Albrecht von
Brandenburg) 대주교는 빚을 갚기 위해 교황청에 면죄부 판매권을 요청했
습니다.

탁월한 슬로건과 효과적인 판매 전략. 면죄부는 불티나게 팔려서 세
상을 어지럽혔습니다. 결국 그 탐욕은 종교개혁의 불씨를 지폈고, 지금으
로부터 500년 전 마르틴 루터는 마인츠의 대주교를 향해 이렇게 반박합니
다. "돈이 상자에 짤랑하고 떨어지면 욕심과 탐욕도 분명히 증가한다."

욕심과 탐욕. 종교가 가장 멀리해야 할 덕목을 가장 가까이에 두었던
부패한 구교는 사람들의 마음속에서 그렇게 무너지기 시작했던 것입니다.

"슬프고도 비극적인 사건"

"세습에 대한 욕망, 절박함. 여기에 더해진 자신만의 확신⋯"

―박득훈(목사, 교회개혁실천연대 공동대표)

어제 교회개혁실천연대의 박득훈 목사는 이렇게 말했습니다.

등록 신도 10만 명에 재정 규모가 1,000억대라고 알려진 명성교회는 아버지 목사에서 아들 목사로 고스란히, 그렇게 넘어갔습니다. 브레이크 없이 커져버린 이 땅의 대형 교회들에서 우리가 수도 없이 봐왔던 모습이기도 하지요.

"세습은 하나님의 뜻이며, 교인들은 중요한 결정을 할 때 목사의 말을 반드시 들어야 한다." ―김삼환 (명성교회 원로목사)

교인에게 3대 중심은 하나님과 교회와 담임목사. 담임목사의 뜻은 곧 하나님의 뜻이라는 궤변… 성경 어디에도 나오지 않는 그들만의 주장과 움켜쥐고 놓지 않으려 하는 그 무엇.

오죽하면 교회 세습 금지를 교회헌법으로까지 정했었을까. 종교개혁 500년 만에 또다시 개혁이 일어나야 한다면, 그것은 바로 이 땅이어야 하지 않을까 하는 비감함…

「마태복음」의 한 장면입니다. 율법에 따라 유월절 예배를 위해 들어간 성전 공간에 기도하는 사람들 대신 종교 지도자들과 결탁한 장사꾼들이 가득했습니다.

예수께서 성전에 들어가사 성전 안에서 매매하는 모든 사람들을 내쫓으시며 돈 바꾸는 사람들의 상과 비둘기 파는 사람들의 의자를 둘러엎으시고…
―「마태복음」 21 : 12

엘 그레코(El Greco), 〈그리스도의 성전 정화(Christ Cleansing the Temple)〉, 1570년경

예수는 성전 안에서 매매하는 모든 사람들을 내쫓으며 그들의 의자를 둘러엎고 이렇게 말합니다.

내 집은 기도하는 집이라 일컬음을 받으리라 하였거늘 너희는 강도의 소굴을 만드는도다.

—「마태복음」 21 : 13

오늘의 사족입니다.

미국 상원의 채플목사였던 리처드 핼버슨(Richard Halverson)은 이렇게 말했습니다.

"교회는 그리스로 이동해 철학이 되었고
로마로 옮겨가서는 제도가 되었다.
그다음에 유럽으로 가서 문화가 되었다.
마침내 미국으로 왔을 때 교회는 기업이 되었다."

대형 교회의 세습을 비판한 영화 〈쿼바디스〉의 김재환 감독은 이렇게
덧붙입니다.

"교회는 한국으로 와서는 대기업이 되었다."

追考 2017년 11월 초대형 교회인 명성교회 김삼환 원로목사의 아들인 김하나
새노래명성교회 목사가 명성교회에 부임하면서 '부자 세습'이 완결되었다. 교회
세습은 자신들이 만들어놓은 교회헌법에도 어긋난다. 그럼에도 세습을 고집하
는 것은 왜일까? 탐욕 때문일 것이다. 목사라는 사람들이 앵커였던 사람에게 이
런 일갈을 들어서야 되겠는가. 오히려 그들이 나 같은 사람들에게 탐욕을 경계하
라고 하는 것이 맞지 않겠는가.

지옥은 인간이 스스로 걸어 들어가는 것이다 2018. 04. 11.

"사악한 영혼은 어디로 가고 그들은 어디에서 처벌을 받습니까?"
이탈리아의 한 무신론자 언론인이 물었습니다. 프란치스코(Francesco)
교황은 이렇게 답했다고 전해집니다. "그들은 처벌받지 않는다. 참회하지
않는 사람은 용서받을 수 없고 사라진다."

종교계와 바티칸에는 한바탕 소동이 벌어졌습니다. 교황이 "지옥이 없
다"라고 말해서 성서의 교리를 부정했다는 비판이었습니다. 결국 교황청
까지 진화에 나서야 했습니다.

"그것은 교황의 말이 아니라 인터뷰한 사람의 생각을 담아서 재구성한 글일
뿐이다." —교황청

지옥의 존재를 두고 벌어진 논란은, 인간에게 지옥이란 얼마나 두려운
곳인가를 역설적으로 보여주고 있었습니다.

산 채로 유황불 붙는 못에 던지우고…
　　—「요한계시록」19 : 20
거기에서는 그들을 파먹는 구더기도 죽지 않고 불도 꺼지지 아니하느니라.
　　—「마가복음」9 : 48

15. 창백한 푸른 점 | 343

언젠가 꺼지지 않는 고통 속에 던져질지도 모른다는 두려움… 성서에 등장하는 펄펄 끓는 지옥불은 감히 상상하기조차 싫은 고통일 테니까요.

그러나 누군가에게는 생이 곧 지옥이었습니다. 절대자로 군림하던 만민중앙교회의 그 사람, 이재록. 그로부터 피해를 당했다는 신도들의 증언에 따르면, 그 어둠으로부터의 손길은 오랜 시간 은밀히 넓게 뻗어 있었습니다. 물론 만민중앙교회 측에서는 "있을 수 없는 일"이라 반박했다지만 고소장은 접수되었고, 경찰이 수사에 나서면서 사건은 세상에 알려졌습니다.

그는 피해자들에게 낙원을 빙자했다는데… 만약 이 모든 의혹이 사실이라면, 그곳은 낙원이 아닌 인간이 만들어놓은 '지옥'이었을 것입니다. 또한 자신을 절대자라 칭하는 교만한 인간과 그를 옹위하는 사람들이 쌓아올린 철옹성… 이제 그 성은 자체의 무게를 견디지 못하고 마침내 균열을 내고 있는 중입니다.

다시 프란치스코 교황의 이야기로 돌아가봅니다. 해석은 여전히 분분합니다만 교황은 지옥을 부정한 것이 아니었습니다. 그는 지옥의 두려움에 대해 이미 수차례 이야기한 바 있었지요. 그중의 한 일화는 이러했습니다. "하느님은 모든 사람을 용서하시는데 지옥은 왜 있는 건가요?" 3년 전 한 소녀의 질문에 교황은 답했습니다.

하느님의 자리를 원하던 교만한 천사가 있었다. 하느님이 그를 용서하시려하자, 그는 "용서 같은 건 필요 없다"고 말했다. 그게 바로 지옥이다.

지옥은 인간이 스스로 걸어 들어가는 것이다. —2015년 3월 8일

追考 만민중앙교회 이재록 목사가 신도 여러 명을 성폭행했다는 의혹이 제기되었다. 결국 징역 16년을 선고받고 형이 확정되어 수감 중이다. 〈뉴스룸〉은 단독 보도에 이어 지속적으로 보도를 이어갔다.

그로부터 19년 전인 1999년 5월, 내가 있던 MBC는 만민중앙교회 문제를 다뤘다가 신도들로부터 야밤에 습격을 받아 방송사의 심장이랄 수 있는 주조정실이 유린당했다. 목격담에 따르면 그들은 주조정실의 장비들 위를 뛰어다녔다. 방송 송출이 중단되는 바람에 남산에 있는 MBC 중계소에서 〈동물의 왕국〉을 긴급히 내보내는 웃지 못할 상황이 벌어졌다. 내가 진행하던 〈뉴스룸〉에서 만민중앙교회 문제를 처음으로 보도하던 날, 경찰에 사옥 보호를 요청했다. 1999년의 트라우마 때문이었다.

"가ㅍ 하면 예 하시오."

더 이상의 토론은 없었습니다. 거부 의사를 물어보는 과정도 생략됐습니다. "안 됩니다. 불법이요." 외치는 사람들은 입이 틀어막힌 채 퇴장당했고, 딱딱딱 가결을 알리는 둔탁한 소리만이 고요한 예배당을 갈랐습니다. 지금으로부터 80년 전인 1938년 9월 10일 조선예수교장로회가 신사참배를 결의하던 순간…

무엇보다도 그것은 "나 외에 다른 신을 섬기지 말라" 했던 기독교의 핵심 교리에 어긋난 일이었습니다. 그러나 일왕이 있는 동쪽을 향해 90도 허리를 굽혀 절했던 그들은 뜻밖에 이러한 주장을 내놓습니다.

"신사참배는 종교의식이 아니다. 국가의식이다."●

이후 그들은 국방헌금과 일본군 위문금 모금을 결정했고, 애국기라는 이름의 전투기 헌납까지 결의합니다. 일제에 바친 그 전투기의 이름은 '조

●조선예수교장로회가 신사참배를 결의하던 모습은 「평양 신사에 참배하는 장로교 총회 수뇌부들」, 『매일신보』 1938년 9월 12일 자 기사에 서술되어 있다. 이보다 이틀 앞선 9월 10일에 홍택기 조선예수교장로회 총회장은 "신사는 종교가 아니요. … 기독교의 교리에 위반하지 않는 본의를 이해하고 신사참배가 애국적 국가의식임을 자각하며 … 황국신민으로서 적성을 다하기로 …"라고 했다.

선 장로호'였습니다.

이후 80년이 지나서 한국 개신교는 그 부끄러운 역사를 스스로 드러내고자 했고 자정의 노력을 시작하고 있습니다.

한편, 아버지 목사에게서 아들 목사로 이어진 그 기형적 대물림이 인정되는 순간… 누군가는 바로 80년 전 참담했던 신사참배 결의를 떠올렸습니다.

"80년 전 신사참배 결의는 일제의 강제로 결의했으나, 오늘 통합 측 재판국은
자의로 결정했기에 통합 교단 최대 수치의 날 …"
— 옥성득(목사, UCLA 한국기독교 석좌교수)

"전임목사직을 곧바로 승계한 것이 아니기 때문에 세습이 아니다."
"세습은 북한에서만 쓰는 용어이다. 우리는 세습이 아니라 승계다."

세속의 귀로 들어도 얼핏 이해하기 어려운 강변이 계속됐고… 등록 교인 10만 명, 그 대형 교회의 변칙 세습 방식은 교단의 법적 인정을 받기에 이르렀습니다.

"사람들이 우리를 우려와 의심의 눈길로 볼 때 …
유일한 분 하나님을 향해 걸어가야 …"
— 김하나(명성교회 담임목사)

아버지의 자리를 공식적으로 이어받은 아들 목사는 바로 어제 이렇게 설교했습니다. 그의 하나님 그리고 개신교의 하나님… 그 하나님은 같은 존재일까를 사람들은 끊임없이 자문하게 되지 않을까.

"가 하면 예 하시오." 수많은 종교인들이 80년 전 궤변으로 포장되었던 그 시절 결정을 부끄러워하는 것처럼… 교회의 세습을 두고 "불가하므로 아니오." 이렇게 대답하는 사람들이 한국 교회에는 여전히 많기 때문입니다.

追考 8월 7일, 명성교회 김삼환·김하나 목사 부자 목회자의 교회 세습이 예장 통합 총회 재판국에서 인정되었다. 교회헌법은 어찌 된 것이었을까. 〈뉴스룸〉은 만민중앙교회, 명성교회 등 대형 교회의 문제를 지속적으로 다뤘다. 누군가는 우리가 개신교에 비우호적이라고 했지만, 천만에! 우리는 '한국으로 와서 대기업이 된' 기독교에 비우호적이었을 뿐이다.

"만년필이 없으니 글 쓸 기분 안 나네."

스님은 유독 만년필을 좋아했습니다. 어찌 보면 집착한 듯 보이기도 했습니다. "생각만으로 글이 써지는 것은 아니다. 마음에 드는 필기구와 종이의 형태와 질, 기분이 하나가 될 때 글이 된다"(『간다, 봐라』)고 말했을 정도이니까요.

마음에 드는 만년필에만 집착했던 그는 다름 아닌 법정 스님이었습니다. 스님도 연장을 탓하다니, 꽤나 흥미로운 발견인 듯싶다가도. 스님도 속인과 같은 번뇌는 어찌할 수 없나 보다, 하는 새삼스러운 생각…

최근에 출간된 김금희의 소설에도 간단한 일화가 등장합니다.

"형, 번뇌를 어떻게 없애요?" 주인공의 질문에, 출가해서 스님이 된 그의 선배는 단언합니다.

"못 없애 … 내 번뇌도 못 없애."

— 김금희, 『경애의 마음』

팔만대장경. 그 수없이 많은 글자들을 하나로 줄여보면 그것은 곧 마음 '심心' 자가 된다는데… 사람들이 종교에 의지하고 종교인을 아름답게 여기는 이유는, 들끓는 세속의 욕망 속에서도 고요하고자 애쓰는 마음의 다스림 때문일 것입니다.

"너무 놀라지는 마세요. 앞으로 웬만한 정치인들 뺨치는 일들을 더 보게 될 겁니다." —홍진수,「기자 칼럼: '상상 그 이상'의 스님들」,『경향신문』2018. 08. 16.

조계종의 내홍을 취재하는 기자를 향해서 한 불교계 인사가 건넸다는 말입니다. 총무원장 스님에게 숨겨둔 부인과 자식이 있다는 의혹에서 시작된 논란은, 기자의 말을 빌리자면 '드라마 뺨치는 빠른 전개와 반전을 거듭'했고… 결국 오늘 조계종 종단 사상 처음으로 그 수장에 대한 탄핵안이 통과됐습니다.● 부처가 하늘에 뜬 달이라면 스님들은 천강千江에 비친 달이라는데… 그 소란함 속에 가려서 세상이 종교를 통해 얻고자 하는 고요함은 어디론가 흩어져버리고 말았던 것이지요.

"만년필이 없으니 글 쓸 기분 안 나네." 유독 만년필을 탐했던 스님의 선택은… 그러나 우리가 알고 있는 바와 같습니다.

"누가 선물해서 만년필이 두 개가 됐어요. 한 개를 가지고 있을 때보다 살뜰함과 고마움이 사라져요. 선물한 이에게는 미안한 일이었지만 만년필 한 개를 다른 이에게 주어버렸지요." —법정

● '친자 의혹'으로 사퇴 압박을 받아오던 설정 조계종 총무원장이 종단에서 탄핵당하는 역대 초유의 사태가 발생했다.

누군가에게 선물을 받아 만년필이 두 개가 된 뒤로는 오히려 살뜰함과 고마움이 사라져서, 결국 한 개를 다른 이에게 주어버렸다는 것이지요.

소유하지 않으려 번뇌했던 아름다움. 하나뿐인 법정의 만년필은 세상에 아름다운 가르침을 남겼으나… 남은 이들의 저 들끓는 마음속에는 과연 무엇이 담겨 있는 것인가.

> **追考**　과거 내가 진행하던 〈100분 토론〉에서도 종교 문제를 가끔 다뤘다. 종교인 과세 문제를 다뤘을 때 전화로 연결한 불교 관계자는, 내가 불교에서는 이 문제를 어떻게 생각하느냐고 질문하자 이렇게 답했었다. "우리 불교는 무소유잖아요." 글쎄… 그 말에 전적으로 동의하긴 어렵고, 그저 법정 같은 스님들이 더 많았으면 한다.

16. 시청자 여러분께

저널리스트에게 저널리즘에 대한 고민은 숙명이며, 그것을 멈추면 부패한다. 답도 안 나오는 고민을 왜 계속해야 하는가? 시대에 따라 양태도 바뀌고 소비자들이 원하는 것도 바뀌는데, 저널리즘의 원칙이라는 게 존재하긴 하나? 그럼에도, 아니 그러므로 끊임없이 고민해야 하는 것이 아닐까?

앵커브리핑은 때로는 해명을 위해, 그리고 대부분은 자기 다짐을 위해 그런 저널리즘에 대한 고민을 담곤 했다. 여기에 실린 글만 11편에 이를 정도로… 그렇다해도 해명이 되지 않았거나 다짐대로 실천하지 못한 것들도 많을 터다. 그래도 앵커브리핑에 이런 고민을 담아 시청자들에게 말할 수 있었던 나는 매우 복 받은 저널리스트였다.

STOP PRESS! 영국 일간지 『인디펜던트(The Independent)』가 며칠 전 마지막 종이신문을 발행했습니다.

> 오늘 윤전기는 멈췄고 잉크는 마르고 종이는 더 이상 접히지 않을 것이다.
> —『인디펜던트』 2016. 03. 26.

1986년 첫 종이신문을 발행한 이후 딱 30년 만에 내린 결정이었습니다. 발행 부수는 10분의 1수준으로 곤두박질쳤고 적자는 쌓여서 하늘을 찔렀으니 그럴 만도 했습니다. 새로운 미디어 환경에 적응하기 위해 결국 기존의 미디어를 접어버려야 하는 비극··· 지금 지구촌 곳곳에서 벌어지고 있는 현상이기도 합니다. 물론 텔레비전 뉴스 역시 지금과 같은 모습을 고집하는 한, 몰락의 속도만 늦을 뿐 결과는 같을지도 모릅니다.

그렇다면 언론의 미래는 무엇일까.

옥스퍼드대학 연구진이 20년 뒤 인간이 로봇에 대체될 확률을 따져봤답니다. 기자가 로봇으로 대체될 확률은 11%.

텔레마케터	99%	변호사	35%
요리사	96%	항공기 기장	18%
택시 기사	89%	기자	11%
이발사	80%	아나운서	1%

또 다른 실험 결과도 있습니다.

기사 신뢰도 비교 : 로봇 기사 3.59점 / 기자 기사 3.47점 (5점 기준)
— 한국언론진흥재단, 2015.

사람들은 인간이 쓴 기사보다 로봇이 쓴 기사를 더 신뢰한다는 것…

STOP PRESS! 그렇습니다. 지금 언론의 위기는 언론 자신이 자초한 것
이겠지요. 뉴미디어라는 기술의 발전 때문이 아니라 신뢰의 추락이 더 뼈
아픈 원인이라는 것을 우리는 압니다.

"우리가 괴물 트럼프를 만드는 데 일조했다.
그를 오락으로 다뤄 날개를 달아줬다."
— 코니 슐츠(Connie Schultz)

퓰리처상을 받은 미국 칼럼니스트 코니 슐츠는 최근 공개적으로 반성
문을 썼습니다. 실제 트럼프는 언론을 막말 중계의 창구로 활용했습니다.
그러나 중계에만 급급했던 언론은 그를 제대로 검증하지 못했습니다. 반
성문은 이미 때늦어 보입니다.

그리고 이 땅의 저널리즘은? 우리 언론 역시 선거 보도에 매몰돼 있는
지금… 괴물을 만든 언론, 그래서 종래엔 반성문을 써야 할 언론이 되지 않
기 위해서 이 땅의 언론은…

미래에도 기자는 살아남을 것이다. 그러나 그것은 모든 기자가 아니라 신뢰도 높은 언론사의 신뢰도 높은 기자

— 강형철,「미디어 전망대 : 알파고와 기자가 겨룬다면?」,『한겨레』2016. 03. 14.

강형철 숙명여대 미디어학부 교수의 분석이었습니다. 결국 최후에 살아남는 것은 뉴미디어냐 아니냐의 여부가 아니라 믿음의 문제라는 것.

STOP PRESS! 오늘날 언론이 처한 이 예견된 위기는 그저 남의 이야기가 아닐 수도 있습니다. 그리고 그것은 물론 저희 JTBC 역시 마찬가집니다.

　　언론은 언론학자들 사이에서 흔히 개에 비유되곤 합니다. 그중 가장 많이 등장하는 것은 워치독(Watchdog)과 랩독(Lapdog)입니다.

　　워치독은 '감시견'을 뜻합니다. 정치권력과 자본권력을 감시하며 자유주의 체제의 가치를 지키는 역할을 수행하지요. 즉, 건강한 정치권력과 자본권력을 위해선 언론의 역할이 그래야 한다는 것입니다. "언론 없는 정부보다는 정부 없는 언론을 택하겠다"던 토머스 제퍼슨(Thomas Jefferson, 1743~1826)의 유명한 말은 이 워치독 신봉론의 금과옥조가 되었고… 닉슨 대통령을 물러나게 했던 『워싱턴 포스트』의 워터게이트 사건 보도는 언론의 워치독 역할이 현실 세계에서 구현된 가장 좋은 예로 꼽히곤 합니다.

　　반면, 랩독은 말 그대로 권력의 애완견 같은 언론을 뜻합니다. 주인의 무릎 위에 올라앉아 귀여움을 독차지하고 달콤한 간식을 받아먹는, 그 안락함에 취해버린 언론이라는 비판을 받습니다. 랩독은 결코 권력 구조에 비판적일 수 없습니다. 다만 거기에 동화되고 기생할 뿐이지요. 권위주의 시대의 언론은 이런 비판을 받았습니다.

　　그리고 감시견이나 애완견 같은 단순한 논리로 설명하기 힘든 또 하나의 유형을 학자들은 내놓았습니다. 가드독(Guard dog), 즉 경비견입니다.

가드독의 역할은 좀 복잡합니다. 언론 그 자신이 기득권 구조에 편입되어 권력화되었고… 그래서 권력을 지키려 하고, 그 속에서 자신의 이익을 추구한다는 것입니다. 그 결과 때로는 그들이 지키려 했던 대상을 향해서도 공격적이 되는 것. 물론 그것은 지키려 했던 대상의 권력이 약해졌을 때, 혹은 지키려 했던 대상이 자신의 이익과 반하게 될 때의 이야기입니다.

박 대통령과 친박, 총선 패인, '본말과 대소' 뒤집고 있다
　　—『문화일보』 2016. 04. 27.
국민은 변화 원하는데 대통령은 '협조'만 되뇐 간담회
　　—『동아일보』 2016. 04. 27.
변치 않는 박 대통령, 국정 위해선 싫어도 국회와 손잡아야
　　—『조선일보』 2016. 04. 27.

이번 4·13총선을 전후해서 달라진, 그리고 어제 박근혜 대통령의 언론사 간담회 이후 드러난 변화무쌍한 언론들의 논조 변화를 보면서 들었던 생각입니다. 우리는 어떤 언론인가. 그리고 우리 시민들은 지금 어떤 언론을 통해 세상을 보고 있는가.

오늘도 사족 한 가지를 답니다.
역시 언론학자들에 따르면, 오늘 예로 든 세 가지 유형의 개들 외에 또 한 가지가 있긴 합니다. 매우 중요한 이슈가 발생했음에도 불구하고 그냥 눈을 감고 있는 언론, 슬리핑독(Sleeping dog)도 있습니다.

追考   원래 감시견이나 애완견 모델은 서구 언론학자들이 만들어낸 관점이다. 자본주의와 이를 뒷받침하는 절차적 민주주의, 즉 이른바 자유주의 세계관 속에서 이런 체제의 건강성을 지켜내는 것으로 감시견 역할의 언론을 중시했다면, 2차 대전 후 식민지에서 벗어나 곧바로 독재 체제로 들어선 제3세계의 언론을 애완견의 역할로 봤던 것. 경비견 모델을 주장한 사람은 필립 티치너(Philip J. Tichenor) 교수로, 그는 자유주의 기득권 체제 속에서 권력과 언론의 불협화를 다뤘다. 이 브리핑에서는 보수 언론의 보수 정권 비판을 해석하는 데 경비견 모델을 적용했다. 실제로 박근혜 정권과 보수 언론은 시간이 갈수록 갈등을 빚는 경우가 많았고, 이는 보수 언론에 대한 박 정권의 고소·고발이 늘어난 점으로 증명되기도 한다. 이런 갈등은 2016년 4월 총선에서 여당이 패배하자 본격화되었는데, 박 정권이 기득권 체제를 유지할 능력이 없다는 보수 언론의 판단이 작용한 게 아니냐는 것이 이 브리핑의 요지이다.

그날은 세월호 참사 엿새째가 되는 날이었습니다.

2014년 4월 21일 21 : 00　　탑승객 476명 / 구조 174 / 사망 87 / 실종 215

300명이 넘는 사람의 목숨과 지켜보는 온 국민의 마음이 생과 사의 경계를 오갔을 그 시간. 그들의 통화가 이뤄진 것은 밤 9시 무렵이었습니다.

"지금 온 나라가 어려운데 해경을 두들겨 패고 …
이상한 방송이 하는 것과 똑같이 몰아가고 있는 것"
　　　　— 이정현(청와대 홍보수석)

"이상한 방송".
열심히 일하고 있는 해경을 "밟지 말아달라"던, 그리고 "극적으로 도와달라"던 청와대 홍보수석의 요청이었습니다. 물론 스스로는 "컨트롤타워가 아니"라고 규정했지만, 많은 사람이 컨트롤타워였어야 한다고 믿고 있는 그곳에서 나온 말이었습니다.

홍보수석이 이야기한 그 이상한 방송이 파악한 사고 당시 상황은 이러했습니다. '현장에 도착했음에도 주위만 빙빙 돌고 있었던 해경의 구조선.'

"다른 거 하지 말고 영상부터 바로 띄우라고 하세요."

— 청와대, 2014년 4월 16일 22시 25분

청와대 지시를 받은 해경은 보고용으로 침몰하는 배의 모습을 촬영하는 데만 급급했습니다. 해경이 배 안에 있는 어린 생명들에게 퇴선 명령조차 내리지 않았다는 것은 이미 너무나 잘 알려져 있는 얘기입니다. 가장 놀라웠던 것은 해경의 부탁을 받고 대신 사고 해역에 투입된 민간업체 언딘이 나중에 JTBC와의 인터뷰에서 했던 말이었습니다.

앵커 도착했을 때, 안에 그 많은 승객이 갇혀 있는 줄 몰랐다는 얘기인가요?
장병수(언딘 기술이사) 상상을 할 수 없죠. 저희가 전체 팀이 다 모였을 때가 16일 자정경이었는데 그때 어느 정도 (현장 상황을) 파악했고, (승객) 숫자는 그때까지도 파악을 못 했습니다.

— JTBC 〈뉴스룸〉 2014. 05. 26.

믿을 수 없는 이야기였지만 방송이 나간 이후에 해경 쪽에선 이에 대해 어떤 해명도 나오지 않았습니다. 그렇게 흘려보낸 골든타임, 그리고 그 순간을 비판하지 말아달라는 홍보수석… 공영방송의 보도는 그 이후에 결을 달리했다는 분석이 나왔습니다. 공교롭게도 그가 이야기하는 그 '이상한 방송'과는 사뭇 다른 논조가 나오기 시작한 것이지요.

글쎄요, 통화의 당사자는 억울할지도 모르겠습니다.

"하필이면 또 세상에, KBS를 오늘 봤네…" — 이정현(청와대 홍보수석)

그의 주장대로 통상 업무, 사적 통화일 수도 있을 텐데… 군사정부 시절에나 존재했던 보도지침마저 운위되고 있으니까 말입니다. 그러나 부정할 수 없는 또 하나의 사실. 얼마 전에 국경없는기자회가 발표한 세계 언론자유지수 순위입니다. 우리는 매년 추락을 거듭해서 130개국 가운데 70위, 역대 최악을 기록했습니다. 언론의 자유를 억압한 사람은 없다고 모두가 입을 모으는데, 그 지수는 왜 자꾸 추락하는가.

한국의 언론자유지수 순위

2013년	50위
	↓
2014년	57위
	↓
2015년	60위
	↓
2016년	70위

— 국경없는기자회, 2016

이쯤 되면 홍보수석이 전화를 할 곳은 공영방송이 아니라 국경없는기자회여야 하는 것이 아닌가. "다시 집계해달라. 빼달라." 이렇게 말입니다.

追考 청와대 홍보수석의 언론보도 개입 사건. 그가 말한 '이상한 방송'은 물론 JTBC였다. 그로서는 이상했을 것이다. 청와대 압력도 전혀 먹히지 않는 방송이었으니…

어느 사회든 공영방송은 '동네북'

2016. 07. 06.

"우리가 구해내야 할 것은 BBC 자체가 아니라 공익 방송이며,
그 시기가 가까워짐에 두려움을 느낀다."

— 데니스 포터(Dennis Potter)

과거에 영국의 언론비평가 데니스 포터가 BBC를 두고 했던 말입니다. BBC는 그 시작부터가 상업적인 것과는 거리가 멀었습니다. 권위를 좋아하는 보수당(Conservative Party)과 사적 기업을 싫어하는 노동당(Labor Party)이 의회에서 합작해낸 기관으로, 정치적 경제적 통제로부터 벗어나 공적인 문제에 대한 정보 제공자의 역할이 강조되었습니다. 그러나 1970년대 이후에 BBC는 그 자율성을 침해하는 갖가지 압박에 시달려왔습니다. 구성원들은 특권을 지닌 독선적 좌파라는 공격을 받았고, 걸핏하면 민영화하라는 압박을 받았습니다.

미국의 공영방송 PBS가 받고 있는 공격은 매우 노골적으로 정치적이었습니다. 보수 진영과 진보 진영 양쪽이 모두 PBS를 두들겨댔습니다. 그래서 PBS를 표현하는 가장 적절한 말은 '동네북(Drum being beaten by everyone)'. 물론 주로 두들겨댄 쪽은 보수 진영입니다. 공화당의 대선 후보였던 로버트 밥 돌(Robert Joseph Bob Dole)은 상원의원 시절이던 1992년에 "공영방송은 점점 더 균형감각을 잃어가고 있고 자유주의를 선동하

고 있으며, 나는 이런 것들이 지겹다"라고 주장하기도 했지요. 당연히 PBS
에 대한 연방정부의 예산 지원은 해가 갈수록 깎여나갔습니다.

공통점은 분명해 보입니다. 어느 사회든 공영방송은 정치적으로 경제
적으로 늘 압박의 대상이었습니다. 공영방송이 추구하는 공익적 가치가
정치권력이나 경제권력의 이데올로기와 충돌할 때 이런 압력은 발생하는
것이겠지요. 물론 이것은 비단 공영방송에만 해당하는 일이 아닐 수도 있
습니다. 그리고 그 압력을 어떻게 받아들이느냐는 방송사들과 그 방송사
들이 속해 있는 사회의 구성원들이 감당해낼 몫이었습니다.

지금까지 말씀드린 것의 대부분은 제가 지난 2003년에 어느 신문 칼럼
으로 쓴 내용입니다.[•] 13년 전 공영방송에 몸담았을 때 썼던 칼럼을 지금
민영방송으로 옮겨 와서 다시 인용하고 있으니까 감회가 남다르긴 합니
다. 아마도 그 당시의 제가 지금의 저에게 질문하고 있는지도 모르겠습니
다. "13년 후의 거기는 좀 변한 게 있느냐"라고 말입니다.

● 손석희, 「공영방송의 '사나운 운명'」, 『문화일보』 2003. 06. 26.

    지난 2주일 동안 저희 〈뉴스룸〉은 저널리즘과 관련된 두 번의 고민 기회를 가졌습니다. 먼저 첫 번째 고민에 대한 얘기는 『뉴욕타임스』의 일화로 시작하겠습니다. 2년 전인 2014년, 『뉴욕타임스』는 그로부터 무려 161년 전에 보도했던 기사를 바로잡았습니다.

정정 보도

실수가 있었지만 이번 일을 계기로 더 완벽하고 정확한 기록을 갖게 됐다. …
Northup의 이야기를 다루며 기사(Northrop)와 제목(Northrup)에 철자를 잘못 표기했다.   —『뉴욕타임스』 2014. 03. 04.

    1853년 1월 20일 자 기사 중 누군가의 이름 철자가 잘못 쓰였다는 것이었습니다. 너무 오래된 일이었고 사소한 오탈자일 수도 있지만, 그것을 드러내고 교정하는 일은 언론의 당연한 의무라고 판단한 것이겠지요.

    지난 13일 〈뉴스룸〉의 보도. 사드 포대와 레이더를 배치한 괌 현지 상황과 관련해서 미군 기관지 『성조지星條紙(Stars and Stripes)』를 인용한 내용을 전해드린 바 있습니다. 그중 일부는 이미 지난주 일요일에 정정하고 사과드린 것처럼 오역이었습니다. 더구나 저희들의 오역은 단순한 오탈자와는 다른 명백한 '잘못'이었습니다. 깊이 다시 한번 사과드립니다.

그리고 또 한 가지는 한국 제일의 대기업 회장의 성매매 의혹. 세간의 관심은 JTBC가 보도하느냐였지요. 저희들이 고민한 것은 지금까지 그래 왔던 것처럼 그 기업이 어느 기업이고, 그가 누구냐에 있지는 않았습니다. 그동안 〈뉴스룸〉은 비록 완벽하진 못했어도 해당 기업에 대한 문제 제기성 보도를 힘닿는 한 게을리하지 않으려 노력해왔습니다. 저희들이 이번 사건을 두고 고민한 것은 단지 뉴스의 가치였습니다. 물론 저희들은 관련 내용을 인용 보도해드렸고, 따라서 해당 뉴스에 대한 가치판단은 보도를 하는 쪽으로 내렸던 셈입니다.

그리고 한편으로 좀 더 생각해볼 문제도 있습니다. 힘 있는 대기업이 그 힘을 가지고 언론사들의 자율성을 침해한다면 그것은 정당하지 않습니다. 사실 삼성이 받고 있는 의심은 바로 그런 것이기도 합니다. 동시에 이 사건을 보도함에 단지 그것이 힘 있는 대기업 회장의 문제냐 아니냐를 떠나, 무엇이 저널리즘의 본령에 맞느냐를 놓고 고민할 수 있는 자유도 있어야 할 것입니다. 이른바 진영 논리에 의해서가 아니라 말입니다. 이상이 저희 〈뉴스룸〉이 지난 2주 동안 통과해왔던 문제들입니다.

중국 작가 위화의 산문집 『사람의 목소리는 빛보다 멀리 간다』에는 이런 구절이 있더군요. "루쉰이 그렇게 말했어…" 중국의 문화혁명 시절에 사소한 문제로 친구와 다투던 어린 시절의 위화는 갑자기 떠오른 이 한마디 말로 친구를 설득할 수 있었다고 말합니다. 문화혁명의 소용돌이 속에서도 『아Q정전』의 작가 루쉰(1881~1936)의 말은 중국인들에게 신뢰와 권위로 받아들여졌다는 것…

저도 언젠가는 〈뉴스룸〉을 떠나게 될 것입니다. 그 이전이든 그 이후든… 저나 우리 기자들이나 또 다른 잘못도 있을 것이고, 또한 저널리즘 자체에 대한 고민도 이어지겠지요. 답은 명확합니다. JTBC 뉴스는 잘못이 있다면 주저 없이 정정해야 하며, 당장 알지 못했다면 161년 뒤에라도 사과해야 한다는 것. 그리고 무엇이 저널리즘의 본령인가를 고민해야 한다는 것. 그렇게 해서 훗날 "JTBC 뉴스가 그렇게 말했으니까…"라는 말을 들으면 참으로 좋겠습니다.

追考 〈뉴스룸〉은 당시 '탐사플러스' 코너에서 일본의 사드 레이더기지와 미국 괌 사드 포대 및 레이더기지 등에서 발생한 전자파와 소음 등의 피해를 예로 들며 "지난 1월, 미군 기관지 『성조지』는 괌 사드 포대 현지 르포 기사에서 '발전기의 굉음이 작은 마을 전체를 덮어버릴 정도'라 썼다고 소개했다. 더불어 『성조지』와 인터뷰에 나선 사드 운영 요원이 '이 지역에서 살 수 있는 건 돼지 두 마리뿐이고, 사드 포대 근처에는 사람이 살기 어렵다'고 말했다"고 전했다.
그러나 『성조지』 기사 원문에는 해당 사드 부대가 외딴 밀림에 있다는 점을 강조하면서 "작은 마을을 밝힐 규모의 거대한 발전기가 내는 소음이 모든 걸 뒤덮고 있다", "우리가 아는 한 그곳에 살고 있는 유일한 것은 돼지 두 마리뿐"이라고 되어 있었다. 누리꾼들로부터 오역 지적이 이어졌고, 〈뉴스룸〉은 7월 17일 "『성조지』 기사 일부를 발췌 번역하는 과정에서 오역이 생겼다"며 "일부 오해를 불러일으킨 점 사과 드린다"고 밝혔다.
이날은 고 이건희 전 삼성 회장의 성매매 의혹 건에 대한 JTBC의 보도 여부까지 세간의 관심이 쏠려서 이래저래 저널리즘의 본령에 대한 고민을 많이 한 날이었다.

"당신은 어디에 있었나? 왜 이렇게 늦었나?"   **2017. 01. 23.**

"지구상에서 가장 정직하지 않은 인간들"

— 도널드 트럼프

후보 시절 내내 언론과 불화했던 미국의 새 대통령. 그가 언론을 향해 내놓은 일성은 이러했습니다. 언론과의 불화는 계속되겠지요. 그렇다면 언론은 어떻게 대처할 것인가.

"당신은 우리가 누구이며 우리가 왜 여기 있는지에 대한 가장 근본적인 의문을 다시 생각하게끔 만들었습니다. 그 점에서 우리는 고마운 마음입니다."

— 카일 포프(Kyle Pope), 『컬럼비아 저널리즘 리뷰(Columbia Journalism Review)』 발행인)

미국의 한 언론인은 동료들을 대표해 트럼프 행정부에 공개서한을 보냈습니다. 그러니까 이 칼럼은 '언론이란 무엇인가'에 대한 기자들의 답변서쯤이 될 것입니다.

● 어떻게 보도할 것인지는 언론이 정합니다.
● 당신의 대변인과 대리인에게 얼마의 방송 시간을 쓸지는 우리가 정합니다.
● 취재 제한을 좋아할 기자는 없지만 이를 또 하나의 도전으로 즐기려는 기자들은 많습니다.

- 우리는 세세한 것들을 집요하게 취재할 것입니다.
- 우리는 신뢰를 되찾을 것이고, 정확하게 겁 없이 보도할 것입니다.
- 언론은 연대할 것입니다.

언론이라면 마땅히 그래야 할 지극히 당연한 규칙들. 이것을 새삼 강조한 건 그 지극히 당연함을 이행하기가 참으로 쉽지 않다는 말이기도 합니다. 이것은 우리에게도 마찬가지가 아닐지…

질문을 받지 않는 대통령. 소통보다는 차라리 법적 대응을 택하는 권력. 사실 박근혜 정부 내내 그런 일방통행은 수도 없이 되풀이되고 있었습니다.

"이상한 방송들이…"

— 이정현(청와대 홍보수석), 2014년 4월 21일

"적극적 오보 대응 및 법적 대응 요구"

— 김영한(전 민정수석 비망록)

"(기사를) 올려봐 … 그럼 나는 데스크로 전화하는 거지."

— 이완구(국무총리 후보자), 2015년 1월 27일

언론을 순치하려는 권력과, 권력에 순치된 언론. 그 결과가 어떠하리라는 것은 이미 자명합니다.

"당신은 어디에 있었나? 왜 이렇게 늦었나?"

영화 〈스포트라이트〉에서는 뒤늦게 취재에 나선 기자에게 누군가 이렇게 묻습니다. 사실 이 땅의 기자들 역시 그동안 수도 없이 누군가에게 이 말을 들어왔을지도 모릅니다. 바람 부는 팽목항에서, 소녀상의 눈물 앞에서⋯ 외교와 경제가 무너지고 민생이 허물어지는 동안 비선에게 모욕당해야 했던 이 땅의 민주주의 앞에서⋯

그래서 우리 역시⋯ 앞서 소개해드린 그 칼럼의 마지막 문구처럼 이렇게 말해야 하는 것은 아닌가.

"당신은 우리가 누구이며 우리가 왜 여기 있는지에 대한 가장 근본적인 의문을 다시 생각하게끔 만들었습니다. 그 점에서 우리는 고마운 마음입니다."

오늘은 저희들의 얘기를 해드려야 할 것 같습니다.

자본주의 사회에서 언론은 공적 영역이지만 사적 영역이기도 합니다. 사적 영역이면서 공적 역할을 한다는 것은 경험으로 볼 때도 매우 어려운 일입니다. 광고료로 지탱하면서도 그 광고주들을 비판한다든가, 동시에 언론 자신의 존립에 큰 영향을 끼칠 수 있는 정치권력을 비판한다는 것은 그 정도에 따라서는 결코 쉽지 않은 일일 수 있습니다. 더구나 생겨난 지 얼마 되지도 않은 언론사로서는 비판과 생존의 함수관계가 무척 단순해서 더욱 위험해 보이기도 하죠.

지난 몇 년간 대기업의 문제들. 그중에서도 대부분의 사람들이 저희 JTBC와 특별한 관계에 있다고 믿는 특정 기업의 문제를 보도한다든가, 매우 굳건해 보였던 정치권력에 대해 앞장서 비판의 목소리를 냈을 때… 저희의 고민이 없었다고 할 수 없습니다. 그것은 예외 없이 커다란 반작용을 초래했기 때문입니다.

그렇다면 저널리즘을 실천한다는 것은 무엇인가. 언론이 이 세상에 태어난 순간부터 이런 고민은 시작됐을 것이며, 언론인들은 때로는 좌절하기도, 때로는 그 좌절을 극복하고 살아남기도 했습니다. 적어도 저희가 생각하기에 언론의 위치는 국가와 시민사회의 중간에 있고… 그 매개체로서의 역할은 국가를 향해서는 합리적 시민사회를 대변하고, 시민사회에는 진실을 전하는 것이라고 믿습니다. 교과서적인 뻔한 얘기 같지만, 그것이 결국에는 좌절로부터 살아남는 목적이고 명분이었습니다. 이 시간을 통해서 몇 번인가에 걸쳐 언론의 현주소에 대해 고백해드렸던 것은, 고백인 동시에 저희 JTBC 자신에 대한 채찍질이기도 했습니다.

지난 주말부터 JTBC는 본의 아니게 여러 사람의 입길에 오르내렸습니다. 가장 가슴 아픈 건 저희가 그동안 견지하기 위해 최선을 다해왔던 진심이 오해 또는 폄훼되기도 한다는 것입니다.

저희가 말씀드릴 수 있는 것은 명확합니다. 저희는 특정인이나 특정 집단을 위해 존재하지 않습니다. 시대가 바뀌어도 모두가 동의하는 교과서 그대로의 저널리즘은 옳은 것이며, 그런 저널리즘은 특정인이나 특정 집단을 위해 존재하거나 복무하지 않는다는 것입니다. 저나 기자들이나 또 다른 JTBC의 구성원 누구든, 저희 나름의 자긍심이 있다면… 그 어떤 반작용도 감수하면서 저희가 추구하는 저널리즘을 지키려 애써왔다는 것입니다.

그리고 저는, 비록 능력은 충분치 않을지라도 그 실천의 최종 책임자 중의 하나이며… 책임을 질 수 없게 된다면, 저는 책임자로서의 존재 이유를 찾기 어려울 것입니다.

언론은 동네북… 두들겨야 북소리도 커진다   2017. 04. 12.

2002년 대선 당시의 키워드는 잘 아시는 것처럼 노무현-정몽준 후보의 단일화였습니다. 중앙선관위는 두 사람의 단일화 토론의 횟수를 제한하지 않겠다고 했다가, 바로 다음 날 한 번으로 제한하겠다고 입장을 바꿨습니다. 그래서 중앙선관위 관계자를 인터뷰하면서 입장을 바꾼 이유를 물었습니다. 그런데 입장을 갑자기 바꿨으니 대답이 시원하게 나오지 못했습니다. 두 후보와 경쟁 관계에 있던 당에서는 대변인 성명서까지 내면서 저의 인터뷰가 편파라고 했습니다.

그리고 세월이 조금 지나서 당시의 노무현 대통령에 대한 탄핵소추가 있었습니다. 시내에 나가서 시민 인터뷰를 하면 열에 일고여덟은 탄핵에 반대한다는 것이었습니다. 그래서 그대로 전했더니, 일부 언론학자들은 언론이 5 대 5 균형을 지키지 않았다며 편파라고 결론을 내렸습니다.

"탄핵 반대 의견이 찬성 견해보다 훨씬 많이 보도된 양적 편향"
―한국언론학회, 2004년 5월 29일

이명박 후보가 나섰던 2007년 대선의 뜨거운 이슈는 BBK였습니다. 얼마 전 출소해서 미국으로 돌아간 김경준 씨의 누나 에리카 김은 당시 LA에서의 기자회견을 취소한 뒤 제가 진행하던 라디오 〈시선집중〉에서 인터뷰했습니다. 역시 편파라는 공격이 나왔고, 그날 밤 예정돼 있던 〈100분 토론〉마저 보이콧하는 바람에 프로그램 자체가 불방되었습니다.

선거철이나 중요한 정치적 사건이 벌어지면 언론은 늘 어느 쪽으로부터든 공격을 받습니다. 위에 말씀드린 예들은 실제로 있었던 일의 100분의 1도 되지 않습니다. 저는 본의 아니게 늘 맨 앞자리에서 얻어맞아왔기 때문에 이제쯤은 좀 단련이 됐나 싶다가도, 여지없이 또 고민에 빠지곤 합니다. 정치와 언론은 어떤 관계인가…

언젠가 미국의 공영방송인 PBS가 처했던 현실을 예로 들면서 언론은 어쩔 수 없이 '동네북'일 수밖에 없다고 고백해드렸습니다.

이번에도 조기 선거전이 시작되면서 저희 〈뉴스룸〉을 향한 시선도 예민해져서인지, 아니면 그렇게 함으로써 언론 보도에서 유리한 위치를 차지하기 위함에서인지… 보도에 불만을 드러내는 경우도 부쩍 많아졌습니다.

"오랜만에 만나서 좋은 이야기하지, 뭘 자꾸 따져요."
　—홍준표(자유한국당 대선 후보), JTBC 〈뉴스룸〉 2017. 04. 04.
"왜 꼭 우리만 JTBC에서 그렇게 파고 있는지 모르겠어요."
　—박지원(국민의당 대표), JTBC 〈뉴스룸〉 2017. 04. 11.

누군가는 오랜만에 봤으면 좋은 얘기 좀 하라고 핀잔도 주었고, 누군가는 왜 자기네만 못살게 구느냐고 항의도 했습니다. 그러나 사실 이 둘을 제외한 나머지 한쪽에서 저희를 향해 쏟아져 나온 말들은 그보다 험해,

거의 입에 담기도 어려운 욕들이 더 많았습니다.

결론을 말씀드려야겠지요. 저희들은 그럼에도 불구하고 끊임없이 질문할 수밖에 없습니다. 따지고 보면 지금의 상황이란 것은 지난 4년 동안 제대로 질문하지 못했거나 질문했어도 무시당했기 때문이 아닌가…

질문했다가 동네북이 되어도 그만큼 북소리는 커질 테니까요.

작년 7월 저는 이 자리에서 161년 만에 자신들의 오류를 수정한 『뉴욕타임스』의 일화를 소개해드렸습니다.*

2014년에 『뉴욕타임스』는 161년 전의, 어찌 보면 사소할 수도 있는 철자 오류를 바로잡았다는 것이었습니다. 『뉴욕타임스』의 그런 행동은 비록 무결점·무오류가 현실적으로는 불가능한 것이라 해도, 적어도 자신들은 무결점·무오류를 지향한다는 자긍심의 표현이었으리라고 생각합니다.

당시 제가 이 일화를 소개해드렸던 이유는 그로부터 며칠 전 있었던, JTBC 뉴스의 영문 오역 보도 때문이었습니다. 지금 돌이켜봐도 뭐라 할 말이 없는, 사실 되돌아보기도 편치 않은 일이었습니다. 그리고 그 앵커브리핑의 결론 부분에서 저는 이렇게 말씀드렸습니다.

JTBC 뉴스는 잘못이 있다면 주저 없이 정정해야 하며, 당장 알지 못했다면 161년 뒤에라도 사과해야 한다는 것. … 그렇게 해서 훗날 "JTBC 뉴스가 그렇게 말했으니까…"라는 말을 들으면 참으로 좋겠습니다

'잘못이 있다면 정정한다.' 사실 쉽지는 않은 일인 것 같습니다. 누구나

* 2016년 7월 25일의 앵커브리핑 「루쉰이 그렇게 말했으니까」 참조. 이 책 366쪽.

무결점·무오류를 지향하지만 그것은 신의 영역일 뿐… 인간의 영역에서는 수많은 결점과 오류를 저지르고 또 겪게 되니까요.

오늘 〈뉴스룸〉 1부에서 저는 어제 보도 내용 중 그래프 오류와 관련해 정정하고 사과드렸습니다. 그러나 사실 이것이 단순히 실수라고 말하고 넘어가기에는 그동안 그 횟수가 여러 차례였습니다. 게다가 특정 후보들에게 불리하게 제시된 횟수가 공교롭게도 많다는 점은 선거 국면에서는 뉴스의 저의를 의심받을 수 있는 상황이기도 했습니다. 그리고 그 때문에 대선 보도에 임하고 있는 JTBC 뉴스의 신뢰도에 금이 간다면 저로서는 당연히 정정하고 사과드려야 한다고 생각합니다. 초기에 몇 번의 실수가 이어졌을 때 보도국 조직이 보다 크게 함께 각성하지 못한 것은 철저하게 저의 잘못이고 모자람입니다.

엊그제 제게 도착한 어느 시청자분의 메일은 꾸지람과 애정을 함께 담고 있었습니다.

서울에 사는 40대 초반의 시청자입니다.
그래픽, 자막의 빈번한 실수가 힘들게 쌓아온 〈뉴스룸〉의 신뢰를 하락시키는 듯해 안타깝습니다. 일부에선 공정성을 의심하고 편파적이라 욕을 하고… 시청하는 저도 늘 불안합니다. … 절대 틀리지 않도록 만들어주십시오.

사실 그래서 더 마음이 아픕니다. 애정은 감사하게 받아들이고 꾸지람은 소중하게 받겠습니다. 여전히 훗날 "JTBC 뉴스가 그렇게 말했으니까…"라는 말을 듣고 싶다면 분명히 또 있을 잘못에 대해 또 정정하고 사과드려야겠지만… 다만 바람이 있다면 그 횟수가 좀 많이 줄었으면 하는 것입니다. 시청자 여러분, 다시 한번 깊이 사과드립니다.

영화를 보면 좀비는 그 자체가 무서운 숙주입니다. 좀비와 접촉한 사람들은 대개 주인공을 제외하고는 모두 오염되어 또 다른 좀비가 되고 마니까요. 그러니 좀비는 존재 자체만으로도 치명적이고 사력을 다해 없애버려야 할 대상이겠지요.

이명박 정부 시절 블랙리스트에 오른 방송인들이 바로 이런 좀비들을 만들어내는 존재였다고 국정원의 당시 문서는 말하고 있습니다. 같은 시기 국정원이 총괄 기획한 방송 장악 문건들이 속속 공개되면서, 이번엔 국정원이 아침 라디오 시사 프로그램들을 집요하게 사찰해왔다는 사실이 드러났습니다.

당시 제가 진행한 프로그램은 대표적인 현미경 사찰의 대상이었습니다. 좌경화된 프로그램이 '출근길 민심을 호도'했으며 '안팎의 지탄 여론에도 아랑곳하지 않고 좌파 논리로 정부를 흠집내왔다'는 것이 사찰의 이유였습니다.

저는 13년 동안 〈시선집중〉을 진행했고, 지금의 〈뉴스룸〉 못지않게 〈시선집중〉을 소중히 여겼으며 또한 자랑스럽게 생각하고 있습니다. 그러나 그들의 표현에 따르면 제가 진행하던 프로그램과 해당 라디오국은 진보의 젖줄, 좌파의 숙주와 다름없었습니다. 그 야만성 앞에 합리적 시민 사회를 대변하고 국가권력을 견제하는 저널리즘을 얘기한다는 것은 너무나도 난감하고 무력감을 느끼게 하는 일이어서… 온몸의 힘이 빠지는 참담함을 감출 수가 없습니다.

대한민국의 국정원은 그들이 보기엔 정권을 무너뜨릴 것 같은 그 무섭게 번지는 좀비 바이러스를 차단하기 위해… 촘촘하게 사찰 일지를 기록하고, 진행자는 물론 출연자와 피디며 작가의 성향까지 깨알같이 분석해 왔던 것이지요.

그런데 사실 좀비영화를 비롯한 공포영화에는 늘 반전이 하나씩 등장하곤 합니다. 영화 〈식스센스〉에서도 가장 숨 막히는 반전은, 주인공 그 자신이 사람이 아닌 유령이었다는 사실이었습니다. 어쩌면 영화 속의 그 반전처럼 출근길 좀비 호러물을 감시하던 그들 자신이야말로 세상을 오염시키는 좀비 같은 존재였던 것은 아니었을까.

하긴 그러고 보면… 해 떨어진 밤이라면 몰라도, 상쾌한 아침 햇살을 받으며 사람들과 만나는 좀비는 어느 영화에서든 볼 수 없었습니다.

텔레비전의 시대는 겨우 한 세대 안에서 2019. 10. 17.

"텔레비전의 시대는 겨우 한 세대 안에서 태어나고 기울어져간다."

— 어빙 팽(Irving Fang, 전 미네소타대 교수)

1998년의 어느 날. 미디어의 역사를 가르치던 방송 언론인 출신의 노교수는 이렇게 말하면서 한숨을 쉬었습니다. 그가 어린아이였던 1939년에 뉴욕에선 세계박람회가 열렸고, 그는 할아버지의 손에 이끌려 박람회 구경을 가게 되었는데 거기서 바로 세상에 처음 나온 텔레비전을 봤다는 것. 그리고 20세기가 끝나가던 1990년대 말, 그가 학생들을 가르치고 있던 그 시기에… 이미 텔레비전은 인터넷에 영광의 자리를 넘겨주고 있다는 것이었습니다.

그렇습니다. 그때까지만 해도 그리 실감하진 못했으나 한 시대가 기울고 또 다른 시대의 먼동이 터온다는 것쯤 알고는 있었지요, 모두가.

그리고 지금은 비로소 매스미디어가 그 커다란 덩치로 사람들의 생각을 좌지우지하던 시대는 가버렸다는 걸 우리는 체감하고 있습니다.

포스트모더니즘(Postmodernism)
근대적 객관성을 부정하고 개인의 자율성을 중시. 절대 진리는 없다고 주장.

포스트트루스(Post-truth)
객관적 사실보다 감정과 개인적 신념이 여론에 더 큰 영향을 미치는 상황.

이제는 낡아버린 포스트모더니즘이나 그것의 최근 버전이랄 수 있는 포스트트루스를 동원하지 않더라도… 사람들은 매스미디어의 권위를 인정하지 않으며, 오히려 매스미디어의 오류를 찾아내 그 권위를 해체합니다. 그것은 디지털 시대가 가져온 정보의 평등화가 촉발한 혁명이랄까… 소위 진실이란 것이 매스미디어의 전유물이 아니라는 것은 최근의 조사에서도 이미 확인된 바 있지요.

언론 신뢰도 2위 : 유튜브   ―『시사IN』 2019.

법무부 장관 한 사람의 임명과 사퇴를 둘러싼 논란은 기존의 미디어와 이들을 소비하는 것을 거부하는 사람들 간의 치열한 쟁투가 되었습니다. 이 정치적 사건은 한국 사회에서 가장 뜨거운 미디어 논쟁을 불러일으키고 있는 셈입니다. 성희롱 논란으로 번진 엊그제의 유튜브 방송도 따지고 보면 그 본질은 거대 미디어와 1인 미디어의 진실 공방… 텔레비전과 라디오를 합쳐서 20개의 채널을 가진 공룡 미디어와 유튜브 1인 미디어 간의 이 논쟁은, 디지털 혁명이 가져온 사회적 현상과 다르지 않을 것입니다.

이쯤에서 돌이켜보는 노교수의 말.
"텔레비전의 시대는 겨우 한 세대 안에서 태어나고 기울어져간다."

벌써 20여 년 전에 그는 이 말을 하면서 한숨을 쉬었는데… 그 한숨의 의미야 여러 가지가 섞인 것이겠으나 그중의 한 가지를 짚어내라면… 아마도 사람들의 생각을 지배하는 것으로 여겨지던 매스미디어의 전성시대는 가고 있다는 것. 20년 전의 고민이 한국 사회에서 현실화되는 것일까.

追考　이른바 '조국 정국' 당시의 미디어의 고민을 담았다. 한편 유시민 노무현재단 이사장의 유튜브 방송 〈알릴레오〉에서 한 패널이 KBS 법조팀 여기자에 대해 "검사들이 이 여기자를 좋아해서 (정보를) 흘렸다"고 주장해 논란이 되었다. 이래저래 모두가 고단한 날들이었다.

17. 바람은 언제나 당신의 등 뒤에서 불고

매년 마지막 앵커브리핑은 그 나름의 특별한 감정을 담으려 했다. 모두에게 삶은 특별한 것이므로… 그리고 그 마지막 문장은 대부분 아일랜드 켈트족의 기도문으로 대신했다. 2014년 송년 브리핑에서 처음으로 인용한 그 기도문은 많은 시청자들이 따뜻하게 받아들여주었다. 그리고 이 책의 부제목으로 남게 된 것이다.

우리는 그렇게 남을 위한 기도문에 감동하는 시대를 살고 있다.

2014년 우리가 잊지 말아야 할 '얼굴'은?

이제 2014년이 몇 시간 남지 않았습니다.

아마 많은 얼굴들이 떠오르실 겁니다. 늘 봐도 또 보고 싶은 기분 좋은 얼굴이 있는가 하면, 지금 당장은 볼 수 없어도 언젠가는 꼭 만나보고 싶은 얼굴들도 있을 겁니다. 또 앞으로 영원히 볼 수 없을지라도 절대로 잊지 말아야 할 얼굴들도 있습니다. 물론 세상을 살다 보면 다시는 보고 싶지 않은 그런 얼굴들도 있겠지요.

여러분은 올해 어떤 얼굴을 기억하고 싶으신지요. 한 해를 정리하는 사람들로 붐비는 이곳 여의도 IFC몰에서 다양한 얼굴과 다양한 이야기들을 모아봤습니다.

"제일 고생하시는 부모님께 썼어요." ─ 염원경 학생

"열심히 살아줘서 응원하려고요." ─ 한효선 씨

"세월호 단원고 언니 오빠들 썼어요." ─ 강채은 학생

"낮은 곳에서도 자신의 할 일들을 묵묵히 하시는 분들" ─ 박은향 씨

"끝까지 불굴의 의지로 같이했던 동료들과 기억을 나누고 싶구요." ─ 이희원 씨

오늘 많은 분들이 올해 기억하고 싶은 얼굴들을 남겨주셨습니다.

역시 제일 많은 분들이 세월호를 잊지 않고 계십니다. "세월호 희생자 304명의 얼굴들을 꼭 기억하고 싶다." 이렇게 남겨주셨고, 또 "말없이 우리 사회에서 제 몫을 다하는 모든 성실한 시민들도 기억하고 싶다"라고 하셨습니다.

자기 자신을 기억하고 싶다는 분도 있군요. "세상이 많이 변해가고 있

지만, 또 다른 얼굴들을 많이 보고 있지만… 막상 거울 보고 내 얼굴 하나, 내 자신 하나를 돌아볼 기회는 없었다. 자기 자신을 기억하고 싶다." 이런 의견도 주셨습니다.

이분은 열심히 일하는 분인 것 같습니다. "새벽에 출근하는 모든 사람들. 그들이 우리 사회의 척추입니다."

그 밖에 SNS를 통해서도 정말 많은 분들이 의견을 주셨습니다.

먼저 부산의 김선아 씨가 흑백사진 한 장을 올려주셨습니다. "잠시 일을 그만두신 아버지와 함께 지냈습니다. 아버지의 청춘 이야기와 생각을 들었습니다. 실직으로 인해 늘 움츠러진 어깨. 그 어깨로 묵묵히 험한 세상 버텨오신 아버지입니다."

홍예원 씨 "쌍용차 공장 굴뚝에 올라간 노동자들. 잊지 말아야 할 우리의 모습입니다"라고 해주셨고, 이석운 씨도 "이 글을 보는 당신도 노동자 아닐까요" 하셨습니다.

장주성 씨 "윤 일병이 지금쯤이면 달았을 상병 계급장입니다." 이렇게 가슴 찡한 사진 올려주셨고, "납세자입니다" 신용쾌 씨가 올려주신 사진은 담배입니다.

동작구 이성일 씨 "반복되는 갑의 횡포, 반복되는 사고와 무능한 뒤처리. 이 가운데 '장그래'가 힘과 위로를 준 한 해였습니다."

축하할 일도 있군요. "첫아이가 태어났습니다. 아들이 자라고 또 살아갈 세상은 보다 맑고 건강한 세상이었으면 좋겠습니다." 남종수 씨의 귀한 첫아들입니다.

다양한 의견들이 있었지만 온라인 오프라인에서 가장 많았던 의견은 역시 잃어버린 304명의 얼굴들이었습니다. 이광진 씨가 이렇게 말합니다. "세월호 아이들의 얼굴. 우리가 잊지 않기로 약속했잖아요."

마지막으로 소개해드릴 사연은 이 두 가지입니다.

제주의 현향미 씨 "가족이 올해의 얼굴입니다. 세월호 희생자도 고통 받는 모든 사람들도 제겐 고통을 함께하는 가족이었습니다. 지우려 해도 저절로 기억되는 게 가족이듯, 영원히 기억되고 서로에게 힘이 되어주는 얼굴이 되길 바랍니다" 하셨습니다.

장승학 씨는 한 해를 이렇게 정리해주셨습니다. "자신부터 돌아봐야 할 것 같습니다. 내가 갑질을 하진 않았는지, 안전을 등한시하진 않았는지, 그리고 내가 말을 사슴이라 하지 않았는지 말이죠."

내년에도 역시 우리는 수많은 얼굴과 마주치게 될 겁니다. 모두가 우리를 행복하게 만드는 얼굴만은 아니겠지요. 어떻게든 피하고만 싶은 얼굴 또한 여전할지도 모르겠습니다. 그럼에도 서로 '얼굴' 맞대고 '함께' 살아가야 하는 것이 우리네 사는 세상이 아닌가 싶기도 합니다. 그리고 행복한 일 불행한 일 모두 겪어내며 한 해를 무사히 버텨온 여러분에게 새해 덕담은 멀리 아일랜드의 격언으로 대신해드리겠습니다.

바람은 언제나 당신의 등 뒤에서 불고,
당신의 얼굴에는 항상 따사로운 햇살이 비추길…

영화 〈인터스텔라〉의 주인공인 우주비행사 쿠퍼는 딸의 이름을 '머피'라고 지었습니다. 불운이 연거푸 일어난다는 머피의 법칙. 그래서 아이는 늘 이름에 불만이었습니다. 시무룩해진 머피에게 아버지는 말합니다. "머피의 법칙은 나쁜 일만을 의미하는 것이 아니라 일어날 일은 반드시 일어나게 되어 있다는 말이란다."

오늘은 올해의 마지막 앵커브리핑을 전해드리는 날입니다. 돌아보면 참으로 힘든 시간들이었지요. 겪지 않았으면 좋았을 일들을 모두는 함께 겪어내고 있는 중입니다. 그러나 생각해보면 쿠퍼의 그 말처럼 일어날 일은 어차피 일어나게 돼 있던 것이 아닌가…

세상은 잠시 멈춰 섰을 뿐. 2016년의 대한민국은 이미 한참 전에 극복해야 했을 그 어두운 과거들을 이제서야 청산하고, 잃어버린 것을 되살려내고, 다시 앞으로 나아가려 한다는 것. 그 대신 모두는 '함께'라는 마음과 스스로 세상을 바꿔낼 수 있다는 '자신감'과 무엇보다도 '시민의 품격'을 얻게 되었다는 것…

시민 모두의 마음이 다 같을 수는 없어서 촛불에 대한 비난과 비아냥도 여전하지만. 또한 흐름을 되돌려놓으려는 시도 또한 계속되겠지만…

어떤 사람들에겐 불운의 법칙인 머피의 법칙이 역사 앞에선 반드시 일어났어야 할 당위의 법칙이 된 지금… 모두가 힘들게 버텨냈어야 했을, 그러나 반드시 일어났어야 했을.

2016년의 그 많은 일을 겪어낸 시민들께 이런 위로를 전합니다.

자정 넘으면

낯설음도 뼈아픔도 다 설원인데

…

그리웠던 순간들을 호명하며 나는

한 줌의 눈물을 불빛 속에 던져주었다

　　―곽재구, 「사평역에서」

어두운 밤을 함께 걸어갈 수많은 마음들과 함께… 새해, 새날이 기다리고 있다고 말입니다.

오늘은 특별히 세월호 가족 여러분께. 그 세월호를 겪었던 2014년의 마지막 앵커브리핑에서 소개해드린 바 있는, 멀리 아일랜드 켈트족의 기도문을 다시 한번 전해드립니다.

바람은 언제나 당신의 등 뒤에서 불고,

당신의 얼굴에는 항상 따사로운 햇살이 비추길…

편의점이 처음 등장한 때는 지난 1989년. 서울 송파구 방이동에 문을 연 점포가 그 시작이었습니다. 24시간 불을 환하게 밝혀두는 신개념의 매장. 편의점은 지난 30년간 확장에 확장을 거듭해 전국에 3만 7,539개. 하루 15개의 편의점이 새로 문을 열 정도이니까, 이쯤 되면 '편의점 왕국'이라는 표현도 과언이 아니게 됐습니다.

그것은 이웃나라도 마찬가지였습니다. 작년에 일본에서는 『편의점 인간』이라는 책이 순수문학상인 아쿠타가와 상을 수상하여 화제를 모았습니다. 실제로 편의점에서 18년 넘게 아르바이트를 했던 작가는 자신의 경험을 바탕으로 18년 동안 편의점에서 근무하고 있는 주인공을 창조했지요.

"나는 인간인 것 이상으로 편의점 점원이에요. …
내 모든 세포가 편의점을 위해 존재하고 있다고요."
— 무라타 사야카, 『편의점 인간』

그의 작품 속 주인공은 취업을 하고 결혼을 하고 아이를 낳는 보통의 삶을 거부합니다. 편의점에서 일하는 것은 단지 선택일 뿐, 그것은 루저의 방식이 아니라 그저 조금 다른 삶의 형태라고 말하고 있었던 것입니다.

그러나 책을 읽는 우리는 내내 불편할 수밖에 없었습니다. 일본이 아닌 우리의 상황 속에 편의점에서 일하는 것은 과연 선택이 될 수 있는가… 일본의 그 작가는 일주일에 사흘 편의점 알바를 하면서도 글을 쓰는 일이 가능했을 정도로 수입을 보장받았다고 하지만, 우리의 형편에서 보자면 일본 소설 속 이야기와 현실은 너무나도 달랐던 것입니다.

'77만 원 세대' —『경향신문』 2017. 12. 26.

며칠 전 한 신문에서는 새로운 단어 하나를 내놓았습니다. 20대 저임금 청년 가구의 월소득이 지난해 처음 80만 원 아래로 떨어졌다는 통계자료 때문이었습니다. '88만 원 세대'라는 단어가 등장한 지 딱 10년 만에 숫자의 방향은 위가 아닌 아래를 향하게 되었고… 스스로를 편돌이·편순이라 칭하며 일회용으로 삶을 때워가는 현실 속 '편의점 인간'은 점차 늘어나고 있는 것이죠. 세상이 겪고 있는 세대 간의 격차는 우리가 상상하는 것보다 훨씬 더 벌어져 있는지도 모르겠습니다.

비닐봉지를 흔들며 귀가할 때 나는 궁핍한 자취생도, 적적한 독거녀도 무엇도 아닌 평범한 소비자이자 서울시민이 된다.
　　—김애란, 「나는 편의점에 간다」, 『달려라, 아비』

80년대에 태어난 젊은 작가의 말처럼, 오늘도 누군가는 궁핍과 외로움을 메우려 편의점에 갈 것입니다. 그리고 환한 통유리 너머 비치는, 우리가 함께 메워내야 할 세상이 만들어낸 고단한 풍경들…

오늘도 사족을 하나 답니다.

2017년의 마지막 앵커브리핑을 그냥 이렇게 끝내자니 사실 마음이 조금 무거워서… 매년 여러분께 연말에 드렸던 아일랜드 켈트족의 기도문을 올해 다시 새해 덕담으로 전해드립니다.

바람은 언제나 당신의 등 뒤에서 불고,

당신의 얼굴에는 항상 따사로운 햇살이 비추길…

바람은 언제나 당신의 등 뒤에서 불고…

시청자 여러분 〈뉴스룸〉의 앵커브리핑을 시작하겠습니다. 947회째를 맞는 올해 마지막 앵커브리핑은 또한 저의 마지막 브리핑이기도 합니다.

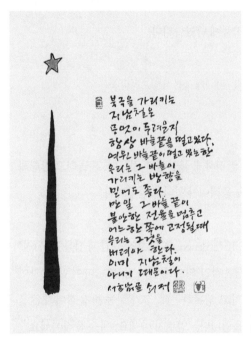

신영복 글씨·그림, 〈떨리는 지남철〉
(주)돌베개 제공

그는 떨리는 것이 지극히 자연스러운 일이라고 말했습니다. 동그란 나침반 안에 들어 있는 지남철. 그 자석의 끝은 끊임없이 흔들리는데… 그 흔들림이야말로 가장 정확한 방향을 찾아내기 위한 고뇌의 몸짓이라는 의미…

선배 세대가 남긴 살아감에 대한 통찰은 그러했습니다.

정지 상태에 머물러 있으면 부패와 타락에 이르지만…
끊임없이 움직인다면 어쩌면 영원히 지속될 수 있지 않을까.

　　　—올가 토카르추크,『방랑자들』

폴란드 작가 올가 토카르추크(Olga Tokarczuk) 역시 끊임없이 움직이
며 방황하는 존재들을 작품에 담았습니다.

"움직여. 계속 가. 떠나는 자에게 축복이 있으리니."

　　　—『방랑자들』

삶이란 누구에게나 공평하게 불안정한 것이니, 흔들리고 방황하며 실
패할지라도… 그는 계속 움직여야 한다고 말합니다.

또한 교황 베네딕토 16세(Benedetto XVI)의 사임 과정을 담은 영화 〈두
교황〉은 그 움직임의 생존적인 의미를 담아냅니다. 나이 든 교황이 건강
때문에 스마트 워치를 차고 생활하는데, 그가 한동안 움직이지 않을 경우
에는 어김없이 알람이 울립니다. "멈추지 마세요. 계속 움직이세요."
　그래야 비로소 살아 있는 것이라는 그 냉정한 경고는 가톨릭의 수장인
교황에게도, 또한 오늘을 사는 우리에게도 공히 해당되는 말이 아닐까.

수없이 올바른 목표점을 향해서 끊임없이 떨고 있는 그 나침반처럼, 두려운 듯 떨리며 움직여온 우리의 2019년. 그리고 몇 시간 뒤 만나게 될 새로운 2020년 역시 멈추지 않는 끊임없는 움직임으로 나아가시기를 바라며… 그간의 앵커브리핑에서 가장 많은 분들의 사랑을 받았던 아일랜드 켈트족의 기도문을 보내드리는 것으로 〈뉴스룸〉의 앵커브리핑을 모두 마치겠습니다.

바람은 언제나 당신의 등 뒤에서 불고,
당신의 얼굴에는 항상 따사로운 햇살이 비추길…